「維新」的近代の幻想

日本近代150年の歴史を読み直す

子安宣邦

作品社

はじめに――「維新」的日本近代一五〇年の歴史

津田左右吉は一九四五年の終戦から六一年の彼の死に至る時期に維新と明治近代をめぐる貴重な文章を書き残している。それは津田の死後に刊行された『津田左右吉全集』（岩波書店刊）の第八巻に集められている。私はそれらを読んで津田が日本の「維新」的近代に対して特殊な思想的立ち位置をもっていることを初めて理解した。ことに津田は明治維新を薩摩・長州という有力な封建的権力連合による武力的権力奪取(クーデター)だとし、「王政復古」とはその正当化のスローガンだとするのである。津田は明治維新を天皇という伝統的権威を利用したクーデターとして、その正統性を否定しただけではない。天皇を国家的中心に呼び戻すことで明治新政府は、天皇の名による専制的な恣意的施政を可能にしたと批判するのである。この津田の明治維新観は私の日本近代批判に大きな歴史的、思想的根拠を与えるものであった。

時はあたかも明治維新一五〇年がいわれるその時である。しかも一五〇年がいわれる今とは歴史修正主義的な長期政権による権力の集中と腐敗とがとめどなく大きくなりつつあるその時である。維新的近代一五〇年のこの帰結に、思想史家としての私はこの一五〇年を読み直すことをもって対することにした。ところで日本近代というものの読み直しの要請は戦後史にすでに一度あった。それは六〇年安保の時期である。「民主主義」を旗幟に掲げた最初の国民的闘争とその敗北を通じて、日本近代の始まりがあらためて問われた時期であった。少なくとも私にとってはそうであった。日本思想史家としての私自身の形成はこの問いとともにであった。この書の序と初めの章に続いて載せる横井小楠・鈴木雅之・石田梅岩をめぐる論文は一九六〇年代の時代の要請に応えた論文であり、日本思想史家としての自己形成にかかわる論文である。しかしこれらの論文による第一部のタイトルを「「維新」的近代は何を忘れ、何を失ったか」とせざるをえなかったように、過去の読み直しは希望を繫ぐものではなく、今の絶望を再確認させるものでしかないかもしれない。だがこれらの論文によって人は失われてしまった「本物」がたしかにそこに存在したことを知ることができるのではないだろうか。「本物」とはその人と己れに繫がる思想的血脈の存在を信じたくなるようなそうした人である。

伊藤仁斎は孔子と孟子との間の思想的血脈を固く信じていた。恐らく仁斎は孔子から孟子を通して己れに至る思想的血脈を信じていたのであろう。仁斎における『論語古義』などの古学的達成はこの己れにおける血脈を信じることとの上に成ったものである。われわれにもまた「維新」的日本近代一五〇年の歴史の中にそれとの血脈的な繫がりを信じたくなるような「本物」はいる。私にとってそれは横井小楠らとともに中江兆民であり、尾崎秀実であり、戦没した学徒たちであった。彼らとの思想的血脈を信じることによって私は絶望の中になお希望に連なる言葉を見出すことができるかもしれないのだ。

本書を構成する諸章はいずれも東京と大阪でなされた思想史講座の講義からなるものである。序の第一章「「王政復古」の維新」は二〇一八年四月になされ、最終16章の「天皇の本質的意義に変わりはない」はすでにコロナ禍の及び始めた今年の二月になされたものである。現代日本の総体的危機というべき事態が深まりつつあるこの時期に二年にもわたるこの講座を支え続けて下さった参加者のかたがたに心からの感謝を申し上げたい。

二〇二〇年六月一八日

子安宣邦

「維新」的近代の幻想目次

序

明治維新とは何であったのか

「王政復古」（島田墨仙）

第1章　「王政復古」の維新――津田左右吉「明治憲法の成立まで」を読む

「いわゆる王政復古または維新が、その実少なくとも半ばは、皇室をも国民をも欺瞞する彼等（イハクラ・オホクボら）の辞柄であり、かかる欺瞞の態度を彼等が明治時代までもちつづけてきた証迹が見える。」

津田左右吉「明治憲法の成立まで」[1]

1　「王政復古」という政変

「王政復古」とは、辞書的にいえば、薩長同盟を軸とした武力討幕派によって画策された政変、すなわち徳川幕府という将軍的権力体制を廃して、天皇親政による新しい権力体制の確立を企てた政変である。慶応三年（一八六七）一〇月、公議政体論の構想などに基づいた大政奉還が行われたが、薩摩・長州藩の討幕派藩士西郷隆盛、大久保利通、木戸孝允らは、朝廷革新派公家の岩倉具視らとともに天皇親政をめざす武力討幕を構想し、討幕の密勅を出させた。一二月九日、薩摩・尾張・福井・土佐・広島五藩の兵によって宮門が固められ、その中で天皇は学問所でいわゆる「王政復古の大号令」を発した。それは徳川慶喜の政権返上と将軍職辞退を認め、摂関制と幕府制とを廃し、総裁・議定（ぎじょう）・参与の三職を設置して新政府を構成し、神武創業への復古、開化政策の採用などを宣言するものであった。だが政権を返上した慶喜を議定にした新政権を主張する公議政体派がなお新政府の多数を占めていた。西郷らは謀略的工作をもって幕府側を戦争に導いた。鳥羽伏見の戦いといわれる幕府軍との交戦はわずか四日間の戦いで薩長軍の勝利に帰した。それ以後薩長討幕派が日本の新権力体制と政治変革の方向を決定づけていくことになる。[2]

「王政復古」とは「明治維新」という近代世界に向けての日本の変革を方向づけ、性格づけていった重要な政変である。その政変自体は、上に見てきたように、薩長両藩の討幕派という武力的政治集団による政権奪取の政変であった。それゆえこの政変を歴史家は「王政復古クーデター」ともいうのである。[3]「王政復古」が武力討幕派によるクーデターであるならば、「王政復古」とはその政権奪取の政変を正当化し、慶喜ら公議政体派を政治的にも屈服させる政治理念的な標語だということになる。たしかに神武創業という神話的古代への回帰をいう「王政復古」とは、この政権奪取者たちにとって理念的にも、また現実的にも最も望ましい政治標語であったであろう。なぜなら「王政復古」という神話的理念の政治的現実化は、すべて政権奪取者の恣意に任せられることになるからである。

「王政復古」が武力討幕派の企てた政変であり、クーデターであったことを戦後の維新史はわれわれに教えている。だがこの「王政復古」が政権奪取者の手に握られたとき、それはきわめて危険な政治理念となることを歴史家は説くことはなかった。「玉」のもつ意味というものは、「玉」を掌握するものの恣意性にあることを私に教えたのは津田左右吉であった。すなわち明治維新とその前後をめぐって晩年の津田が書いた論文「明治憲法の成立まで」であった。私がいまここに書こうとしているのは津田が私

郵便はがき

料金受取人払郵便

102-8790

麹町支店承認

9089

差出有効期間
2020年10月
14日まで

切手を貼らずに
お出しください

102

［受取人］
東京都千代田区
飯田橋2－7－4

株式会社 作品社
営業部読者係 行

【書籍ご購入お申し込み欄】

お問い合わせ 作品社営業部
TEL 03(3262)9753／FAX 03(3262)9757

小社へ直接ご注文の場合は、このはがきでお申し込み下さい。宅急便でご自宅までお届けいたします。送料は冊数に関係なく300円（ただしご購入の金額が1500円以上の場合は無料）、手数料は一律230円です。お申し込みから一週間前後で宅配いたします。書籍代金（税込）、送料、手数料は、お届け時にお支払い下さい。

書名	定価 円	冊
書名	定価 円	冊
書名	定価 円	冊
お名前	TEL （ ）	
ご住所 〒		

フリガナ
お名前

男・女　　　　歳

ご住所
〒

Eメール
アドレス

ご職業

ご購入図書名

●本書をお求めになった書店名

●ご購読の新聞・雑誌名

●本書を何でお知りになりましたか。

イ　店頭で

ロ　友人・知人の推薦

ハ　広告をみて（　　　　　　）

ニ　書評・紹介記事をみて（　　　　　　）

ホ　その他（　　　　　　）

●本書についてのご感想をお聞かせください。

ご購入ありがとうございました。このカードによる皆様のご意見は、今後の出版の貴重な資料として生かしていきたいと存じます。また、ご記入いただいたご住所、Eメールアドレスに、小社の出版物のご案内をさしあげることがあります。上記以外の目的で、お客様の個人情報を使用することはありません。

に与えたこの教えをめぐってである。だが津田のこの教えをめぐって書く前に、「王政復古」と「明治維新」とを等置して維新史を、さらに昭和に至る日本近代史を塗りつぶしていった「王政復古」史観について見ておきたい。

2 聖徳記念絵画館の「王政復古」

私はこの三月に思い立って神宮外苑の聖徳記念絵画館を訪ねてみた。[4] 昨年来私がしてきた「明治維新」の読み直し作業が初めてそのことを私に思い立たせたのである。この絵画館には明治維新に始まる近代国家日本の形成過程が明治天皇の聖なる事蹟として絵画化され、「壁画」[5]として展示されているのである。その壁画はほとんど明治天皇の臨在する場面として描かれている。それはまさしく「王政復古」すなわち「天皇親政」による明治近代国家形成の大業の絵画的展示だといいうるものである。

絵画館はここに掲げられている絵画を壁画といっているが、その最も古いものは大正一五年(一九一六)に描かれたものであり、ほとんどは昭和一一年(一九三六)に至る時期までに描かれたものである。だからこの絵画館とは昭和による明治天皇と明治国家の顕彰であるのだ。そのことは「王政復古」すなわち「天皇親政」による近代日本国家の形成という日本近代史を、その史観とともに完成させたのはアジア・太平洋戦争を遂行した昭和だということを意味するだろう。これもまた例によって結論を先取りしていう私のくせである。だが私がここで絵画館の壁画をめぐっていい始めたのは、そのことをいいたいためではない。

明治天皇の「御降誕」から始まって「大葬」に終わる八〇点の壁画の中に「王政復古」と題された壁

画がある。これは第五番の「大政奉還」に続く第六番目の壁画で、島田墨仙の描いたものである。私にとって意外であったのは、これが政変としての「王政復古」の場面を描いていることである。「王政復古」とは、この理念の実現史として明治天皇史＝明治国家史を絵画化する記念絵画館の中心的テーマであるはずである。その「王政復古」の絵画化として政変場面を描くこの壁画は私には意外に思われたのである。もっと高貴荘重な「王政復古」大号令の場面が描かれていることを私は予想した。

だが壁画はその大号令が発せられた慶応三年（一八六七）一二月九日の夜、宮中小御所（こごしょ）で開かれた会議の模様を写すものであった。この絵は、「王政復古」の大号令が発せられたものの、なお新政府内部に公議政体派と武力討幕派との間に徳川慶喜の処遇をめぐる対立が存在することを示すものである。公議政体派の議定山内豊信（容堂）を討幕派公家の参与岩倉具視が激しく論難する場面が描かれている。御簾の内には元服前の若い明治天皇が描かれ、手前の一段低い座には上座の公家・藩主たちと異なる藩士層のものが控える形でいる。背中を見せているのが参与大久保利通だとされている。このあたかも革命評議会風の「王政復古」図は『明治天皇紀』などを基にして描かれたもので歴史的実証性をもったものだとされている。そうであるならばいっそう、「王政復古」がこの宮廷評議会を占拠する武力討幕派によって遂行されたクーデターであったことをこの図は明らかにしているのである。

明治日本の帝国的国家形成を「王政復古」＝「天皇親政」という歴史的理念の実現史として描き出す聖徳記念絵画館の壁画群は、「王政復古」と題されたスキャンダラスなクーデター的事件の始まりというべき場面の図をもっているのである。この「王政復古」というスキャンダラスな事件性を島田墨仙は岩倉具視の野卑な権謀家的風貌の上に表しているように私には思われる。その岩倉に正面して坐する山内容堂の端然たる姿に画家はむしろこの歴史的事態における正しさを写し出しているようだ。「王政復古」＝「天皇親政」とは近代日本が創り出したスキャンダラスな時代錯誤の制作物かもしれないのだ。

またまた私はここでいうべきことではないことをいってしまっている。だが島田の描く「王政復古」図を見てこんな感想を私が抱いたりするのは、晩年の津田による明治維新をめぐる文章を読んだからであって、それなくしてはこの図の異様に気付くことさえなかったであろう。津田の明治維新をめぐる諸論によってはじめて、「王政復古」が武力討幕派の策謀によるクーデターであったことを、そしてこの事件が日本近代国家史の上に重大な刻印を強力に捺していったことを知ったのである。津田にこのことを教えられるまで、私は「王政復古」を「明治維新」と等置して疑うことはなかった。もし津田にそれを教えられる以前に聖徳記念絵画館を訪れたならば、私は島田の「王政復古」図の異様に気付くこともなく、ただ八〇点の壁画に「王政復古」＝「天皇親政」の実現過程としての明治天皇史＝明治国家史を確認するだけであったであろう。

津田によって島田の描く「王政復古」図の異様さを知ることとは、この記念絵画館の壁画の総体についての見方、あるいはこの記念絵画館が提示する「王政復古」＝「天皇親政」的近代日本国家史という見方そのものの根底的な見直しの必要を知ることでもあるのだ。

3　国史教科書の「王政復古」

「天皇は、その年（慶応三年）の十二月、神武天皇の御創業の昔にたちかへり、御みづから、いつさいの政治をお統べになる旨を、仰せ出されました。まづ、摂政・関白・征夷大将軍などの官職をおやめになり、新たに総裁・議定・参与の三職をお定めになつて、有栖川熾仁（たるひと）親王に総裁を、皇族の方々、維新の功臣に、議定あるひは参与をお命じになり、政治をおたすけさせになりました。これを王政復古と申しあげてゐます。やがて各国の使節をお召しになり、王政復古の旨をつげ、開国和親の方針をお示しになりました。

天皇は、諸政を一新し国力を充実して、皇威を世界にかがやかす思し召しから、まづ政治の根本方針をお立てになりました、明治元年三月、文武百官を率ゐて紫宸殿に出御、天地の神々を祭つて、この御方針をお誓ひになり、更に、これを国民にお示しになりました。すなはち、

一、広ク会議ヲ興シ、万機公論ニ決スヘシ。

一、上下心ヲ一ニシテ、盛ニ経綸ヲ行フヘシ。

（中略）

一、智識ヲ世界ニ求メ、大ニ皇基ヲ振起スヘシ。

の五箇条がそれで、世にこれを五箇条の御誓文と申し上げてゐます。文武百官は、しみじみ任務の重大なことを感じ、決死の覚悟で職務にはげむことを、お誓ひ申しあげました。ここに、新政の基（もとゐ）はいよいよ定まり、国民は、聖恩に感泣して、新しい日本のかどでを、心から喜び合ひました。」

これは昭和戦争時の国史教科書「初等科国史 下」（昭和一八年三月発行）の「明治の維新」章の「王政復古」についての記述である。この教科書は昭和一桁生まれの私たちが小学校（国民学校）の高学年で習うはずのものであった。習うはずというのは、昭和一九年に六年級にいた私には国史をこの教科書で習った記憶はないからである。戦争末期のその時期には教科書による授業などはもうなされていなかっ

た。そのことはともかくとしてわれわれがここに、すなわち昭和戦前最終期の国史教科書に見るべきなのは、「王政復古」史観による明治維新と「天皇親政」的国家日本の形成の記述であり、さらにいくつもの戦争を通じて世界に雄飛する帝国日本の記述である。

「さうして、今やその大業を完成するために、あらゆる困難をしのいで、大東亜戦争を行つてゐるのです。皇国の興隆、東亜の安定は、この一戦とともに開けてゆくのであります。」現下の大東亜戦争をこのように記す国史教科書はその末尾で、「私たちは、一生けんめいに勉強して、正行(まさつら)のやうな、りっぱな臣民となり、天皇陛下の御ために、おつくし申しあげなければなりません」と少国民に皇国への必死の忠誠をうながしているのである。

この「国史」教科書は「王政復古」＝「天皇親政」的史観が聖徳記念絵画館とともに昭和日本の制作物であることを告げている。だが明治維新による日本の近代国家形成を「王政復古」と「天皇親政」的理念の実現と見るような史観は、一九四五年の皇国日本の敗北とともにはたして消滅したのだろうか。

4 明治維新関係書の賑わい

戦後の日本人にとって「明治維新」とは何であったのか。「王政復古」＝「天皇親政」としての「明治維新」は、神宮外苑の聖徳記念絵画館とともに人びとに忘れられていっただろうか。聖徳記念絵画館が人びとに見捨てられながらも今に残っているのは、それが明治神宮に所属する施設であるからかもしれない。ところで戦後日本について第二の開国がいわれ、政治革命・社会革命・思想革命としての近代化的改革をＧＨＱの指導下に体験していった日本人は、明治維新に不完全な近代革命をしか見出さなかった。戦後、明治維新にわれわれが見ていったのは、この不完全な近代の革命性であった。

昭和四三年（一九六八）は明治維新一〇〇年にあたっていた。雑誌が「明治維新一〇〇年」の特集を組んだりしたが、それも全国的な大学紛争の中でかき消されていった。あの大学紛争とは、近代の政治・社会制度的な遺物としてある大学の学問的制度的体系を解体的批判するものであった。その当時まで東京大学文学部の研究室には明治以来の主任教授たちのご真影が飾られていたのである。普遍的真理の府としての大学は、日本近代の天皇制的権威主義をそのままに残していた。学生たちの解体的批判はこの日本近代そのものの制度的構成物としての大学という学問的装置に向けられていった。それは日本では希れな原理主義的性格をもった闘争であった。だがその闘争が内部抗争化し、暴力化し、そして自滅するかのごとく制圧されていった後に、われわれは大学に何を見出すことになったのか。合理的経営体であることを要求する大学改革という上から吹きつける嵐に、大学はもうそれに抵抗する力を内部に全くもっていなかった。

それから五〇年を経て、いま「明治維新一五〇年」を迎えている。五〇年前の「明治維新一〇〇年」はジャーナリズムによっても、大学人によっても積極的に迎えられることはなかった。明治維新に始まる「この近代」そのものが問われねばならなかったからである。だが「明治維新一五〇年」をいわれるいま、書店の店頭を賑わす明治維新関係書の多さに私は驚いている。日本近代史や日本政治史、日本政治思想史の専門家たちが競うように書き、その売れ行きを誇るかのようである。この五〇年で大学も大学人の発する言説の質も全く変容した。いま書店を賑わわす明治維新関係書も、この変容を物語るものであるだろう。

5 「王政復古」の評価

私はもう一度ここであの「王政復古」クーデターを高く評価する日本近代史家三谷博の『維新史再考』[6]の言を見ておかねばならない。

慶応三年の薩摩の政治的転換、すなわち薩長同盟による武力的政権奪取をめざす反幕運動への転換を三谷もまたクーデターとしている。だが津田左右吉に明治維新をも薩長による政権の非正当的奪取行為と見なさしめたこのクーデターを、三谷は新国家の創設を可能にした歴史的な意味をもった討幕運動として積極的に評価するのである。鳥羽・伏見の戦いにおける薩長連合の勝利をめぐって三谷はこういっている。

「この鳥羽伏見の戦いは小規模な戦闘であったが、政権と日本の行方を左右する分岐点となった。勝利者の薩・長は新政府における主導権を獲得し、日和見を決め込んでいた諸大名は次々と雷同、その結果、秩序の抜本改革への道が開かれることになった。徳川慶喜が新政府の首班となっていたならば、新国家は王政下の連邦の域に留まったことであろう。王政復古を機として公議と集権と脱身分を狙う点で、二つの王政復古案は同じ方向を目ざしていたが、薩・長による徳川権力への挑戦と破壊は、より急進的かつ徹底的な変革を可能としたのである。[7]」（文中の圏点は引用者による）

三谷がここで「薩・長による徳川権力への挑戦と破壊は、より急進的かつ徹底的な変革を可能とした」というように、慶応三年の「王政復古」クーデターによる討幕と政権奪取に大きな歴史的な意味を見ているのである。三谷はこの歴史的な意味を「公議」と「集権」と「脱身分」という三つのキーワードをもって読み出している。「公議」について、「公議輿論」という意だけではなく、「人材の登用や政権への直接参加を求める主張も」この語に含めて考えると三谷はいう。「集権」あるいは「集権化」について三谷は、「近世の日本は二人の君主と二百数十の小国家群からなる双頭・連邦の政治体制を持っていたが、これを天皇のもとに単一の国家に変える。これが集権化である」といっている。また「脱身分」については、「政府の構成員は生まれを問わずに採用し、皇族・大名・公家四百家あまり以外は、被差別民も含め、平等な権利を持つ身分に変える。これが脱身分化である[8]」と三谷はいっている。

だが明治維新とそこから成立する国家的、政治的体制の歴史的な意味を読み出すために構成された「公議」「集権」「脱身分化」という〈鍵〉概念のあり方を見ていくと、これらはただ後進アジアの地で、政治的犠牲者の極めて少ない変革を経て、短期間に、成功裡に成し遂げた近代日本国家の創出を称えるかのように、この歴史家によって後追い的に構成された概念だといわざるをえない。彼は「天皇親政」的近代国家日本を導いた「王政復古」の理念とその運動に、近代的統一国家日本における君主的主権の確立をしか見ようとはしない。

「近世の日本は二人の君主」をもっていたとする三谷は、「そもそも世界一般に君主はただ一人なのが普遍的な姿なのであって、六〇〇年あまりそこから逸脱していた日本は、西洋による侵略に深刻な危機を感じた時、政権の一元化を緊急課題と認識した。君主の一身に国内にある大小様々の領主を超越する権力を集中するという運動が生まれ、それが結果的に一七世紀の西洋が生み出した「主権」の原理に適合する政治体制を創りだしたのである[9]」という。

しかしこれは明治維新による日本の近代化革命を一九世紀世界史、すなわち西洋的「近代」として政治的、経済的、文明論的にアジアの再構成的包摂が進められる世界史におけるすぐれた対応事例として読むことではないか。まさしく三谷は明治維新と日本近代をそのように読んだのである。だからその書の末尾で、「人類の「近代」には、西洋でいくつかの重要な秩序原理や知的枠組みが生成した。一九世紀の第３四半期に日本で生じた明治維新は、このような環境で発生した事件の一つであった。……新政府を創ってからは意識的にこれらを応用し始め、「公論」を「民主」に発展させて、現在に至っている」というのである。三谷は西洋的「近代」の日本における達成を、その「近代」概念とともに疑うことをしない。この「近代」を疑うことのない歴史家たちによって、いま「明治維新」は喋々と語り出されているのである。「「近代」の西洋が創り出したモデルを上回り、人類に普遍的に歓迎されるような秩序規範ははたしてどこに生まれるのであろうか。」これはこの歴史家がその著書の最後に記す言葉である。

6　「王政復古」は討幕の具

津田左右吉はいわゆる「明治維新」を封建反動的な性格をもった政権奪取のクーデターとしている。津田が討幕派を「反動勢力」とするのは、むしろ幕府の側に「現実の情勢に対応して日本の国家の進んでゆくべき針路を見定め、それがために幕府の従来の政治を根本的に改め」ようとする国策が成立していたのに対して、討幕派は「現実を無視した空疎な臆断と一種の狂信とによって、この国策を破壊せんとするもの」であったからである。そこから「明治維新」に向けての運動も、その達成も反動的な性格をもって規定される。恐らくこれは「明治維新」をめぐる日本人による最も否定的な規定であるだろう。

「それは封建の制度の上に立ち、そうしてそれを悪用し、戦国割拠の状態を再現することによって日本の国家を分裂に導き、また武士の制度の変態的現象ともいうべき暴徒化した志士や浪人の徒が日本の政治を攪乱し日本の社会を無秩序にすることによって、究極にはトクガハ氏の幕府の倒壊を誘致し、もしくは二、三の藩侯の力によってそれを急速に実現しようとしたことである。[10]」

明治維新に向けての討幕派の運動を封建反動とする津田の維新観は、昭和三二年（一九五七）に『心』誌上に公表されたものである。この論文を含めて津田の明治維新とその後をめぐる諸論文は、昭和三六年の死に至る津田の最晩年ともいうべき時期に発表されていったものである。明治維新を日本近代の正統的始まりとする維新観に支配されてきた二〇世紀日本にあって、津田は已れの維新観、すなわちこれを封建反動的なクーデターとする見方を公けにするには晩年のこの時期まで待たねばならなかったのであろうか。

だが津田が已れの維新観を公けにしていったこの時期、やがて「明治維新一〇〇年」を迎えようとしていたその時期に津田の明治維新論にだれが注目しただろうか。その注目者を私は寡聞にして知らない。これを書く私もまた「明治維新一五〇年」がいわれる二一世紀の今にいたるまで、津田のそれらの文章を読むことさえしなかったのである。私は「明治維新一五〇年」を迎えようとする時期、津田の『文学に現はれたる国民思想の研究』を読んでいた。それは私の日本近代の批判的な再読作業の最後に残された課題ともいうべきものであった。津田が追い求める「国民思想」を日本近代は成立させたのか。津田はその答えというべき『国民思想の研究』の最終巻を出すことはなかった。だがその巻を構成すべき幕末から維新とその後についての諸論考は篋底に遺されたものから戦後誌上に発表されたものまで多数あった。それらは津田の死後に『文学に現はれたる国民思想の研究』第五巻として編まれ、『津田左右吉全集』第八巻[11]として刊行された。私は津田最晩年の明治維新とその後をめぐる諸文章をはじめてその巻に読んだのである。私はこれらの津田の文章を読むことによってはじめて維新からこの日本近代は自明な展開としてあるものではないことを知ったのである。

維新を薩長両藩による封建反動というべき政権奪取のクーデターとする津田は、「王政復古」に討幕の私的性格を隠す偽りの名義を見ることになる。いわゆる「討幕の密勅」について津田は、「浪人輩志士輩の心術態度を継承した薩長の策士が一部の宮廷人と結託してかかることをしたのは、怪しむに足りないであろう。反幕府的行動をとるものによってそれに類することのしばしば行われたのが、当時の状態であった。ただ詔勅としてはあるべからざるかかる誣罔の言を詔勅の名によって示すことが、王政を復古するに必要であったとするならば、かかる方法による王政復古には、初めから濃き暗影が伴っていたに違いない、或は不純な分子が含まれていたとしなければならぬ」というのである。慶応三年一二月の「王政復古」政変を討幕派のクーデターとするならば、「王政復古」そのものに濃い暗影が伴われるとするのは当然であるだろう。津田はさらにいうのである。「もう一歩進んでいうと、王政復古はかえって幕府討伐の名義とせられたようにさえ見えるのである。[12]」「王政復古」とは討幕派の私党的政権奪取が借りた名義であり、討幕派の掲げる偽りの旗幟だということになるのか。津田がいうように一歩先に進んでいい切ってしまえばそうだ。だがそういい切ることによって何が変わるのか。「王政復古」＝「天皇親政」的日本近代国家の形成のあり方が変わるわけではない。だが「王政復古」を討幕派の私党的名義とする見方は、津田の次のような「天皇親政」的国家とその政府についての根底的批判を可能にするのである。

津田は「王政復古」以前の徳川幕府時代の皇室と政府との関係は近年のイギリス王室と政府・国民と

の関係に類似したものであったという。

「近年のイギリスの国王はみずから政治の衝に当らず、ただ近代になって養われてきた道徳的情味の饒かな国民的信望をとおして、国政におのずからなる暗示を与えるのみであるが、法制の運用も究竟には道徳的なはたらきにまつものがあるのである。そうしてイギリスの王室のこの態度は、遠い昔から政治に対して直接に関与せられなかったために、かえって精神的に民衆と接触し民衆と一つになっていられた我が皇室のとの、類似のあることが考えられる。宮廷と政府とが全く区別せられていたトクガハ氏の幕府時代の状態は、それを示すものである。▼13」

だが幕末に至って「誤った勤王論が一世を風靡し、その結果、いわゆる王政復古が行われて、皇室を政治の世界にひき下ろし、天皇親政というが如き実現不可能な状態を外観上成立させ、従ってそれがために天皇と政府とを混同させ、そうしてかえって皇室と民衆とを隔離させるに至った」と津田はいうのである。われわれはここに津田の反討幕派的維新観が党派的な非難をこえた根底的な批判を「王政復古」的明治専制政府と国政に向けてなされていることを知るのである。「王政復古」「天皇親政」の名によってする皇室と政府との混同がもたらす明治政府の失政を激しく非難する津田の言葉を引いておこう。

「トクガハ氏の家臣などが武力によって薩長政府に反抗したことにはそれだけの理由があったが、薩長政府はこういう（彼等を逆賊とする）態度をとったのである。天皇と政府との混淆は、時の政府に拠っている権力者が名を天皇にかりてその権力を用いるに恰好の事情である。」

「ただ彼（イハクラ）について特にいっておきたいこと、キドやオホクボについていったよりも一層強くいわねばならぬことは、天皇が政治の実権をもたれ、みずから政治の衝に当られることになると、政治上の責任はすべて天皇に帰することになるが、それでよいのか、また天皇の政治といっても、それは天皇御一人でできるはずはなく、政府の補佐が必要であり、また政府によって執行せられねばならぬから、それは天皇と政府とを混同することになるが、その政府には何人が当りそうしてどういう責任をもつのか、畢竟天皇と政府との関係をどう規定するのか。」

「オホクボが君権の強大を標榜し、イハクラが確然不動の国体の厳守を主張しているにかかわらず、その実、彼等が維新以来ほしいままに占有してきた政権の保持を画策するに外ならなかったことを示すものである。彼等の思想は、皇室と政府とを混同し、政治の責を皇室に帰することによって、みずから免れ、結果から見れば畢竟皇室の徳を傷つけるものだからである。そうしてそこに、いわゆる王政復古または維新が、その実少なくとも半ばは、皇室をも国民をも欺瞞する彼等の辞柄であり、かかる欺瞞の態度を彼等が明治時代までもちつづけてきた証迹が見える。」

これらの言葉は、「王政復古」維新を近代日本国家の正統的な始まりとする日本の歴史家・政治史家に聞くことのまったくない言葉である。だが津田はいうのである。「王政復古」クーデターが「天皇親政」を騙った明治政府による専制的国政を可能にしたのだと。昭和の天皇制ファシズムによる軍事的国家の成立を「王政復古」維新と無縁ではないと考える私は、津田の維新をめぐる論考を大きな助けとして「明治維新一五〇年」を読み直したいと思っている。

第一部　「維新」的近代は何を忘れ、何を失ったか

横井小楠

石田梅岩

第2章　明治は始まりに英知を失った――横井小楠と「天地公共の道理」

「有道無道を分たず一切拒絶するは、天地公共の実理に暗くして、遂に信義を万国に失ふに至るもの必然の理也。」

横井小楠『夷虜応接大意』[1]

私は「明治維新一〇〇年」がいわれた時期に横井小楠をめぐる論文を書いている。それは雑誌『理想』の特集号「変革期の思想」（一九六七年一〇月）に載った「横井小楠における世界認識と変革の思想」である。日本の真の開国は、一国的割拠見を破る世界認識をもってした変革によってのみ可能だという横井小楠の思想を「明治維新一〇〇年」の日本に私は伝えようとした。私はこれを書きながら小楠における危機的現実との対応を通じて錬磨されたすぐれた儒家的英知を発見した。小楠の儒家的英知なくしてこの世界認識も変革の思想もない。この発見の感動とともにこの論文は書かれたのである。ところで「明治維新一五〇年」がいわれる現在の日本で「横井小楠における世界認識と変革の思想」は意味を失ったか。だが現代日本の「無政事」的迷妄を見ていると、日本近代の夜明けに、小楠がその英知とともに尊攘派刺殺者の手で殺され、喪われてしまったことの大きな痛手は今に及んでいるように思われるのである。私が再度ここに「横井小楠における世界認識と変革の思想」を公けにしようと考えたのはそのゆえである。

1　『夷虜応接大意』

一八五三年（嘉永六）八月、ゴンチャロフの表現によれば、「例の通り晴朗だが、惜しいかな暑すぎる」日、プチャーチン提督に率いられたロシア艦隊が長崎湾頭に接近した。ゴンチャロフはその時の感慨を『日本渡航記』に記して、「これぞ巧みに文明の差出口を避け、自己の知力と自己の法規によって敢えて生きんとして来た人類の大集団であり、外国人の友誼と宗教と通商とを頑強に排撃し、この国を教化せんとする我々の企図を嘲笑し、自己の蟻塚の得手勝手な国内法を、自然法にも、民法にも、その他あらゆるヨーロッパ流の正と不正に対立せしめている国である」[2]といっている。鎖国日本を前にしてのヨーロッパ文明の派遣者の意識をつぶさに知らせる文章である。しかもその派遣者たちは、「『いつまでもそうして居られようか？』と我々は六十斤砲を撫して云うのであった」と書いているように、自然法、国際法に基づく開港通商の要求は軍事的強圧をもって幕府に突きつけられたのである。

すでに同じ嘉永六年六月にペリー艦隊は浦賀に来航し、強硬に開港を主張している。対外的緊張がもたらす開国か攘夷かをめぐる国論の沸騰についてはあらためて書くまでもない。だが対外折衝を通じて益々明らかにされる幕府の「因循姑息」は、国論を決定する力を、後期水戸学の担い手を先駆として群生するいわゆる志士たちの手にゆだねてしまうことを一層明らかにした。

横井小楠が「天地公共の実理」をもってヨーロッパ文明の派遣者に応接すべきことを説いたのも、長崎に来航したプチャーチンとの交渉に幕府により派遣された開明的な幕臣川路聖謨に対してであった。小楠が川路に書き送ったという『夷虜応接大意』の主旨は、「有道無道を分かたず一切拒絶するは、天地公共の実理に暗くして、遂に信義を万国に失ふに至るもの必然の理也」という言葉に尽きている。信義をもって通信通商を要求することは公共の道理であってそれを拒む理由はない。「理非を分かたず一切に外国を拒絶して必戦せんとする」過激攘夷派の主張は、鎖国の旧習に泥み、公共の道理を知りえぬ必敗の徒の主張であると小楠はいう。わが国是が、万国を貫きうる「天地仁義を宗とする国是の大道である」ことを決然と示すことによって、武威によって開港を要求する米国の無道への膺懲に天下の士気を振起せしめることができるし、他方ロシアに信義を要求することができるというのである。小楠の論旨は、米国への膺懲をいいながらすでにそれは本質的に攘夷論ではない。彼は開港を強要する外国をも包摂する普遍の道理に立つことを主張しているのである。小楠における世界情勢の認識の深化が、彼を積極的な開国論へと転回せしめる要素を、すでに彼の主張は有している。

　小楠が積極的に開国論を主張し始めるのは、安政二年（一八五五）、当時第一級の世界地理書として翻訳された『海国図志』に接したことを重要な契機としているといわれている。同年九月の柳河藩家老立花壱岐宛の書簡で、「近比夷人之情実種々吟味に及び候処中々以前一ト通り考候とは雲泥の相違にて実に恐敷事に御座候。勿論兵端さし迫り候筋とも存じ申さず候。遠大深謀之所存にて尤辺地抔を乱暴侵奪抔仕る者共にては決して御座無く候」[3]とのべている。欧米諸国の国情の認識が小楠に与えた問題の重さをよく物語っている。しかしここで注目すべきことは、彼が「実に恐敷事」と見た欧米の実情が、ただ軍事力に表現されるかぎりでの国力ではないことである。「兵端さし迫り候筋とも存じ申さず」という彼の言葉がそれを示している。彼が何を「恐敷事」と見たかは、これから問うべきことであるが、この世界情勢の認識が彼の実学的思索の前進に拍車をかける。開国論と「三代の道」という政治理念とが結合され、殖産交易論を基礎に富国強兵策が具体的に展開されていく。そしてペリーによって「無政事」[4]と評されるような「徳川御一家の便利私営」を出ない次元に政治を低迷させているのは、鎖国の旧套に泥む閉鎖的精神であることを、世界情勢の認識が一層彼に確認させるのである、

2　「三代の道」と「格物の実学」

「近比夷人之情実」の認識の深化が小楠に「実に恐敷事」という実感をもたらしたものは何か。そしてそのような認識を通じて日本的変革の真の基準（クライテリオン）を小楠に構成せしめるような思惟の特質とは何か。

小楠はある書簡で徳川慶喜の英明に触れながら、「大樹公此くの如きの御英知有為の御方なれば皇国中之因循は自然と取れ、西洋流之富国強兵に起り候は必定なり。唯々残念は真之治道之目的これ無く、終に第二等之事に落入申す可く候」[5]と述べている。現実の政治過程は、公武合体論者である小楠が予測したような慶喜による富国強兵の実現としては展開しなかった。だが彼はそれを期待しながらも、「西洋流の富国強兵」をもって真の治道の目的を欠いた「第二等之事」と評しているのである。もとより小楠もまた富国強兵論を展開し、海軍建設に多大の関心と熱意を傾けている。しかし富国強兵が、ただ単に軍事力にのみ表現される国力の強大化を目指すならば、それは「当今一般西洋之兵制に一変致し駸々然と憤興之勢甚賀す可き事に候得共、必竟自国同胞相喰之私心に発し、皇国防禦之本意とは申され難し」[6]というように、一藩一国の割拠的私見に基づく強大化であり、生霊の惨憺を招くことへのいかなる

歯止めもないことを見るのである。

では小楠が欧米諸国の国情に「実に恐敷事」と見たのは何か。それは欧米諸国の富国強兵の現実の背後に、彼が「第一等」の真の治道としてとらえる「三代の道」と符合せる社会体制、社会理念を認めることによってである。ここにやや長いが、小楠の卓越せる認識を示す箇所を『国是三論』から引用してみよう。

「墨利堅（めりけん）に於ては華盛頓（わしんとん）以来三大規模を立て、一は天地間の惨毒、殺戮に超たるはなき故、天意に則（のっとっ）て宇内の戦争を息（やむ）るを以て務（つとめ）とし、一は智識を世界万国に取て、治教を裨益するを以て務とし、一は全国の大統領の権柄、賢に譲て子に伝へず、君臣の義を廃して一向公共和平を以て務とし、政法治術其他百般の技芸器械等に至るまで、凡地球上善美とする者は悉く取りて吾有となし、大に好生の仁風を揚げ、英吉利（いぎりす）に有つては政体一に民情に本づき、官に行ふ処は大小となく必悉（ひっしつ）民に議（はか）り、其の便とする処に随て其の好まざる処を強ひず」という社会体制・社会理念が「政教悉く倫理によつて生民の為にするに急ならざるはなし、殆三代の治教に符合するに至る」ことを小楠は羨望の念をもって認めるのである。

欧米諸国の国力に、社会体制、社会理念に基づく内発的な充実を認めえたことは、小楠の時流を超えた卓抜な見識を示すものといえよう。彼が真に「恐敷事」としたのは、欧米諸国におけるそのような国力の充実であったのである。

小楠にこの認識をもたらしたものは、彼が夙に抱いていた「三代の道」[7]という理念であり、これに基づく儒家的思惟の特質であった。そしてこの認識がまた小楠に「三代の道」の理念への確信と、その実現への志向を一層強めさせるのである。「三代の道」の理念は、彼に欧米諸国の社会体制についての卓越した認識をもたらすとともに、そのような認識を可能にする主体性をも構成する。西洋の軍事力にのみ瞠目する認識者は、「西洋流之富国強兵」しか実現しないだろう。「三代の道」の理念に裏打ちされた富国強兵策こそ、生民の犠牲の上に築かれるものではない、内的な充実としての国力をもった国家の独立を全うさせるものだというのである。

小楠のいう「三代の道」とは、民本主義的な仁政の理念であり、孟子流の王道的な政治理念として考えればよい。それはあくまで儒教的骨格をもった理念であり、利用厚生の具体的施策も治者の徳性との連関を根柢に置いてとらえられる政治と道徳との連続的思惟をはなれるものではない。しかし今問わるべきは、小楠の「三代の道」の理念が、彼の経綸、彼の現実的思想展開においてもつ意味であり、その理念が何であるかはそこで明らかにされよう。

小楠は「天地之間第一等之外二等三等之道これ無し」といい、真の治道はその志をただ「三代の道」に向けて立てる以外にないという。[8]「三代の道」は小楠の実践的思惟において行為の指標として理念化される。この理念化は、「治国安民の道、利用厚生の本を敦くして智術功名の外に馳せず、眼を第一等に注け聖人以下には一歩も降らず、日用常行孝弟忠信より力行して、直ちに三代の治道を行ふべし、是乃堯舜の道、孔子の学、その正大公明真の実学」[9]といわれるように、聖人がその現実に対したと同様に、「聖人以下には一歩も降らず」に「三代の道」の理念を指標として已れの現実に対することをいう。そのとき現実は彼の経綸を要求する全く新たな現実として彼の眼前にあるのである。それとともに学問も徹底的に実践的な学として革新されねばならない。「実学」「格物之実学」といわれるのがそれである。

「方今天下知名之諸君子、平生此道之正大を唱へ、其の趣向大いに流俗に異るが如くに候へ共、或は事変に処し、或は登路に当り候へば、（第一）等之道はとても行れ候事にてこれ無く、聊か今日を小補するに志し不知不覚に俗見に落入り、平生之言総て地を払うに至り候。是れ其の志三代之道にこれ無く候故、所謂古今天地人情事変之物理を究めず、格物之実学を失ひ、其の胸中経綸全くこれ無く、扨て現実の大事に当り候ては茫乎として其の処置を得ず[10]」というのである。この論旨がもつ緊迫を失うことを恐れずにわれわれの言葉に言い直せば、「三代の道への志なくしては、古今の天地・人間世界の変化の道理を究めようとせず、まさしく格物の実学の喪失を招くことになる。この実学なくしては胸中にいささかの経綸もなく、茫乎として現実への処置を失うにいたる」というのである。

「格物」とは小楠によって「其の格物と申すは天下の理を究むることにて即ち思ひの用にて候[11]」（「沼山対話」）といわれる。思うとは己れに思いえて合点することであり、学問とは思うことに尽きるともいう。「学問を致すに知ると合点との異なる処ござ候。天下の理万事万変なるものに候に徒に知るものは如何に多く知りたりとも皆形に滞りて却て応物の活用をなすことあたはざるものに候」というように、孔孟程朱の聖賢の学問に向かうものは聖賢の志向とその実現の方法とを己れに思いえて合点することこそ必要であり、そのことによって己れの前にある新たな事態に対して学問は有効性をもつというのである。しかし小楠の「実学」は、具体的施策を方法的に提示し、その成果を検証する実証の学をいうのではない。経綸を可能にする心情における根拠や姿勢との連関（＝心術）が常に問われる実践的思惟の方法ともいうべき学である。道徳的内面性が経綸の前提としていわれる儒教的思惟が小楠の思想の展開においていかなる機能を果たし、従っていかなる意味をもっているかは後に問題にする。ともかく小楠における「三代の道」という理念の高揚は、その理念を指標として新たな現実に直面することであり、そのことが具体的現実への経綸を可能にする実学（実践の学）を要求することを、今ここでは見ておこう。

3　「三代の道」と「至誠惻怛の心」

小楠の思想において、「三代の道」の理念の高揚がもたらす意味をさらに追ってみよう。「三代の道」とは民本主義的な仁政の理想であることはすでにいった。「政事といへるも別事ならず民を養ふが本体」（「国是三論」）という利用厚生による民生の発展を目指したのが、理想とさるべき堯舜の治道であった。そして、欧米諸国の政治理念が「生民の為にする」という倫理性に貫かれているかぎり、これに基づく通商の要求は、それは「天下公共の道」によるものであり、それを拒絶する理由はない。民本主義的仁政の理想は、普遍的な公共の道である。そしてこの道が、「天地之間第一等之外二等三等之道これ無し」と目指されることによって、現実はこの道を指標とする実践主体を介して具体的な歴史的現実として、この理念との牽連的関係に置かれることになるのである。

「三代の道」の理念の高揚は、幕府諸藩の体制維持に収斂する政治的志向と行為とを「私事」「私営」と断じることになる。「幕府を初め各国に於て名臣良吏と称する人傑も皆鎖国の套局を免れず、身を其君に致し力を其国に竭すを以て、忠愛の情多くは好生の徳を損し、却て民心の払戻を招く国の治りがたき所以なり」と幕藩の固定的な体制に規定されているロイヤリティー自体が転換されねばならないのだ。そして幕府によって企図される国防策は、「各国の疲弊民庶に被る事を顧る」ことなく、「徳川御一家の便利私営」にすぎず、もはやそこには「天下を安んじ庶民を子とするの政教」の不在を見るのみだと激しく指弾するのである。

「三代の道」という普遍的な倫理的価値理念の小楠における高揚は、彼の思惟の歴史的、空間的視圏の拡大に対応している。「第一等」の治道の実現への志向は、幕藩体制を相対化し、その体制維持に収斂する政治的行為を「私事」として退けることによって幕藩体制自体を克服していく。さらに「三代の道」の理念は空間的にも普遍的な公共の道ととらえられ、グローバルな視圏の拡大がもたらされるのである。そのような視圏の拡大によってはじめて一国の経綸も可能であると小楠は説いているのである。「万国を該談するの器量ありて始めて日本国を治むべく、日本国を統摂する器量有りて始めて一国を治むべく、一国を管轄する器量ありて一職を治むべきは道理の当然なり。公共の道に有りて天下国家を分つべきにあらねど、先づ仮に一国上に就て説き起すべけれ共拡充せば天下に及ぶべきを知るべし。」（同上）

「三代の道」の理念の高揚は、鎖国的精神に対立する天下を該博しうる器量に対応するのである。歴史的空間的な視圏の拡大とそれにともなう精神の器量こそ、橋本左内等とともに幕末変動期において拠るべきクライテリオンを示しえた精神の器量であろう。この精神にしてはじめて、「自国豊熟にして他国は凶歉（きょうけん）ならん事を祈るごとき気習なる故、明君有ても纔かに民を虐げざるを以て仁政とする迄にて、其の真の仁術を施すに至らず」（同上）と、為政者の気習としてまで染着した鎖国体制からの脱却を徹底的に主張することを可能にするのである。さらに「一国第一等之人才用られ候へば必ず第一等之治を為すべきことに候[12]」という人材登用論を、「大いに言路を開き、天下と与に公共の政を為せ」（「国是七条」）というテーゼにまで徹底させるのである。

しかし小楠のいう「三代の道」の理念は、儒教的仁政の理想であり、治者の徳性に裏付けられるべき政治理念である。それゆえ「扨又国是三論出来、一は富国一は強兵一は士道、此三論を以て一国を経綸する土台に立、其の根本は堯舜精一之心術を磨き聊の私心もこれ無き修養第一にて[13]」と道徳的内面性の陶冶を小楠は政治的経綸の基本に置くのである。また同じ書簡中で彼は、「其の根本は初にも申通り此学の一字三代以上の心取第一之事にて是又申すに及ばざるに候」ともいう。小楠の心術の重視は、第一等としての「三代の道」を行為の標準とするかぎりでの心術の問題であり、個人次元の修身は本質的に問われていない。「三代の道」を構成する価値概念「天地公共」「民生」が消滅さるべき「私心」に対立するのである。それゆえ小楠は、「人君愛民の道は是又専ら民を気に付けて、民の便利をはかり世話致す事に候」といい、その利用厚生の施策こそ「是皆己を捨て人を利するのことなり。故に利の字己に私するときは不義の名たり、是を以て人を利するときは仁の用たり」(「沼山対話」)というのである。

前にわれわれは小楠が「格物」を「思の用」ととらえたことを見た。「思」とは聖賢の志向とその実現の方法とを己れに思うことであり、現実に対しては「三代の道」の実現の志向に貫かれて虚心に衝迫する実践的思惟である。そのとき自己の内に見出すのは、「戦争の惨怛万民の疲弊、之を思ひ又思ひ、更に見聞に求れば自然に良心を発すべし[14]」という「良心」であり、あるいは「至誠惻怛」(「沼山対話」)の心である。小楠が一切の利己心を排除して天地公共の道に立つことを求める「三代以上之心取」としての内面的徳性とは、そのような「良心」であり「至誠惻怛」の心にほかならない。それこそ小楠が真の国力の充実を可能にする内発性を促す、政治的経綸の根底にあるべき道徳性として強調するものである。欧米諸国の民主的政治理念のうちに小楠が認めたのはそれであり、同時に西欧帝国主義の植民地支配の「割拠見」に対する「三代の道」の道徳的優位性を認める小楠の世界認識の主体的なケルンをなすものでもある。

「三代の道」の理念の高揚が小楠の思想展開においてもつ意味を以上のように見てくるならば、彼の「格物之実学」のとらえる「理」はすでに意味を転換していることを知るだろう。今小楠が積極的な交易による富国強兵論を展開する根拠を何に置いているかを見てみよう。

「天地の気運と万国の形勢は人為を以て私する事を得ざれば、日本一国の私を以て鎖閉する事は勿論、たとひ交易を開きても鎖国の見を以て開く故、開閉共に形のごとき弊害ありて長久の安全を得がたし。されば天地の気運に乗じ万国の事情に随ひ、公共の道を以て天下を経綸せば万方無碍にして今日の憂る所は惣て憂るに足らざるに至るべきなり。」（「国是三論」）

小楠は経綸の根拠を天地の気運、万国の形勢の認識と「天下公共の道」の理念に置いている。「三代の道」の理念の高揚は、実践的主体に新たな具体的現実を提示することはすでに述べた。しかしその現実は変動して止まない現実である。この現実に実践的に衝迫する思惟の方法が「格物之実学」であった。その「格物」のとらえる「理」は「天地の気運」であり、時勢とともに変化し、もはや一定不変の理ではない。「古今の勢異り候。勢に随ひ理も亦同じからず候。理と勢とはいつも相因て離れざる者に候」（「沼山対話」）と小楠もいう。

では変動する事態からいかにして「格物之実学」は「理」をとらえようとするのか。すでに見たように、「思」とは「三代の道」の理念を指標として、虚心に現実に向かう開かれた精神の営為であった。

「学」とはそうした精神の営為以外のものではない。小楠は「且又学者は粘滞の疾を去べく候」という。「粘滞の疾」とは彼が、いわゆる「和魂」の主張者に見る「徒に形迹に拘泥し旧套に因襲し故習株守する」ところの閉鎖的精神の習気である。「習気を去らざれば良心亡ぶ」(「中興立志七条」)と小楠はいう。利己的私見を去り、習気を払拭するとき、「良心」「至誠惻怛」の心に時勢の「理」は響くのだというのである。

小楠の「実学」「格物之実学」の主張は、学問をして活物応用の学たらしめようという強い傾向をもっている。だが同時にその「実学」の根底を道徳的内面性との連関に求める儒教的思惟にそれは規定されている。彼の「実学」は目的合理的判断に立つ科学的思惟の方法ではない。それは道徳的心術に裏打ちされた実践的思惟の方法である。しかし私はここで小楠の思想的限界をいうつもりはない。むしろ儒学によってその骨格を規定されている小楠の実践的思惟が、明治維新という変革期にあって、いかに変革の思想として精磨され、いかに主体的な思想として世界の形勢に対処し、いかに変動する時代を導くクライテリオンたりえたかを見ることである。

小楠の「三代の道」の理念は、民の生活の発展を実質とし、至公至平天に法りうる公共普遍の倫理的理念であった。この理念に基づいて彼は道義に裏付けられた富国強兵策を展開するとともに、「正俗共に一偏に落入互に相争」う閉鎖的精神である「二千歳之気習」からの脱却を熱烈に主張したのである。この「二千歳之気習」からの精神の転回を可能にするのは、「三代の道」という開かれた普遍的理念の存在である。彼の攻撃する「割拠見」は「小にしては一官一職の割拠見、大にしては国々の割拠見」として存在する。もしこの割拠見が払拭されることなく富国強兵が遂行されるならば、それは鎖国と本質的に異なることがない私宮である。「所詮宇内に乗り出すには公共の天理を以て彼等が紛乱をも解くと申す丈の規模これ無く候ひては相成間敷」（「沼山対話」）と小楠はいうのである。

一八六九年（明治二年）京都寺町の路上で、小楠が耶蘇教を弘めようとしているという理由で刺客の凶刃に倒れてからやがて一〇〇年になる。最後に、小楠が愛する二人の滞米中の甥に送った書簡から、己れの思想にかけた高い信念と使命感とを表明している部分を引いて、この小論を終えたい。

「ワシントンの外は徳義ある人物は一切これ無く、此以来もワシントン段の人物も決して生ずる道理これ無く、戦争之惨怛は弥以甚敷相成り申す可く候。我輩此道を信じ候は日本・唐土之儒者之学とは雲泥の相違なれば今日日本にて我丈を尽し事業の行れざるは是天命也。唯此道を明にするは我が大任なれば終生之力を此に尽すの外念願これ無く候。[15]」

［補記］

文久三年（一八六四）六月、米仏軍艦が下関を砲撃する。七月、薩英戦争が起きる。開国攘夷をめぐる厳しい情勢下に幕府の施策が本質的に問われていたその時期に、幕府中枢への助言が求められていた小楠にいわゆる「士道忘却事件」が出来する。小楠は熊本に呼び戻され、知行召し上げ、士籍剥奪の判決が下される。これ以後小楠は明治元年（一八六八）まで、熊本郊外の沼山津に蟄居することになる。小楠は明治維新にいたる激動の五年間を時局から外され、激動を傍観せざるをえない立場に置かれるのである。

明治元年（一八六八）四月に病身の小楠は召されて、新政府の参与となった。新政府の施策の思想的基準（クライテリオン）が小楠に求められたのであろう。彼は病身を押して出仕した。翌明治二年の新春一月五日、小楠は正装して太政官に出仕した。午後三時すぎに退朝した小楠の乗る駕籠が丸太町の角にさしかかったとき、刺客に襲われた。小楠は駕籠を背にして応戦したが、遂に凶刃に倒れた。刺客は小楠の首をもって逃げたが、追われるとその首を投げ捨てて逃げ去った。

凶徒は上田立夫、土屋延雄ら六名で、十津川の郷士や神官、志士くずれのものたちである。ただ彼らは実行者であって、これをコントロールするものは、その背後に、今構成されつつある新権力の周辺にいたのであろう。斬奸状には、「今般夷賊に同心し、天主教を海内に蔓延せしめんとす。邪教蔓延いたし候せつは、皇国は外夷の有と相成り候こと顕然なり」と記されていたという。「耶蘇」とは日本にとっての思想的、宗教的な本質的異端派に貼られる名である。小楠の「三代之道」「天地公共の道理」の思想は「耶蘇」として糾弾されたのである。また裁判過程で小楠の書とされる『天道覚明論』という偽書がでっちあげられ、小楠を万世一系・天壌無窮を否定する不敬罪をもって告発することが、弾正台（だんじょうだい）を中心になされた。この偽書は肥後藩の小楠の反対派である勤王党の手になるものだとされている。これは明治の夜明けに小楠を葬ったものはだれかを明らかにしている。明治三年一〇月一〇日、廟議は一決し、断固犯人の刑を執行した。小楠の遭難後一年一〇ヵ月を要してやっとこの事件は決着したのである。

明治はその夜明けに開国日本を導くはずの英知を、反動的神国主義者の手で葬ってしまったのである。それ以後、一国的割拠見による富国強兵の道を止める公正の論を日本は失ったのである。

第3章　なぜこの農民国学者は遅れて発見されるのか——農民国学者鈴木雅之と「生成の道」

「凡そ世（世界）になりとなる（生々）万物（人は更なり、禽獣虫魚にいたるまですべて有生のたぐひ、）尽く、皆道によりて生り出づ（道のことは下にいへり）。道ある故に、世にある万物は生り出たるものなり。」

鈴木雅之『撞賢木』総説[1]

1　遅れて発見される国学者

村岡典嗣の『増訂日本思想史研究』（昭和一五、岩波書店）に「農村の生んだ一国学者鈴木雅之」という文章がある。村岡のこの著書の初版本『日本思想史研究』は昭和五年に岡書院から出版されている。村岡が増訂版に付した「はしがき」によれば、上記の「鈴木雅之」をめぐる文章はすでに初版本に収められていたことになる。いま村岡の『日本思想史研究』の出版年次にこだわっているのは、その発見の驚きと喜びに満ちた「農村の生んだ一国学者鈴木雅之」という文章の発表年次にかかわってである。この文章は昭和五年九月の『思想』誌上に発表されたものである。とすれば初版『日本思想史研究』に載る発見者の驚きと喜びに満ちた「農村の生んだ一国学者鈴木雅之」という文章はそのまま一〇年後の『増訂日本思想史研究』に収められたということになる。日本近代における国学研究の最盛期というべきこの時期に鈴木雅之はなお昭和初年に発見された処女的国学者のままであったのである。

　鈴木雅之について、落としてはならないもう一人の国学研究者がいる。伊東多三郎である。彼が『近世国体思想史論』[2]に「多年国学の研究に従い、地方に埋もれている国学者の事蹟を調査している間に、鈴木雅之の名が美しい輝きをもって眼前に浮ぶに至ったのである」と書いたのは昭和一八年であった。「机上に堆（うずたか）く積まれた雅之自筆の遺稿を通読した時には、その人物は是非とも顕彰せねばならぬ」としながらも、それを実現するための時間も条件も戦時下の伊東にはなかったのであろう。彼はただ「国学者鈴木雅之」という紹介の文章を同書の最終章に付するにとどまった。天保八年（一八三七）下総利根川畔の農村に生まれ、明治四年（一八七一）に三五歳の若さで逝った鈴木雅之は、昭和の戦時期にいたるまでただ遅れて発見される国学者にとどまったのである。

　この鈴木雅之がいつまでも〈遅れて発見される国学者〉あるいは〈知られざる偉才〉にとどまるという事態に憤った地元の研究者伊藤至郎[3]はまず独力で『伊能忠敬・鈴木雅之』（一九四二）を書いた。だがそれに不満足であった伊藤は再び雅之に取り組み、病苦と戦時・戦後の悪条件を冒して鈴木雅之研究の完成に努めた。没後に刊行された『鈴木雅之研究』[4]の「一九四四年一月三日」[5]の日付をもつ「まえがき」で伊藤はこう書いている。「わたしは病後の心身を以て再び雅之と取り組み、ようやくにして本書を完成するに至った。しかし、わたしの無力は覆うべくもない。もし本書にとるべきところがあるとすれば、それは雅之その人のものである。わたしの多くの言説のごときは無知に反して語った徒言に過ぎない。」

「遅れて発見される国学者」という鈴木雅之をめぐる事態に憤る伊藤至郎もまた、その事態を覆すことをなしえなかった己れの無力を慨かざるをえなかったのである。そしてこれらの先人たち、村岡典嗣、伊東多三郎、そして伊藤至郎という思想史研究のすぐれた先達の教えによって鈴木雅之を知った私も、ただ雅之の主著『撞賢木（つきさかき）』の遅い発見の驚きを記すにとどまったのである。[6]

しかし鈴木雅之とはなぜいつまでも遅れて発見される国学者であるのか。日本の近代は今に至るまで鈴木雅之を遅れて発見される国学者のままにとどめているのである。それはなぜなのか。

2　「農村の生んだ一国学者」

鈴木雅之は天保八年（一八三七）に下総国埴生（はぶ）郡南羽鳥村、現在の千葉県成田市南羽鳥の一農家に生まれた。父は清兵衛といい、小農であった。以下、雅之の出生と少年時代とを、村岡の記す文章によって見てみよう。

「天保八年は、大塩平八郎の騒動のあつた年である。渡辺崋山や高野長英の捕へられた二年前、藤井高尚、屋代弘賢、平田篤胤、香川景樹等の晩年に当る。この年の某月某日に、下総国埴生（はぶ）郡（今は印旛郡となる）の、東方長沼と西方印旛沼とにはさまれた一地域にある南羽鳥村といふ僻地の一農家に生まれた、一人の男子があつた。この児生長するに従つて頗る群童と異つた。沈重寡黙、友達と遊ぶ時にも、砂上に文字を書いて楽しみとした。成童の頃となると、常に附木とあきばの葉とを懐中して、昼はその見聞したところを之に記し、夜は爐火を燈に代へて、之に歌や文を書き、終に一葉も残さなかつた。稍長じて耕作に従事したが、田畑に息む時も、荷車を駆る時も、書冊を手に放たず、山にあつては、松葉を拾つて筮竹に代へて卜筮の理義を考へた。十五歳を越して若者の仲間入をしてから、その集会の席に列しては、徒らに雑談せず、寸陰を惜んで読書したり思案したりした。父母に仕へて至孝、些かも命令に背くやうなことなく、毎夜を読書の為に更しても、私かにふしどに入つて読書し、翌朝は必ず早く蹶起して業務に従ふやうにし、専ら父母を心配させたり、又父母の意に協はないやうなことないやうに努めた。

　農村のこの異常の一少年が、かくの如き読書や思索は、始めはもとよりしかといふ目当もなく、当時一般の和漢の書を、手当り次第に読んだり、くさぐさの物の道理を考へるといふにあつたらうが、いつしかその輪郭も明らかになり、学問の目標も、定かになつて来た。即ち、専ら本居平田一流の古道の研究となつて来た。」

　一九世紀はじめの下総の一農村に異様な向学心をもった少年、まさしく「異常の一少年」が現れたのである。少年の日の雅之が、村岡がここに記すようであるならば、それはまさしく「異常の一少年」であるだろう。村岡がここに記した「異常な一少年」雅之のあり方は、木内宗卿の『穂積雅之君之略伝』によるものである。鈴木雅之の生涯を知りうるものはただ一つ明治一七年に書かれた木内宗卿の『穂積雅之君之略伝』があるだけだと伊藤至郎がいっている。木内とは雅之の門人であり、その郷里を同じくしているという。したがって少年時の雅之を描くものは、だれもが木内の『略伝』にしたがって「異常の一少年」雅之を描き出すことになるのだ。村岡とならぶ雅之の発見者である伊東多三郎もまた村岡と同じように「異常の一少年」雅之を記している。

　だが私はこう書きながら、村岡や伊東による「異常の一少年」の記述に疑いを差し入れようとしているのではない。たしかに雅之は異様な向学心をもった少年であったのだろう。異様な向学心をもった少年であることなくして、三五歳で急逝した雅之が、すでに「国学者として全く一家を成してゐる」と村岡に評さしめるほどの著述を残すことはない。だが私があえてここでいいたいのは、「異常の一少年」への驚きが、この少年をあらしめた下総のこの農村への驚きを隠してしまっていることである。

私は雅之という少年に驚くとともに、この少年を生み、育てた下総のこの農村と農家に驚くのである。書を読み、学を求めることの範型がその周辺になくして向学心といった心の志向が少年に生まれるわけはない。そもそも文字を学び、書を読む術をこの農家生まれの雅之は幼きときからもちえたのである。読むべき書物がすでにこの農村と農民の周辺にあったのだ。かつて私は伊藤仁斎（一六二七―一七〇五）の学問の形成過程を追いながら、町人の出身である仁斎が早くから漢籍を周辺にもつ家庭環境の中にいたことに驚いた。私は当初それは一七世紀京都の上層町人の特殊な事例と解していた。だが近世江戸社会の知識・学問世界を知るにつれて私は、近世社会による脱階級的な知識・学問の展開と普及とを驚きをもって見出していった。

参勤交代が作り出す全国的な政治的ネットワークは、同時に経済的ネットワークをなし、文化的ネットワークをも構成した。さらに幕藩体制社会にとって重要なのは都市と農村とのネットワークである。近世江戸時代とはこうしたネットワークを全国的に成立させていった時代である。芭蕉が俳諧のネットワークによって「奥の細道」を旅したように、はるかに豊かな知識と文化のネットワークが町と村とを結んでいたのである。和歌や俳諧だけではない、儒学や国学、蘭学、心学などなどがこのネットワークによって全国的な学派、門流を成していった。ことに一八世紀後期から一九世紀初頭の江戸社会にあって、江戸と地方農村の豪農層を通じてのネットワークの形成とこのネットワークによる著述の販売と教勢の拡大とを意欲的にはかったのは平田篤胤（一七七六―一八四三）とその学派的中心気吹舎（いぶきのや）であった。[7]下総とは平田学にとっての拠点的農村地帯であったのである。「異常の一少年」雅之に驚く私は、同時にこの少年を生み育てた江戸後期下総の一農村に驚くのである。

雅之二〇歳の頃、家督を妹婿に譲り、家を出て香取郡三倉村に至り、越川平右衛門氏宅に身を寄せた。「郷里を去つて同国香取郡内の所々に流寓して、一意研学に勉めると共に、かたはら農村の子弟を教へて日々を過す身となつた」と村岡は記している。彼が家を出る二〇歳のころ、郷党の歌人神山魚貫（かみやまなつら）に入門した。魚貫は雅之が就いたただ一人の師であった。雅之の学問も知識もみずからいうように独学によるものである。雅之は三倉村に数年いて、高萩村の石橋伝右衛門氏宅に移った。「かくて少くとも元治二年二十九歳まで旅寓にあつた。旅寓中の彼は、二氏厚遇のもとに傍ら近隣の子弟を教へつつ、読書と研究とに専念し、また著述に心を錬つた。」雅之の著述は主としてこの高萩時代とそれに続く二、三年の間に、年齢からいえば二八歳から三一歳ごろまでに成されたものであろうと村岡はいっている。この雅之の研学と著述を支えた越川平右衛門氏も石橋伝右衛門氏もあの平田国学派のネットワークの要をなす財と名望とをもったいわゆる豪農であったのであろう。

慶応が改まって明治になった雅之三二歳のころ、高萩の石橋氏の許を去って鏑木村の医師平山昌斎の許に寓した。明治二年九月に雅之は、同郷の学友であった伊能頴則（いのうひでのり）の勧めで東京に上り、彼の推挽によって大学少助教となった。明治維新と国学者の動静をめぐって伊東多三郎はこう書いている。

「明治維新、それは宣長、篤胤の教に従つて多年わが固有の道の復興を叫びつづけて来た国学者達にとつては、誠にその主張実現の好機至れりと雀躍すべき時であつた。明治維新政府の宗教行政、国民教化政策等の実施に当つては、沢山の国学者、国学書生の起用を必要としたので、彼等の大部分は、或は書斎を出で、或は郷関を辞して東京に集り、宗教行政の中枢機関であつた神祇官や、国民思想指導の衝に当つた教部省に出仕して、彼等の先人達が示した理想を今こそ実行に移さんと奔走したのである。雅之も亦その一人であつた。」

雅之は明治二年に大学少助教になり、その翌年には神祇官に出仕し、宣教使中講義生に任ぜられた。明治四年、少博士昇任の内意を受けたが、その叙任を待たずに雅之は病をえて急逝した。三五歳であった。

その遺著はすべて草稿のままで、生前出版されることはなかった。その主な遺稿を伊藤至郎の分類によって示せば次のようである。

（一）哲学・世界観・道に関するもの
　　撞賢木
（二）諸批判
　　春秋賛義・大学弁・中庸弁・弁孟・論語弁・理学新論など
（三）政治・経済に関するもの
　　民生要論・治安策・民生要論略篇・示蒙彝訓・経国略論など
（四）歌学
　　歌学正言・歌学新語など

（五）随筆
　藻屑・客居雑録
（六）研究
　壬申乱・史論・活語全図・詞の花筐・古事記釈解・天津祝詞考・霊魂説略など
その他、建白草稿類がある。▼8

3　なぜ雅之は遅れて発見されるのか

　昭和における雅之の最初の発見者というべき村岡は、その発見の文章の末尾で、「彼にしてなほ長らへたならば、学識一層の円熟を加へて、矢野玄道や福羽美静の徒と、優に伍するを得たであらう」といっている。若き雅之による学問的・思想的な早すぎた達成の発見者である村岡の言葉として、これは頂けるものではない。もしその生を長らえることができたならば、雅之はあの明治天皇制国家の祭祀体系、神道学的体系の構築者たち矢野玄道・福羽美静と並びうる国家的神道学者になっただろうというのは、発見者のいう言葉ではない。もしそうなら雅之はとっくに発見されて、国家神道史の上にはっきりとその名を刻んでいただろう。だが雅之とは昭和の村岡によって発見されねばならなかったのである。

　鈴木雅之とはつねに遅れて発見される国学者・神道学者であることは村岡自身がその著書で証明していることではないか。すでにいうように村岡は昭和五年の初版『日本思想史研究』に雅之発見の文章「農村の生んだ一国学者鈴木雅之」を書いた。そして一〇年後、村岡は再び雅之発見のこの文章をそのまま『増訂日本思想史研究』に収めているのである。それはただ増訂再版という出版慣行にしたがったまでだと人はいうかもしれない。だが私はそこに雅之がつねに遅れて発見される国学者にとどまっていることを見るのである。

それはなぜなのか。なぜ雅之はつねに遅れて発見される国学者であるのか。それは不幸にも三五歳の若さで急逝してしまったゆえなのか。あるいはそれは学派的地盤も背景もなく、下総の農村地帯で独学的に形成された雅之の学が負わねばならなかった運命であるのか。そうかもしれない。だが雅之の学が負わねばならなかった運命とはだれが定め、だれが与えていったのか。それは維新と明治に始まる日本近代が雅之に負わせていった運命ではないのか。そうであるならば雅之の発見とは、雅之が負わされてきた運命への問い返しであったはずである。そしてその運命への問い返しとは、雅之忘却の運命を定めた日本近代への問い返しであったはずである。それゆえ村岡の一農民学者雅之の発見とは、近代の国学史、神道史への問い返しであったたし、伊東多三郎における雅之の発見は、「国民の多数が文化の創造に参加し、その享受の機会に恵まれてゐたかどうか[9]」という国民文化創造の原点的な問い返しとともになされたものであった。そして伊藤至郎の『鈴木雅之研究』にかけられた意味と重さは、その書に付した妻伊藤光子の「あとがき[10]」の言葉がそのすべてを語っている。その最後の痛恨の言葉をここにも引いておこう。「戦争前の暗い時代に真理を求め続け、そのために長く自由を奪われ、そこで得た病を遂に恢復することができず、筆業なかばで倒れたことは、筆者にとっても、私にとっても、千載の遺恨というほかありません。」伊藤至郎にとって『鈴木雅之研究』とは、彼を獄に捕らえ、死にいたる病苦を負わせた昭和の戦争国家日本との対抗的な重さをもつ著作ではなかったか。

昭和における雅之の遅れた発見をこのように語る私もまた雅之の遅れてきた発見者であった。

4　私における雅之の発見

私は鈴木雅之を内からの要請で読んでいったわけではない。雅之だけではない、平田篤胤でさえ私にとって出会うべき必然的な存在としてあったわけではない。六〇年代の私は宣長を研究対象にしていたが、宣長の先に篤胤を見ていたわけではない。戦後の国学思想史というイデオロギー批判的思想史の方法的克服に努めていた私は、宣長から篤胤への道筋を当然辿るべきものとしていたわけではない。篤胤は偶然に、外から与えられた。六〇年代の終わりの時期に中央公論社の「日本の名著」の一冊として『平田篤胤』の巻の構成と解説の仕事が私に与えられた。私は篤胤の国学的コスモロジーとその展開をテーマにして、篤胤の『霊能真柱』を軸に佐藤信淵の『鎔造化育論』と鈴木雅之の『撞賢木』を添えて一巻を構成する案を立てた。これは私のにわか勉強によってなったものだが、間違ってはいないと今でも思っている。

私は篤胤や信淵の著作や雅之の『撞賢木』のコピーなどをもってドイツのミュンヘンに行った。七一年に私はフンボルト奨学金によってドイツ留学の機会をえたのである。あの「日本の名著」の一冊としての『平田篤胤』はこのドイツ滞在の賜物である。それはただドイツ滞在がこれらのテキストを読むための時間的余裕を私に与えたということではない。私は〈ドイツから読むこと〉によって初めて、これらの国学的テキストを読むことができたのである。〈外部性〉という思想的テキスト解読のための方法的視点を自ずから私はドイツ滞在によってもったのである。ドイツから読むことによって初めて私は顕幽二元論的構成をもち、救済論的課題を内包した篤胤コスモロジーの意味を読み出すことができたのである。やがてこの〈外部性〉はポスト構造主義的なディスクール分析の方法として八〇年代以降の私の思想史を導くことになるのである。

このドイツ滞在は私に篤胤を再発見させただけではない、鈴木雅之という農民思想家をも発見させたのである。私が『平田篤胤』に鈴木雅之を加えたのは、村岡典嗣や伊東多三郎に教えられてである。雅之の『撞賢木』の「総説」は次のような言葉をもって始まる。

「凡そ世（世界）になりとなる（生々）万物（人は更なり、禽獣虫魚にいたるまですべて有生のたぐひ）尽く、皆道によりて生(な)り出つ。

道ある故に、世にある万物は生り出たるものなり。万物生有(なれる)故に道生れるに非ず。

道本末ありて行はるる故に、其道によりて万物なれるなり。万物なれる故に道はじめてもとになれりと思ふは誤なり。

いきとしいけるもの（生活するもの）皆、道を行ふによりて活く。

世に生活するほどのもの、道を離れていけるものは更にあることなし。

いける故に道を行ふにあらず。

人もとより道を行ふによりていけるなり。いける故に道を行ふと思ふは、反(かえ)ざまの惑ひなり。（人此の惑ひある故に吾と道と疎くなりて、ややもすればはなればなれになるなり。人と道とは然はなればなれになるものにはあらず。道を全く行ひ得ると行ひえずしてかくものとはあれども、いけるかぎりのものは、たれも皆しらず行ひてあるなり。全く道を棄絶ていけるものは、更にあることなし。）」

私はいまこの「撞賢木・総説」の言葉をすべてここに引きたいという衝動をもちながら、これを写している。私がこれを初めて読んだときの感動を、いまこれを写しながらもう一度体験し直しているようである。私はかつてその感動を次のように書いた。

「生活するということが道を行うことだと雅之はいう。あるいは人がこの世に生をうけ、そして日々の生業を営み、やがてその生を終えることが、すなわち人の生の展開そのものが道を行っていることだともいう。雅之の概念によっていえば、人の生活が生成の道を行うこと、あるいは生成の理にしたがうことである。このように人々の生活を基礎づける哲学的な展開が、あの道の根元性の主張によってなされていこうとするのである。そこに、下総の農村で耕作にしたがいながら思索した雅之が、篤胤ら国学の先達に与えた回答がある。」

「生成の道の根元性をいう雅之は、その根元の道に関与する魂（人身の神）の世界として幽冥界をとらえる。それはもはや死後の魂のおもむく霊的世界ではなくして、道の根元性にかかわるいわば本体的世界である。生成の道を基底として世界をとらえる雅之の思索力はきわめて高い。」[11]

生成の道の根元性をいい、地上の生活者をその生活による道の遂行者だとする雅之の日本思想史に稀有な思想と言語とを確かに読めば、日本近代がなぜ雅之を忘却のままに埋もれさせてきたかの理由も自ずから知るだろう。国家的神（現人神）の原理によって丸ごと造り上げていった近代日本は、雅之の「生成の道の根元性」をいう人＝生活者の思想を埋もれさせることによってその国家的運命を遂げていったのである。

第4章　形は直ちに心と知るべし——梅岩心学をどう読むべきなのか

「今日覚メテ見レバ我ハ何ト思テ丹波ノ不自由ナル山中ノ百姓ノ愚母ガ胎内ニ宿リシコトヲ忘レタリ。ソレユエニ親父ヤ母ニ問ント思ヘ共、死シテ居ザレバ問コトナラヌ。ナラヌコトヲ為ント思フ心ナケレバコレモヨシ。」

『石田先生語録』巻三

石田梅岩（一六八五―一七四四）とはすでに遠い過去の名前になっている。梅岩とともに彼の創始した心学もまた忘れられていった。江戸の中後期、心学講舎という庶民教育の場が江戸・大坂・京都など近世都市の諸処に設けられ、道学という日常道徳が逸話を交えて平易な言葉で語られていったのである。「ならぬ堪忍、するが堪忍」など道学講話が語り出した格言は、その出自は忘れられても、いまになお記憶されている。また飢饉や災害時に心学講舎は庶民救済のセンターでもあった。この心学運動は、国民教育が近代国家の中心的課題となるとともにその生命を終え、忘れられ、ただ教育史の中に記されるだけの近世の教育的事業となった。この心学とその運動の創始者が石田梅岩である。

梅岩は貞享二年（一六八五）、丹波国桑田郡東懸（とうげ）村の農家の次男として生まれた。生家は当時の本百姓といわれる標準的農家であった。名は興長、通称は勘平といい、梅岩は号である。当時の農村の慣習によって次男である梅岩は一一歳で京都の商家に奉公に出された。だがその商家の経営が悪く、奉公人へのお仕着せもできない状態であったという。梅岩はそれに堪えて勤めていたが、事情を知った父親が梅岩を呼び戻した。その後、二三歳の年（宝永四年）再び京都に出て上京の商家（呉服商）黒柳家に奉公することになった。商家への奉公は十代の丁稚見習いに始まり、手代・番頭に進むのが普通であるが、二〇歳過ぎで新たな商家での奉公を始めた梅岩はやや異様である。梅岩の心学を継いだ手島堵庵の筆になる『石田先生事蹟』は、「先生廿三歳の時、京都に登り、上京の商人何某の方へ奉公に在り付き給へり。はじめは神道をしたひ、志したまふは何とぞ神道を説き弘むべし。若し聞く人なくば、鈴を振り町々を廻りて成りとも、人の人たるの道を勧めたしと願ひ給へり」と記している。堵庵が記すところには修飾があると見るべきだろうが、少なくとも黒柳家に勤めだした二三歳の梅岩は商人としての自立とは別の志を自分の人生に見ていたことは確かであろう。その志を「神道」という言葉に重ねていっているのである。ここでいう「神道」とは、町や村を廻りながら、お札を配り、通俗の教えを人びとに説いていく神道家のそれであろう。ともあれ人に人たる道があることを教える心学者への原初的な志を、二三歳の青年梅岩はすでにもっていたのである。これは注目すべきことである。私は近世初頭京都の商家に生まれた少年伊藤仁斎に学への志が成立した事実に驚くが、その半世紀後、丹波の農家に生まれ、商家に勤める青年梅岩に人の道を説く講師への志が成立することにそれ以上に驚くのである。それはただ奇特な志をもった青年が一八世紀初頭の京都に生まれたことだけを意味するのではない。やがて広汎に展開される心学運動を支える近世庶民の人間的な自立への要求が、梅岩における「人の人たるの道を勧めたし」という志をもたらしているのである。

私がここで見ようとするのは、近世庶民の人間的な自立への要求がどのような言語をもって語られていったかである。それは容易くいわれる言語ではない。「心ノ工夫」という精神の苦闘を経ていい出される言語である。梅岩たちが践まざるをえなかったこの内面のプロセスに思い入ることなくその言語を見るものは、ただそこに分際に安んぜよという体制従属の意(こころ)をしか読まないだろう。梅岩の言語にそれをしか読まないものは、現代のわれわれがより重く、より困難な社会的制約・差別の中にいることを、あるいはその差別に加担してしまっていることを知らないのだ。

1 「商人に商人の道あることを教ゆるなり」

石田梅岩が京都車屋町にて初めて講席を開いたのは享保一四年（一七二九）である。その年、年表によれば幕府は米穀類の買い占めを許可している。それは、体制の建て直しを意図して享保改革を遂行する幕府の米価調整のための一つの施策であった。「席銭入り申さず候」という門札を掲げて梅岩が講義を始めたのは、その体制自体に根ざす財政困難を打開するための苦慮が様々に幕府によって払われている時であった。その前年の享保一三年、「治ノ根本ハ兎角人ヲ地ニ着ル様ニスルコト、是治ノ根本也」（『政談』巻之二）と、土地を離れて「旅宿ノ境界」にあることに由来するという「武家ノ困窮」の救い難い現状に対して、封建体制の理念とそれに基づく制度の確立を高調した荻生徂徠が没している。しかし徂徠による封建的理念の高調と激しい現状批判のかげには、やがて老荘的無為を次善の策として容認せざるをえない太宰春台の経世済民の治術への無力感が漂っている。[1] そしてそれは他面、この封建体制内における商人の、まさしく必要悪としての存在の比重の大きさを示している。この商人の存在を、社会における必要な一契機としてとらえることは、梅岩をまたずとも多くの儒者によってなされているが、吉宗の侍講であった室鳩巣によっても、「商人は天地の偏倚をたすけ、有を省て無を補ふ、余り有を取て不足に与へ、総じて天下の財を遍して、天下に其化育を蒙（こうむら）し」（『不亡鈔』巻之三）めて「天下の用」を達するという農工とともに必要な契機なのだと表現されている。このような時代を背景にして石田梅岩がその心学において意図したのは、「我教ユル所ハ商人ニ商人ノ道アルコトヲ教ユルナリ」▼2（『都鄙問答』巻之二）ということであった。もはや社会において無視しえない、決定的な比重を占める商人に商人であることで人倫世界の構成者であることを教えるというのである。

しかしながら前述の米価調整や享保四年の相対済（あいたいすまし）法に見るように、享保改革を貫くのは幕府財政と旗本御家人の困窮を救済する意図であり、そのために幕府はその強権によって物資の需給、物価の変動に干渉したのである。また株仲間を通して商工業者を統制し、あくまで商工業を封建的社会体制内に維持しようとしたのである。それゆえに、社会的機能において本質的に等価だと見る傾きをもつ士農工商という職分観は、同時に踰えることの許されない〈分〉としての固定的な社会秩序をも表現せざるをえない。梅岩が「商人ニ商人ノ道アルコトヲ教ユルナリ」と、商人の倫理的主体の確立を意図するとき、彼の負う時代の現実がこのようなものであるとすれば、彼の意図の遂行は決して単純にはなされえない。存在の倫理的反省は、社会の全体性との連関を不可分に前提する。ところで商人の存在のホリゾントが政治的支配によって規定されているとき、そしてその規定を〈天命〉として受容しようとするとき、社会の全体性は心構え論ないし心性論の境位でとらえられざるをえないだろう。梅岩の思想が〈心学〉と呼ばれる所以である。私がここに見ようとするのは、この〈心学〉として初めてなしえた商人の人間的価値主体の確立である。

２　「市井ノ臣」

梅岩が『都鄙問答』で商工業者を「市井ノ臣」ととらえたことはよく知られている。近世社会における町人の思想を問題にする場合にほとんど必ず引かれる言葉である。今ここでも冗長にわたるが『都鄙問答』のその箇所を引用しておこう。

「商人皆農工トナラバ財宝ヲ通ハス者ナクシテ、万民ノ難儀トナラン。士農工商ハ天下ノ治ル相（たすけ）トナル。四民カケテハ助ケ無カルベシ。四民ヲ治メ玉フハ君ノ職ナリ。君ヲ相クルハ四民ノ職分ナリ。士ハ元来（もとより）位アル臣ナリ。農民ハ草莽（そうぼう）ノ臣ナリ。商工ハ市井ノ臣ナリ。臣トシテ君ヲ相クルハ臣ノ道ナリ。商人ノ売買スルハ天下ノ相（たすけ）ナリ。」（巻之二）

梅岩は士農工商をいずれも〈臣〉ととらえ、商人が臣として相（たす）けるのは〈天下〉であるという。そしてさらに、士が君より受ける俸禄に対して、「商人ノ買利モ天下御免（ゆる）シノ禄ナリ」という。商人が〈臣〉として〈職分〉の遂行者であるかぎり、士農工とともに商人は社会的存在としての自らの位置を主張しうるということを、この梅岩の言に読みうるであろう。しかし私が先ずここで注目するのは、商人を武士になぞらえて「市井ノ臣」ととらえる〈臣〉の意味である。

梅岩は武士の主従関係における臣を規定して、「臣ハ牽ナリト註シ、心常ニ君ニ牽（ひか）ルルナリ」（巻之一）という。主従関係において、一切の行為と心情とを主君に収斂させる忠誠ないし献身の主体を〈臣〉ととらえるのである。そして梅岩は、「総ジテ重キモ軽キモ人ニ事（つかうまつ）ル者ハ臣ナリ」（巻之四）と、武士的な献身の〈臣〉を一般化し、商人をもそうした〈臣〉でとらえるのである。ところでこのような梅岩の〈臣〉の規定と、「君ニ事ルヲ奉公ト云、奉公ハ我身ヲ君ニ任セテ忘レタルナリ」（『石田先生語録』巻八）という献身の没我性の強調や、「万事ニ付速カニ行ヒ難ヒハ死ヲ重ンズルニヨル。死ヲ軽ンジ死スベキ時来ラバ速カニ死スベシト平生ニ決定セバ、十ガ五ツハ行ヒ易キコトアラン」（『語録』巻十）という死生観とを併せて考えるならば、われわれは、梅岩が〈臣〉の語に内包させているパトスが、意外に『葉隠』等がもつ武士道のそれに類似していることに気付く。

　ところで主従というパーソナルな関係に拘束され、それに情誼的に執着し続けることによって生ずる、あの『葉隠』の諫争の能動性を、[3]梅岩の〈臣〉の把握にも見出しうるのだろうか。梅岩もまた非常にしばしば諫争を強調する。「親ニ事ルハ仁ノ勤ナリ。然レバ度々諫ムレ共聞ズト云コトハ無キコトナリ。身ノ死スル時ハヤム。死ザル中ハ諫ムルナリ」（『語録』巻五）といい、あるいは「臣ノ諫ヲ受入ルヲ真ノ君ト云ベシ」（『都鄙問答』巻之二）といったりするところを見るならば、梅岩においても諫争を伴なうる没我の献身性が〈臣〉であることの本質的な規定になっていることを知るのである。

　このように梅岩は武士的主従関係における献身的な〈臣〉のあり方を一般化し、「総ジテ重モ軽モ人ニ事ル者ハ臣ナリ」と商人の実践的な主体のあり方をも〈臣〉ととらえるのである。そしてかく商人を〈臣〉ととらえることによって、献身的な臣の能動性と倫理性とを商人的主体に保持せしめようとするのである。「我身ヲ修メ役目ヲ正シク勉メ邪（よこしま）ナキハ君ヘノ忠臣ナリ。今治世ニ何ゾ不忠ノ士アランヤ。商人モ二重ノ利密々ノ金ヲ取ルハ先祖ヘノ不幸不忠ナリトシリ、心ハ士ニモ劣ルマジト思フベシ」（同上巻之二）と梅岩はいう。武士的主従関係における〈臣〉のあり方を標準として、商人の主体をも〈臣〉ととらえるとき、その語のもつ意味とパトスとを以上のように見てくるならば、いわゆる「知足安分」という自己の分際に安住せる消極性とは異なる調子をもった職分観が浮かび出てくるだろう。もとより梅岩も自己の分限を踰えずに、家業にて足ることを知れとしばしば説いている。と同時に前に見るように、職分への積極的な姿勢が梅岩にはある。いまここで私が注目するのは、商人の実践的な主体を〈臣〉ととらえることに見る能動性である。

３　「天下ノ人ハ我ガ奉禄ノ主」

武士的主従関係における献身的な〈臣〉と類比的に、梅岩は商人の実践的な主体をも〈臣〉としてとらえる。だが前者における〈臣〉の献身は、人格的結合を通して家臣の心情に沈殿せる濃密なパトスを基盤にしている。当時の商人の実践性を支配する大きな要素である家職の意識、すなわち家長と家族、主人と奉公人という人格的結合を通して父祖の家業を守ろうとする擬似武士的主従関係を考えるならば、ここでも献身の〈臣〉のパトスが有効に働くことは論を俟たない。そして商人の献身が問われるとき、〈家〉という閉鎖的な人倫的結合におけるそれが常に原型的にとらえられていることは否めない。しかし梅岩の思索の重要なモチーフは、商人を「市井ノ臣」とすることによっても知りうるように、商人の実践を社会の全体性のうちに位置づけようとすることであり、その限りで商人の実践の内的動機を、梅岩の心学は問題とするのである。梅岩は商人としての献身の対象を「天下ノ人」としている。

「商人田畑ハ天下ノ人ニ有リ、天下ノ人ハ我ガ奉禄ノ主ジニ有ラズヤ。武士ハ奉禄ノ君ニ命ヲ舍ツ。

商人ノ我ガ奉禄ノ主ノ心ヲ知ラバ奉禄ノ主天下ノ人モ心同キ故ニ一銭ヲ惜ム心ヲ知テ、其替リニ売渡ス代物ヲ大事ニカケテ少シモ麁相ニセズシテ売渡タサバ買人ノ惜ム心自ラ止マン。自ラ止マバコレ天下ノ心同キ事ヲ知ルニアラズヤ。天下ノ人ト同ク通用セバ天地ノ流行ト同ク相合ン。」（『語録』巻十五）

　梅岩はこのように「君ニ命ヲ舎」てる武士的献身を商人の主体に転移させながら、その献身の対象を「天下ノ人」ととらえる。このような献身対象の把握や、「天下ノ財宝ヲ通用」（『都鄙問答』巻之一）するという商人の職業の本分の把握を見るとき、流通経済の進展とその担い手たる商人の動かしえない存在がその背後にあることはいうまでもない。そしてそれを背景にして、「利ヲ取ラザルハ商人ノ道ニアラズ」（同上巻之二）というように商人の営利行為の明白な容認と主張とが生じるのである。ところで梅岩はこの営利行為の主体を〈臣〉ととらえ、その献身の能動性と倫理性とをもって商人の行為の内的動機たらしめようとする。そして献身対象の「天下ノ人」とは端的に買手であるから、梅岩は、「武士タル者君ノ為ニ命ヲ惜マバ士トハ云ハレマジ。商人モ是ヲ知ラバ我道ハ明カナリ。我身ヲ養ハルルウリ先ヲ疎末ニセズシテ真実ニスレバ、十ガ八ツハ、売先ノ心ニ合者ナリ。売先ノ心ニ合ヤウニ商売ニ情ヲ入レ勤メナバ、渡世ニ何ンゾ案ズルコトノ有ベキ」（同上）とのべ、武士を標準とする没我の献身性をもって、商人の営利行為を純化し、倫理的に正当化する。

　ところで梅岩において、武士的〈臣〉に類比される商人の主体の能動性はどのようにしてもたらされるのか。しかも商人において献身対象が「天下ノ人」にと一般化し、拡散するとき、商人を〈臣〉として把握することが、果たして倫理的な正当化以上のものでありうるだろうか。さらに商人の分際を規定する政治的支配が、商人の活動を家業の枠内での勤勉主義の消極性にもたらそうとするとき、その政治的支配と交錯しつつ、どのように商人の活動を社会の全体性の中に位置づけて、商人の能動性をもたらそうとするのか。

4　「形ガ直ニ心」

既存の社会体系における分際としての規定を、ただ単に受容することからは、商人たちは〈知足安分〉の自足性に安住するか、家業の枠内での勤勉主義にとどまるしかないだろう。たしかに梅岩も、「ココニ於テ我細民タルコトヲ得心シテ我分限ヲ知テ行フベシ。天下ノ君ノコトヲ混雑スベカラズ」（『語録』巻二）というように、分限、分際は商人の行為にアプリオリにともなう制約である。ではそのような制約を受けながら梅岩は、どのように己れの負う〈職分〉という規定を、積極的にとらえようとするのか。梅岩は、分限ないし分際という制約を、実践的行為の踏み台としての自己制約に転化せしめようとする。梅岩の形而上学的色彩をもった「性理問答」[4]も、天命的自己として受けている一定の制約を、いかに主体的な実践的行為者の踏み台としてとらえるかにかかっている。

このような観点から梅岩の「性理問答」を見るならば、先ず気付くのは〈形〉という表現である。彼は孟子の「形色ハ天性ナリ。惟聖人ニシテ然ル後ニ以テ形ヲ践ムベシ」を彼独自に解釈しながら、「孑孑（ほうふりむし）水中ニ有テハ人ヲ螫（さ）サズ。蚊ト変ジテ忽ニ人ヲ螫ス。コレ形ニ由ルノ心ナリ。（中略）蛙ノ形ニ生レバ蛇ヲ恐ルルハ形ガ直（じき）ニ心ナル所ナリ」といい、さらに「形ヲ践（ふむ）トハ、五倫ノ道ヲ明カニ行フヲ云。形ヲ践デ行フコト、不能（あたわざる）ハ小人ナリ。畜類鳥類ハ私心ナシ。反（かえっ）テ形ヲ践。皆自然ノ理ナリ」（『都鄙問答』巻之三「性理問答ノ段」）という。ここで梅岩が〈形〉というのは、彼が士農工商あるいは貴賤尊卑をも〈形〉ととらえるように、社会的存在としての人の具体性である。その存在の具体性において、その存在に求められている行為を端的になすことを「形ヲ践」むというのである。彼は自然的諸事物と同様に、自己を自然とみなしうる存在直観が、その存在に求められる行為を直截になさしめるという。梅岩が「今日我身ノアル所則天命トシル。此孔子ヲ法ニ取ルユヘナリ。此義ヲ知ラバ我職分ヲ疎ニスル心有ランヤ」（巻之二）というのは、現にある自分を天命として自覚することが職分遂行を促すということと別のことではない。

現に一定の社会的諸条件に置かれている自己の存在を、自然的諸事物と同様に天命によってかくあるととらえるためには、自己を無にして自然と同化する内的プロセスを必要とする。梅岩のいう「心ノ工夫」である。ここに一種の仏教的な覚醒が導入される。それは現世における存在の意義を、自己否定的な存在直観によってとらえようとする工夫である。しかし梅岩にそのような「心ノ工夫」を促すのは、死からの救済の動機ではない。むしろその存在のホリゾントをアプリオリに規定している政治的、社会的制約である。ところで梅岩の心の工夫による覚醒とは、「自性見識ノ見ヲ離レ」て天地自然と同化することである。「ココニ至テ我ヨリ外ニ天ト云ベキ我アリヤ」（『語録』巻八）というように、覚醒の境地においては、我は天に外ならない。そして主体の能動性は、自己という意識を否定することによって、天地自然と一体化する存在直観に凝集されねばならない。

「凡テ人我ト云物ハ聖人仏モ諸道ニ於テ此ヲ嫌フ物ナレド、我レハ我ヲ以テ忠ヲ守ル主トセン。（中略）都テ世界ノ善事ヲ我身一ツニ合セ聚メント我ヲ立ヨ。マダ且天地ト一ツニ成ラント我ヲ立ヨ。最上至極ノ所ニハ我レヲ見亡ナハント我ヲ立ヨ。我ヲ立て通サデ措クマジト信心堅固ニ我ヲ立ンコトヲ守

リ、我ヲ立ルニ心尽シテ忠トハ為乎(せんか)。」（同上巻四）

私心私欲として否定される「人我」も、自己否定による天地自然との一体化に向かう能動性として立て通されねばならない。このような自己否定と再発見のプロセスによって、「今日我心ノアル所」を天命による自然必然的な存在として知るのである。だから梅岩は「克己復礼」を彼なりに解釈して、「忽然ト目覚テ見レバ己レニ克ツトハ己レヲ忘ルルコトナリ。己レヲ忘レバ忽ニ天地トナル。礼ニ復(かえっ)テ見レバ礼トハ自然ナリ。自然ナレバ首ハ上ニアルユヘニ上トシ、足ハ下ニアルユヘニ下トシ、万事ニ渉リテ如是(かくのごとし)」（同上巻五）というように、貴賤上下の別を定める礼も自然である。社会体系において一定の分際として規定される自己も、それぞれの生業を営む自己も、現にあるその〈形〉において天地であり、自然であると目覚めるのである。この目覚めに不可欠であるのは、「己レニ克ツトハ己レヲ忘ルルコトナリ」という自己否定の内面的プロセスである。まさに〈天命〉としてその所以を問うことのできない社会的限定を、むしろ踏み台として現実に立ち向かう自己否定の内面のプロセスを梅岩は語っている。

「今日覚メテ見レバ我ハ何ト思テ丹波ノ不自由ナル山中ノ百姓ノ愚母ガ胎内ニ宿リシコトヲ忘レタリ。ソレユエニ親父ヤ母ニ問ント思ヘ共、死シテ居ザレバ問コトナラヌ。ナラヌコトヲ為ント思フ心ナケレバコレモヨシ。」（同上巻三）そして〈天命〉として負う分際という社会的制約を問うことは愚痴である。「都(すべ)て分に過るは皆奢り也。何ほど奢りかざるとも農人(のうにん)は農人、町人は町人にて等(しな)の踰(こえ)らるるものにあらず。夫(それ)をしらざるは愚痴なり」（『斉家論』上）というように、実践的主体にとって愚痴は無縁であり、分限（社会制約）を、己れの分に対応する行為を直截にするための踏み台（自己制約）にすることが求められるのである。

ひるがえって梅岩の「性理問答」という形而上学的追究の地盤を見てみるならば、「孟子ノ善トノ玉フハ是カ非カ、我性ニ合カ不合カト、手前ニ法ヲ求テ後ノ詮議ナリ」（『都鄙問答』巻之三）というように、それを問う実践的主体を欠いたら、「性善説」も「性理問答」も、孟子や先儒の糟を食らう文字上の議論に帰するだろうと梅岩はいう。「思慮ヲ以テ知ラルル所ニアラズ。信心堅固ニシテ、憤リヲ発シ」（同上）て見性すること、それが梅岩のいう「心ノ工夫」であろう。現に〈形〉としてある自己を、自然必然的な存在と観ずる自己否定の能動性が、その〈形〉に対応する〈則〉を没我的に遂行する主体、一個の倫理的主体を成立させるのである。

幕府財政と御家人の困窮の救済とを意図して出される倹約令は、士農工商をそれぞれ分限に応じた生活様式にきびしく規制しようとする。この上からくだされる倹約令と交錯しながら梅岩はこういうのである。

「倹約をいふは他の儀にあらず、生まれながらの正直にかへし度為なり。天より生民を降すなれば、万民はことごとく天の子なり。故に人は一箇の小天地なり。小天地ゆへ本私欲なきもの也。このゆへに我物は我物、人の物は人の物、貸したる物はうけとり、借りたる物は返し、毛すじほども私なくありべかかりにするは正直なる所也。此正直行はるれば、世間一同に和合し、四海の中皆兄弟のごとし。」（『斉家論』下）

ここには近世社会の民の分際にもゆるされた「心ノ工夫」という精神のわずかな小径を辿り行く運動によって見出された「四海の中皆兄弟」といい、四民はともに「天ノ子」という四民平等的世界がある。

［補記］

梅岩心学をめぐるこの文章は、前に報告した横井小楠をめぐる文章とともに一九六〇年代の私のものである。正確にいえば『道徳と教育』という雑誌の１１０号（一九六七年七月）に掲載された論文「石田梅岩における職分の倫理」を基にし、その結論部分を簡略化したものである。私は同じ六七年の一〇月に横井小楠の論文を『理想』に載せている。なぜ私はこの時期にこれらの論文を書いたのだろうか、そしてなぜいまこれらの論文をあらためて想起し、ここで語り直すことをしているのか。

外側の事情からいえばこれらの論文は、その年、大学の助手になった私に与えられた課題に応えたものである。内側からいえばこれらの論文には、「明治維新一〇〇年」がいわれ始めていたその時期に、一〇〇年を迎えようとするわが〈維新的近代〉を読み直そうとする意図がこめられている。真の〈開国的変革〉とは何かを問いながら「小楠論」を書き、真の〈人間的平等〉への心学的苦闘を思いながら私は「梅岩論」を書いたのである。それから六〇年を経た「明治維新一五〇年」がいわれる今日、私は六〇年前の拙論を引っ張り出し、読み直し、さらにここで語り直したりしている。それはなぜなのか。

和辻哲郎の『続日本精神史研究』（岩波書店、一九三五）に「現代日本と町人根性」▼5という長大な論文が収められている。この結論の箇所で和辻はこういっている。

「我々は町人根性の支配を見て来た。しかも我々は町人根性的でない我々の性格が事毎に発露してゐるのを見る。犠牲的態度とは死ぬことに於て生き、否定を通じて蘇るところの弁証法的態度である。個人は全体への没入によって真に個人を活かす。かかる態度の生起する場所は共同社会であって利益社会ではない。……かくして我々は結論することが出来る。町人根性の危険を超克するものはまさに共同社会の自覚である。我々の内には共同社会はなほ健全に生きてゐる。言ひ換へれば我々に於て「人倫」はなほ喪失せられてゐない。我々はそれを自覚に高めなくてはならぬ。」

これは町人根性（＝資本主義的精神）の支配する利益社会的国家とその文明の超克を歴史的使命としてもった「全体性」的国家日本の自覚を促す文章である。昭和戦前期の和辻の文章は、昭和の全体主義的国家日本の倫理学的、文化史・精神史的プロパガンダというる性格をもったものである。ことに『続日本精神史研究』（昭和一〇）と『倫理学 中巻』（昭和一七）とはその最たるものである。[6]

「町人根性といふ如きものはチョン髷とともに捨て去られたと考へられた。然るにその資本主義の精神なるものは実は町人根性と本質上異なるものではなかったのである。ここに我々は町人根性の転身が行はれたのを見ることが出来る。」

私が「明治維新一〇〇年」がいわれる時に梅岩心学をめぐる論文を書いたのは、和辻のこうした質の悪い切り捨て的な言葉への抵抗でもあったであろう。そして「明治維新一五〇年」の今もう一度この論文をとりあげたのは、多元的社会と近代国民国家の成立の問題を考えるに当たって梅岩心学を読み直す意味があると考えてである。

第二部　国家という問題

——国体論的日本の創成

荻生徂徠

大熊信行

第5章 「国家とは悪か」、この問いから始まる――大熊信行『国家悪』を読む

「国家とは悪か」とは太平洋戦争の敗戦という事態にあって大熊信行が発した根底的な問いである。それは明治維新に始まる日本の近代的国家形成に向けての結末からする根底的な問い返しでもある。私の日本の「王政復古」的近代への問い返しもまた大熊信行の『国家悪』を読むことから始まる。

1 「国家悪」ということ

「われわれは実に戦争をとおして、国家なるものを体験した」[▼1]と大熊信行はいっている。大熊がここでいう戦争とは太平洋戦争である。彼は続けて、「これはしたたかな体験だった。おそらく戦争と国家とは別々のものではあるまい。戦争とは国家のわざであり、国家とはまさに戦争をわざとするものだ。われわれは、国家がその力という力をかたむけつくすのは戦争においてであることを知った」というのである。大熊の著書『国家悪』の第二章「戦争体験における国家」に載るこの文章は、終戦の翌一九四六年に書かれたものである。この時期、日本の総力戦的戦争を非難し、弾劾し、その責任を問う多くの文章が書かれたが、大熊の戦争責任論を特色づけるのは、その追及の矛先が「国家」そのものに

まで及んでいることにある。「戦争こそは国家の本来の業であること、したがって、戦争のなかにこそ国家の本質が残りなく露出してくるものであることを、知った。われわれは実に戦争をとおして、国家なるものを体験した」というように、大熊がこの戦争を通して体験したというのは、昭和国家でもなく、日本国家でもなく、「国家というもの」の本質である。

だから大熊の『国家悪』とは、戦争という殺戮的暴力を国家そのものの本質に由来する悪として原理主義的に追及しようとする国家論であるのだ。私はこれを気がかりな書として早くから書棚に置きながら、ついぞ手に取って見ることをしなかった。だがこの夏、「国体」論の再構成を計りながらいわゆる「国家論」を読んでみたいと思った。ところが私の書棚にわずかに見出しうるのはヘーゲルの国家論以外には大熊の『国家悪』と佐伯啓思の『国家についての考察』（飛鳥新社、二〇〇一）だけであった。『国家論』の貧しさは私の書棚にかぎられるわけではない。ネットを見ても、書店にいっても大して変わりはない。私は『国家悪』を読み始めた。これを読むことで初めて大熊の原理主義的な国家論の意味を理解した。

2　「戦争責任」と「国家悪」

「戦争をとおして国家を体験した」という大熊は、自らの戦争（国家）体験を内側に突き詰めることによって「国家悪」に正面することをいう。長いが『国家悪』の核心的な言葉を引いておこう。

「「戦争責任」の問題も、突きつめていけば国家対個人の問題になる。どこまでも自己の責任を問いつめていって、最後に行きあたるのが愛国心の本質である。その本質のなかに、個人における国家問題が横たわっている。国家悪を自己の外へ追いやるのではない。それを自己の内部に掘りおこすのだ。この責任問題は、国家が個人を超えて実在するのではなくて、逆に個人が国家を超えた実在である、という問題なのだ。責任感に徹するということは、国家の責任を自分が引っかぶるなどというような、そんな古めかしいことではない。実は人間としての自己に徹するというだけのことなのだ。それがそのようなものとしてかえりみられず、ただの政治問題として押し流されていったところに、戦後の思想界の失調がはじまる。[2]」

大熊は自己の内部に「愛国心」とか「祖国愛」として存在した「国家」を追いつめる形で己れにおける「戦争責任」を問うべきことをいっている。戦争する国家と一体化し、あるいはその国家を内部化した自己の解体的な追及によってはじめて戦争する国家の悪の本質は明らかにされるだろう。それがあるべき戦争責任の追及のあり方だと大熊はいうのである。戦争する国家を内部化した自己を解体的に追及する自己を彼は「人間としての自己」というのである。それは天皇の御民としての自己でもなく、祖国の一員としての自己でもない。この大熊による「戦争責任」論の原理主義的な徹底によってはじめて、戦後の戦争責任論が「ただの政治問題」にしかすぎなかったことがいわれるのである。大熊が『国家悪』でしている戦後日本の論壇を賑わした多様な「国家批判」「戦争責任」論についての文章は、その批判の徹底さにおいて七〇年後の今でも読むに値する。この徹底をもたらしたのは大熊がその論究の前提とした二つの命法である。

「われわれは自分のなかに人間悪を断たなければならない。それを断つことによって国家悪を断たなければならない。それが可能であるかどうかはよくわからない。しかし、それを断たなければならないという命法のあることを、われわれは知りそめつつある。われわれは国家に対する恐怖を断たなければならない。それを断つことによって国家の存在を超えなければならない。それが可能であるかどうかはよくわからない。しかし国家を超えなければならないという命法のあることを、われわれは知りそめつつある。」

私が原理主義的な国家論というのは、このような命法を前提にした国家論をいうのである。『国家悪』とは日本人の初めてで、そして最後の「国家論」であるかもしれない。一九四五年の敗戦とは日本人にこのような命法による国家を想定させたのである。

3　「高村光太郎論ノート」

大熊は戦争をそれぞれに体験し、経過してきた知識人たちによる「戦争責任」をめぐる多くの戦後の論説を精読し、その「失調」を鋭く指摘してきた。

「失調」とは大熊の使う言葉だが、恐らく彼はこの語によって戦後の戦争責任論が陥っている過失をいったのであろう。それは前に引いた、「「戦争責任」の問題も、突きつめていけば国家対個人の問題になる。どこまでも自己の責任を問いつめていって、最後に行きあたるのが愛国心の本質である」という大熊の言のように、戦争責任を何よりも先ず自己の根底に問う言説の調子、方向性を失っているからである。失ったものは「愛国心の本質」に向けての問いである。なぜこの「国家」は愛するものとしてあるのか、生命をも犠牲にしうるものとしてなぜあるのか、という問いへの方向性である。戦後の「戦争責任」論はその意味で「失調」したのである。

戦後の戦争責任論の失調からくる大熊の絶望を救ったのは戦後世代の吉本隆明による「高村光太郎論」[3]であった。大熊はそこに戦後世代による「戦争責任論の再燃」を見たのである。大熊はいっている。「戦争責任論の再燃は、正直のところ、わたしにとって予期しない出来事であった。わたしはすでに、日本人に絶望していたというべきだが、にもかかわらず戦争責任の問題を、著作としてまとめようという意志は、放棄しなかった。問題の再燃が、わたしに人生への新しい希望をあたえたのは事実である。人間は結局、虚偽には堪えられないということ、歴史の偽造は永く続かないということが、証明されたように思ったのだ。[4]」

しかし吉本の「高村光太郎論」に大熊が「戦争責任論の再燃」とその問題の深化への希望を見出したことの誤りであったことが、この文章に続いていわれているのである。「しかし、戦争責任論の再燃が、全体として大きくわたしに印象づけたものは、残念ながらただ一つであった。それは依然として問題構造そのものが、だれにも摑まれていないということである。」この言葉を補うものとして大熊は、上の論に先立ってこういっているのである。「この問題意識の底が浅い。諸氏にとっては天皇制が最大の問題であって、国家の問題であったことは一度もなく、十年後の今日においても、事態は変化していない」と。大熊は荒正人ら『近代文学』派の諸氏にとって問題は常に「天皇制」であって、「国家」にまで問題が深められていない、そのあり方は十年後の「戦争責任論の再燃」する今日においても変わりはないといっているのである。これは私のこれからの議論の方向にかかわる重要な問題である。この問題意識をもちながら吉本の「高村光太郎論」を見ていこう。私はここで吉本の高村論の要約を試みたが、すでに大熊が「高村光太郎ノート」によってしている要約にとても及ばないことを知った。以下は大熊による要約である。

「高村光太郎の詩集『道程』は、自我確立の歓喜と誇りを表現しているが、実生活のうえでそれを実行したのは、智恵子夫人との遭遇であった。しかし夫人は狂気から死にいたり、中日戦争期において、高村の主体的自我は崩壊する。かれの自我の崩壊を論ずることは、すなわち日本的自我の運命を論じることになる。高村が、世界の動乱期において、日本国家の動向に抵抗せず、これに屈していった経過は、中日戦争直前の「堅氷いたる」と直後の「秋風辞」[5]とを比較すれば、読みとれる。「堅氷いたる」では、ドイツ・ファシズムの文化破壊に対して、痛烈な批判が見られたのに、「秋風辞」では、はやくもかれの主体性は、南に急ぐわが同胞の隊伍を謳い、庶民の熱狂のなかに、崩れ去る。二つの詩篇の発表の時間的距離は、九カ月にすぎず、この短い期間に、戦争肯定のモラルとロジックが用意されたことになる。「堅氷いたる」[6]の後半に、すでに超越的な倫理感がその兆しをみせている。

堅氷いたる。堅氷いたる。
むしろ氷河時代よこの世を襲へ
どういふほんとの人間の種が
どうしてそこに生き残るか大地は見よう。

「堅氷」は、高村の好きな言葉の一つで、その愛読書『維摩経』の思想を要約するために、使ったこともあるもの、氷河時代がもう一度きて、いかものを絶滅してしまえ、といった超越的な倫理感は現実把握の機能が低下したときに、かれをおとずれる思想的「故郷」であった。それはかれの擬アジア的な思考をかたちづくるもので、その底にあるのは、支配権力にならされた庶民意識である。高村の自我が、日本の庶民意識に屈したということは、日本における近代的自我の最もすぐれた典型がくずれたということであり、おなじ内部のメカニズムによって、日本における人道主義も、共産主義も、崩壊していく。

では、なぜ日本では、人間がその内部世界を維持することに、異常な困難があるのか。それについては、高村の崩壊過程に、一つの暗示がある。それは近代日本における自我は、内部に両面性をもたざるをえないということである。両面性とはなにか。日本的自我は、一面では、近代意識（人間としての主体性と自律性、ならびに頽廃と爛熟性）をもつが、しかしそれと同時に、他面では、日本特有の生活意識をもつ。この生活意識というのは、自己省察と内的検討のおよばない空白の部分であって、これを残しておかなければ、日本の社会では、社会生活をいとなむことができないのだ。」

吉本は高村光太郎における戦争詩の成立を、高村の内部世界の崩壊、近代的主体の倒壊として分析し、記述する。吉本は近代知識人の内部世界の解体を分析的に記述することをもって、日本の天皇制的国家社会の内部的構成を明らかにしていくのである。吉本の高村光太郎論が、世の戦争責任論とは異なる思想的意味をもち、吉本自身においても後の天皇制論を導く序論としての意味をもったのもそれゆえだろう。吉本が戦乱期における近代的な自我の辿る宿命としてえがくところを見てみよう。

「戦争期に、近代的自我も、人道主義も、共産主義も、もろにくずれていったのは、なぜであろうか。高村の崩壊の過程には、ひとつの暗示があるとおもう。それは、近代日本における自我は、内部にかならず両面性をもたざるをえない、ということである。それは一面では近代意識の積極面である主体性、自律性をうけつぐとともに、近代のタイハイ面、ランジュク性をよぎなくうけつがざるをえない。他面、かならず、自己省察の内部検討のおよばない空白の部分を、生活意識としてのこしておかなければ、日本の社会では、社会生活をいとなむことができないのだ。おそらくこの両面性は日本の近代社会の矛盾した両面性にアナロジカルである。これから動乱期の現実のはげしい力は、この内部の両面性にくさびをうちこむとともに、社会が要請してくる倫理性は、近代のタイハイ面を否定するようにはたらき、同時に、生活意識としてのこされた内部の空白の部分を、日本的な庶民の生活倫理から侵されざるをえなくなる。いわば、内部が、思想的な側面と、生活意識の側面から挟撃されるというのが、動乱期の日本的自我につきまとう宿命に外ならなかった。戦争期に、日本的な近代意識のタイハイ面の批判者としてあらわれたのは、日本的ファシズム、民族主義であり、実生活意識から批判者としてあらわれたのは、日本の庶民そのものである。[7]」

昭和一四年から太平洋戦争の敗色が濃くなる時期にわたって高村は「谷中の家」「母のこと」「子供の頃」「回想録」などを発表していった。この一連の回想群はあきらかに高村の生活意識上の転換を象徴している。吉本は高村のこの回想をめぐって、「この回想群はいわば父の家、父の権威、そこに象徴される半封建的な庶民意識へ、〝祖先がえり〟的に屈服し、親和していった高村の、戦争期の内部世界のうごきを、直接的に象徴するものである[8]」といっている。

4　戦後世代の盲点

高村ら日本の近代知識人の国家への屈服を、吉本は近代的自我内面の空白部を占めながら国家危機にあたって増殖する生活意識・庶民意識への親和的な屈服と理解した。吉本はこれを「祖先がえり」ともいった。昭和の戦争期における知識人たちによる国家への転向あるいは迎合を吉本は、近代的自我意識における「祖先がえり」といった伝統への屈服劇として明らかにしていったのである。それが吉本ら戦後世代[9]の鋭利な分析力をもってした再度の「戦争責任論」である。だが大熊信行は吉本の鋭利なこの分析にむしろ戦後世代の盲点を見るのである。

「高村の精神構造を研究するために必要な一つの視角は、明治人の背骨をなした国家観である。それは封建的道徳によって一部を支えられていたとしても、同時にまた近代国家における国家主権そのものの、個人における内面化であり、簡単にいえば、それは国民的忠誠の理念と感情によって包まれたものであった。ところが戦後世代の吉本氏には、国家的忠誠という視角が欠如しており、「国家の危急」に際会した高村の豹変は、まったく理解を超絶した一事となる。戦後世代そのものの精神構造の、骨の髄からの新しさでもあると同時に、根柢からの虚しさでもある。くり返していうが、このような世代の精神構造の盲点が、わたしにとって最大の興味である。[10]」

あるいは大熊はこうもいう。

「吉本氏が「生活意識」という用語を、「近代意識」と対置し、それを「空白の部分」とも呼んでいることは、さきに見た。その空白の部分を「生活意識」として残しておかなければ、日本では社会生活をいとなむことができない、という見方だった、しかし、その「空白」と見たものの底には、実は何かたいへんなものが横たわっていたのであり、そこに横たわっていたものこそが、大日本帝国ではなかったのか。この視点が、吉本氏に必要であると思う。」

吉本の戦争責任論には「国家」はない。その追及の極みに「大日本帝国」を見出さない。吉本は高村の「祖先がえり」をいい、「庶民意識・生活意識」への屈服をいうが、しかし高村における「国家」を問うことはない。大熊はこれを「戦後世代の精神構造の盲点」というのである。さらに彼らの論説の「根柢からの虚しさ」をもいうのである。これをわれわれはどのように考えたらよいのか。

吉本は高村の近代的自我の「庶民意識・生活意識」への屈服をいい、この屈服を吉本は「祖先がえり」だといった。それが高村における天皇制国家への回帰であった。「庶民意識・生活意識」とは日本社会の連続性をその基盤において保証する共同体的意識である。これに「祖先がえり」的に同一化することは、この「生活意識・庶民意識」を連続的な地盤とする「天皇制国家・日本」に回帰することである。こう考えれば吉本の「戦争責任論」はその追及の極みに「国家」を見失ったわけではない、「天皇制国家・日本」は常に問われるものとしてあり続けているといえるかもしれない。だがそこで問われる国家とは端的に世界大戦を遂行した「二〇世紀国家・日本」ではない。むしろ「二〇世紀国家・日本」として自己実現させていった「天皇制国家・日本」である。いや「天皇制国家・日本」というよりは、高村をはじめ日本人たちが「祖先がえり」したのは「天皇制共同体・日本」であったであろう。大熊はこれを戦争責任論における「国家」の欠落としていうのである。吉本らの戦争責任論は「国家」を、すなわち戦争（=国家的暴力）という人類的悪の出処としての「国家」を問うているのではないのである。

5　構造から制作へ

私は「明治国家の創出」という問題を考えながら「国家論」関係書を探し求めた。同じような探索の試みを過去に何度かしたことがある。だがいずれの場合も失敗している。「天皇制国家論」はあっても「国家論」は基本的にはない。今回も同じであった。わずかに見つけたのは佐伯啓思の『国家についての考察』と吉本の編になる『国家の思想』（戦後日本思想大系５、筑摩書房、一九六九）だけであった。前者は国家意識の希薄化を憂える著者による国家意識の再生を求める評論であって、近代国民国家の存立そのものにかかわる国家論ではない。後者の吉本編『国家の思想』は今さら探し求めるものではない。よくよく探せば私の書棚の片隅に見つけることのできる本である。八月の猛暑の日に国家論書を探し求めて神保町を歩きながら、目的物を見出すことなく手ぶらで帰るのも癪だから、仕方なく買って帰った代物である。この書が意味あることを知ったのは、この文章を書き始めてからである。

吉本編『国家の思想』の初めから終わりまで天皇制国家論である。それはⅠ法的国家論、Ⅱ政治的国家論、Ⅲ思想的国家論、Ⅳ文化的国家論の四章をもつが、それらはすべて天皇制国家の法制論であり、政治論であり、思想論であり、文化論である。なぜこれが「戦後日本思想大系」の第五巻『国家の思想』の内容をなすのか。そこには戦前・戦後的国家論もなければ、資本主義的国家論も、社会主義的国家論もない。国民国家の帰趨も説かれなければ、世界国家の理念もない。もちろん平和国家論も、文化国家論もない。ただあるのは天皇制国家論だけである。天皇制国家の国民の精神・美意識にも及ぶ全体主義的支配が批判者の言説体系にそのまま投影されているかのようだ。

吉本はこの『国家の思想』の「解説」で彼らが戦争期に「〈天皇（制）〉から、神話から、伝統の美学なるものからあざむかれ、敗戦によって一挙にほうりだされた体験をもった」ことをいい、このあざむかれかたの根拠をなすものがないわけではないとしてこういっている。

「その根拠のひとつは、〈天皇（制）〉が共同祭儀の世襲、共同祭儀の司祭としての権威をつうじて間接的に政治的国家を統御することを本質的な方法とし、けっして直接的に政治的国家の統制にのりださなかったことの意味を巧くとらえることができなかったことである。」

「またべつの根拠は、〈天皇（制）〉の発生以前の政治的な統治形態が歴史的に実在した時期があったことをみぬけなかったことである。わが列島の歴史時代は数千年をさかのぼることができるのに、〈天皇（制）〉の歴史は千数百年をさかのぼることはできない。この数千年の空白の時代を掘りおこすことのなかに〈天皇（制）〉の宗教的支配の歴史を相対化すべきカギはかくされているといっていい。」

吉本の分かりにくいこの言葉は、彼の晩年に編集された論集『〈信〉の構造 Part 3—吉本隆明全天皇制・宗教論集成』[11]にそのまま収録されている。それからすればこの天皇制国家観は吉本の終生のものであったといってよい。彼は上の言葉をうけてこういうのである。「もしも、わたしたちが、わが列島における〈国家〉の発生と、〈天皇（制）〉支配の歴史とのあいだにある数千年の空白を理論的に埋める方法をもっていたとすれば、戦争期に〈お国のために〉を直かに〈天皇（制）のために〉に収斂するようなことはなかったにちがいない。」これは吉本における〈天皇制〉とは何かを教える言葉である。「〈天皇（制）〉支配の歴史のあいだにある数千年の空白を、理論的に埋める」といった途方もない仮定をもってしか、千数百年のわが天皇制支配を相対化することはできないといっているのである。それは天皇家が絶滅しないかぎりその支配は持続するというのと同じことである。天皇制はわが祭政一致的政治体系に、宮廷的文化体系に、貴族的美意識に構造的に内面化されている。この天皇制的支配はあの途方もない仮定をもってしか相対化されないというのである。ここまでくれば、すなわちあの途方もない仮定をもってしか相対化されない天皇制そのものもまた吉本の仮想の構成物だということになる。われわれの精神の内面にまで及ぶ天皇制的全体主義的支配は青年期の吉本が体験した昭和一〇年代の日本以外のどこにあったというのだろう。吉本の天皇制の構造主義的[12]な理解は明治の天皇制的国体論が明治の制作になることを理解しないし、昭和の天皇制的全体主義国家が昭和の制作であることをも理解しない。制作論的国家の視点をもたないものは、一九四五年が新国家の制作の時であるとはしない。大熊の吉本の戦争責任論への落胆の理由はそこにある。

第6章　「国体」の創出——徂徠制作論と水戸学的国家神学

「聖とは作者の称なり。」「堯舜に至りて、礼楽を制作し、徳を正すの道始めて成る。」

荻生徂徠『弁名』

「古へに言へる有り、国の大事は、祀(まつり)と戎(いくさ)とに在りと。戎に一定の略有り、祀は不抜の業たれば、実に国家の大事なり。」

会沢正志斎『新論』

1　「制度論」的序章

現代の日本における国家論の不在を私はいってきた。われわれにあって国家とは容易く議論できる代物ではないようだ。ましてやこの国を作り替えた方がいいなどと人はいったりはしない。そんなことはいえない何か重みがこの国にはあるのか。国家を人間が作り出した制度の一つとは見ないようにさせる何かがここにはあるのだろうか。それはこの国の王権的始原の神聖性であるのだろうか。あるいは国家的結合の由来と未来とを悠久の天地に同一化させている神話的民族性からくるのであろうか。「そもそも国家とは何ゆえに在るのか」「国家とは住民の目的意識にしたがって作られたものではないのか」「国家が作られたものであるならば、その作り替えもできるのではないか」「この国家が衰弱したとき、その更新の要求を住民はもちうるのではないか」などなどの議論がなぜわれわれ日本人の間からは生じないのか。こう考えてくると、われわれにおける国家論の不在とは、国家を人為的制度と見る制度論の不在でもあることに気付かされるのである。われわれにないのは国家論というより、国家をわれわれが作る制度とするような制度論ではないのか。

私が制度のことを気にし、制度論を求めていったのは荻生徂徠が「聖人の命名とは制作である」ということの意義を私が考えていた時期[1]、それは同時に私が「国家神道」論[2]を書いていった今世紀の初めの時期であった。この時の来ることを予想して私は早くから三木清の『構想力の論理』を書棚に置いていた。だが三木のこの書は、今こそその時が来たとばかりに開き見るものに応えるようなものではなかった。

「かかるものとしてそれ（制度）はつねに社会的性質のものであり（その語はラテン語の con-suesco に由来する）、その限りそれはまた何等か convention の意味を有しなければならぬであらう。しかし convention が擬制の意味において或る肆意的なもの、自由なもの、そしてロゴス的なものと見られるに coutume は或る自然的なもの、必然的なもの、そしてパトス的なものと見られ、制度はかやうにして或る習慣的乃至伝統的性質を具へてゐる。[3]」

これは「神話」「制度」「技術」の三章からなる三木の『構想力の論理』の第二章「制度」から引いたものである。これは見る通り制度ということの概念構成にかかわるような文章である。だが私はこの文章をここに引きながら、まさにこれをここに引くべきものとして選んだわけではない。三木の文章というものは全編これ制度ということの概念構成にかかわるようなものであって、どこから引こうとあまり代わり映えはしない。なぜいま三木は「制度」を訊ね、「制度」の意味を見極めようとしているのか。その答えを彼の文章上に見ることはない。三木自身が「序」にいう通り、これは「研究ノート」に過ぎないのかも知れない。だが昭和一四年という時期に研究ノートに過ぎない「制度」論を、同じく研究ノート「神話」「技術」論とともに『構想力の論理』としてなぜ三木は出版したのか。そこには師西田の『哲学論文集』刊行の顰みに倣う意図が明らかにうかがえる。だが西田の最後の哲学的文章が負っていった歴史的運命を三木の文章は共にすることは全くない。彼はただ構想力の卓越性だけで師の後を追っていったようである。昭和一四年（一九三九）とは日本という国家的制度の悪が中国に巨大な傷痕を刻みつけていった時期である。だが三木の制度論には歴史の重い影も、悪の堪えがたい臭いも何もない。

この三木制度論の着想の良さを戦後継承したのは中村雄二郎であった。「歴史的で社会的な現実の持つ二つの側面、つまり物質的側面と精神的側面を、もっともよく統一的に自己のうちに持つもの、あえていえば歴史的社会的現実のうちでもっとも典型的なものは、制度的現実ではないか」と中村は制度論の意義をとらえていっている。中村はさらに制度がもつ二側面についてこういっている。

「歴史的で社会的な現実の固有の存在形態として、それが一面人間によってつくり出されたものでありながら、他面人間から独立した客観的実在として、いわば第二の自然として、その持つ固有の法則と論理によってわれわれ人間を拘束してくる——つまり、フィクショナルなものでありながらリアルな力と意味を持つ、ということであり、その点でまさに典型的なものは〈制度〉であるからであ

▼[4]る。」

私がここに引く中村の制度についての定義的文章は、三木の研究ノート「制度」にしたがってした再定義といった代物である。だがそのことをいって私は中村の『制度論』の意味を貶める積もりはない。大事なことは〈国家的制作の秋（とき）〉を迎えた戦後という時期に「制度論」の意義を知ることである。だからだれよりも鋭敏な知的感覚をもった中村はその時期に三木にしたがって「制度論」を起ち上げたのである。だが中村のしたことは「制度」概念を再構成し、社会哲学的議論としての「制度論」への入り口を開いただけであるようだ。中村の書に期待をもった読者は、この書を読み進めながら、落胆をもってその読みを中絶せざるをえなくなるのである。その予感をもちながらも私はこの論を書くために中村の書を再び手にした。だが今回もまたその読みを中絶するしかなかった。しかし今回は無駄ではなかった。私は中村の書から長谷川如是閑に「国家論」のあることを教えられたのである。私は現代日本における「国家論」の不在をいっていた。だが長谷川如是閑に『現代国家批判』（弘文堂書房、一九二一）という日本で唯一というべき〈制度論的国家批判〉の書があることを教えられたのである。長谷川の『現代国家批判』はいま『長谷川如是閑集』（第五巻）に収められていることを知り、ネットで購入して直ちに読んだ。〈制度論的国家批判〉はすでにここにあることを私は知った。だが「長谷川如是閑論」はやがて果たすべき課題として、ここでは明治国家の国体論的制作を考える上で、さらにやがて昭和国家によってなされる国体論的な国民の拘束を考える上で重要な如是閑の制度論的発言だけを引いておこう。

> 「制度は、人間が共同の目的を達成する為めに作つた機関であつて、しかも、それは祖先が、或る時期に、万世不変の固形体として我々に授けたものではなく、我々自身が、時々刻々に形作つて行き

つつある機関なのである。「家」といひ「国」といひ、或る制度がつけられてゐる名前は、太古より今日までの幾千年間の違つた人間が、「人間」といふ不変の名前で通つてゐるやうに不変であるが、その内容は、人間の内容の変つてゐる如く、時々刻々変つて行きつつあるのである。何うしてさう変つて行くかといへば、時々刻々、その制度の中に投じられる新しい人間が、各自の意識的生活の進化に伴ふ意志目的を達成すべく、その制度に新しい血と肉とを与へて行くからである。」

「制度は、前人の意志目的はこれを達成せしめ、後人の意志目的はこれを拘束するといふ機関ではなく、常にその制度のうちにある人々の意志目的を達する為めにのみ存する機関なのである。」

「制度は現在その中にある人がそれによつて、自分達の生活目的を実現せしむべく、常住に作り上げつつある機関なのである。」

「制度が有機的性質を失つて、生活の創造的作用を促進せしめる機関たることから、生活を型式化する機関に変化した時に、制度その物が、具体的な社会事実でなくなつて、観念的な抽象目的に化してしまうといふことは、注意すべき事柄である。」

「国家といふ制度では、その国家の特恵を蒙つてゐる階級が、一番強く、国家を観念化し、それを多数人民の生活事実と引離した広大無辺の超絶体たらしめやうとしてゐるのである。」

最後にもう一節、

「観念化した制度は、事実を離れた理想の鉄則で、各人の現実の生活に対し益強い拘束を加へやうとする。」▼5

本論はこの「制度論」的序章を方法論的手引きとして幕末日本における「国体」概念の創成という問題を考えたものである。ただ後期水戸学によって構成される「国体」概念をめぐる問題はすでに私の著書で公表されている。[6] 私はそれらを制度論（制作論）的視点から読み直し、書き直した。水戸学は日本を祭祀的国家、あるいは祭祀的統合体としてとらえようとする。この祭祀的体制としての国家のありようが「国体」である。だからある国体をもつものとして国家はいはじめて歴史の中に存在するにいたるのである。祭祀的制度体系として国家をとらえるような見方は、荻生徂徠に依らないでは日本に生まれない。徂徠とははじめて制作論（制度論）的視点をもった学者である。私はいま日本で最初の制作論的な制作物としての「国体」概念を見ようとしているのである。まずこの祭祀体系としての日本国体における最高の祭祀対象である「天祖」概念から考えよう。

2　「天祖」概念と「国体」の成立

「天皇は天祖の遺体を以て世々天業を伝へ、羣神は神明の冑裔を以て世々天功を亮く。君の民を視たまふこと赤子の如く、民の君を視まつること父母の如し。億兆心を一にして万世渝らず。」これは『大日本史』「志」第一の冒頭に見出す文章である。ここには天祖すなわち天照大神を究極の祭祀対象とする天皇制国家日本の国体が、見事に簡潔な漢文体で記述されている。これは近代日本の詔勅から国史教科書にいたる天皇制国家日本の記述の範型をなすような文章といっていい。こうした文章は水戸学において、「天祖」概念の再構成とともに成立してくるものである。

明治二三年（一八九〇）第一回帝国議会の開催にあたって、全国の神職神官の有志は神祇官の設置を要望して陳情書を議会に提出した。その陳情書に、「実ニ我国家ハ、天祖ノ皇孫ニ授与シ給ヘルモノニシテ、聖子臣孫、継々承々、茲ニ二千五百五十一年宝祚ノ隆ナル、天壌ト共ニ窮リナク、皇上ハ則チ天祖ノ遺体ニシテ、我四千万臣民ハ則チ皇裔臣孫ナラザルナシ」[7]とのべられている。天上の主宰的中心の神であり、同時に皇統の始祖でもある天祖すなわち天照大神に収斂する敬神崇祖の心性をもって比類ない形で構成される神祇的な祭祀的国家統合体としての日本の定型的な言説がここに提示されている。この神祇官設置の陳情書に見る祭祀国家日本の言説は、理念的にも言説的にも原型を明治三年（一八七〇）一月の大教宣布の詔勅[8]に負っている。この詔勅は、「朕、恭シク惟（おもんみ）ルニ、天神天祖、極ヲ立テ統ヲ垂レ、列皇相承ケ、之ヲ継ギ之ヲ述ブ。祭政一致、億兆同心、治教上ニ明ニシテ、風俗下ニ美ナリ」と祭政一致的国家の理念を天祖に基づけながら、「百度維新（これあらた）」な国家新生のこの時にあたって「治教ヲ明ニシテ、以テ惟神（かむながら）ノ大道ヲ宣揚」すべきことをのべるものであった。

ここで天照大神は「天祖」と称され、皇統の始祖であるとともに神祇的祭祀国家日本の始源的中心とされている。天照大神を天祖と称することは明治初年から神祇関係の文書に多く見られることである。ところで天祖という称がこのように漢文体的な文章中で使用されていることに注意したい。大教宣布の詔勅はもちろん漢文である。天皇の詔勅が、一九四五年の終戦の詔勅にいたるまで、漢文あるいは漢文体であることに私たちはあらためて注意を払う必要がある。天皇の詔勅という国家経綸と国家主権の行使にかかわる最高の権威的言説が漢文ないし漢文体であるということは何を意味するのだろうか。日本の政治社会における支配的言語が漢文的書記言語であることとともに、〈漢〉帝国における天下経綸的な言語のいわば翻訳的な転移として天皇の詔勅的言語があることを意味している。

「天祖」という語は天子・天主・天神・天女などとともに漢語である。だが天祖は中国古典中にその使用例が見出されるような漢語ではない。諸橋の『大漢和辞典』は「天祖」を「天照大神、皇祖」と説明し、その使用例を会沢正志斎の『新論』から引いている。それは会沢正志斎が『新論』で「大嘗祭」をめぐってのべた文章中のものである。「夫れ天祖の遺体を以て、天祖のことに膺(あた)り、粛然僾然として、当初の儀容を今日に見れば、すなはち君臣観感し、洋洋乎として天祖の左右に在るがごとし。▼9」ここでは天照大神を指す天祖の語が、『書経』や『礼記』など中国の儒家古典中の祖考・祖霊・鬼神祭祀の叙述を思わせる文章の中で使用されている。『新論』をはじめいわゆる後期水戸学における「天祖」の概念は、皇祖天照大神に儒家的な天と祖考の観念を付会して成立する日本的な漢語概念なのである。天祖とは中国的天観や祖考観の翻訳的転移によって成立する日本的漢語だとみなすべきだろう。この天祖概念の成立とともに冒頭に見たような日本の天皇制的国家の言説もまた水戸学に成立してくるのである。かくて「天祖」とともに日本的「国体」もまた一九世紀の水戸学的言説上に成立することになるのである。

3　会沢正志斎『新論』と国家的長計

水戸藩は徳川政権下の日本にあって特異な位置を占めていた。将軍家の親藩として徳川政権を支える重要な柱の一つをなすとともに、藩主を中心に水戸学と称される歴史的国家意識をもった学問を形成していた。対外的危機に直面する近世後期社会にあって水戸藩は、強い国家意識に立った革新的政治イデオロギーの発信地をなすにいたるのである。三代藩主徳川光圀が始めた『大日本史』の編纂作業は歴史主義的な国家学の性格をもった水戸藩の学問すなわち水戸学を形成していった。『大日本史』[10]とは、朱子学的な大義名分論に立って紀伝体風に天皇統治の正統的系譜と統治世界とを跡づけた歴史記述である。徳川政権という武家政権下の近世日本にあって水戸藩が企てる天皇と朝廷統治の正統性を通史的に弁証するような歴史編纂の試みは、武家支配下の日本を超えた日本国家への視点をこの修史事業に携わる人びとに与えていく。近代日本から水戸藩の尊皇思想として回顧され、尊重される歴史的国家的視点が彼らに成立するのである。この『大日本史』の編纂作業とともに形成されたいわゆる水戸学は、後にのべるように「先王の道」を説く徂徠学の受容を通じて国家社会の制度習俗への視点をも獲得し、いわゆる後期水戸学における国家経綸の議論をも可能にしていくのである。かくて一九世紀初頭、日本が直面する対外的危機はこの後期水戸学から「危機の政治神学」というべき新たな国家経綸の議論を生み出すことになるのである。それは祭祀的国家の理念を核として国家の再構築をはかろうとするものであった。後期水戸学を代表する学者会沢安（正志斎と号した。一七八二―一八六三）の『新論』（一八二五成立）は、この危機における国家経綸の論を代表する著作である。『新論』は同時代の革新的な武士たちの多くに支持され、彼らの政治的議論の形成に大きな力を及ぼしたばかりではない。明治新国家の設立にあたって、その国家理念の形成に大きな影響力をもったのである。

会沢安は一九世紀初頭の日本が直面する国家的危機に際して採られる最終的な対応策は、一定不変の長期的計略でなければならないと『新論』で説いている。日本が直面するのは対外的危機であるばかりではなく、対内的危機でもあった。対外的危機に対応しうる国家的な体制も能力も徳川政権はもっていなかったからである。危機意識が先鋭であればあるだけ、危機への対応策は国家の再統合、再構築を求めて根本的であり、長期的展望に立つものでなければならなかった。「国体」の章に始まる『新論』の最終章は「長計」と題されるのである。「英雄の事を挙ぐるや、必ずまづ天下を大観し、万世を通視し、而して一定不易の長策を立つ。規模まづ内に定りて、然る後、外、無窮の変に応ず」と、この「長計」の章を会沢は書き進めている。危機に際会する日本が採るべき長期的対応策、その長期的な展望の地平に近代国家日本がある。だがそのことは、会沢の視線の先に近代国家日本が見えていたかどうかということではない。日本というあるべき国家的体制とは何かの認識とその確乎たる定立の主張、すなわち「国体」の議論から始まる会沢における危機の政治的言説は、不可避的に将来のあるべき国家の策定を含まざるをえないということである。その国家は安定した内部によって外圧的危機に応じうる確乎たる基盤に立った国家でなければならないのだ。「長計」とはそのような国家のための長期的経略である。『新論』の長期的経略はその馳せる視線の先に新しい国家をもたねばならないのである。

　『新論』あるいは後期水戸学が明治維新によって成立する新国家にとってもった意味は、この長期的経略のうちに己れがとるべき国家体制の理念的な輪郭を新国家が見出しえた点にあるだろう。同時に近代の日本国家形成の前提に向けてなされる近代国家理念の考古学（アルケオロジー）としての検証作業にとって『新論』がもつ意味もまたその点にある。すなわち、『新論』の長期的経略はいかにして来たるべき国家のための理念をもちえたかである。あるいは儒家の歴史的言説としての水戸学からいかにしてこの新たな国家体制（国体）の理念は形成されたかである。

　会沢の国家のための長計・長策をめぐる『新論』の言辞は直ちに日本の歴史的始源を回想する。「昔、神聖の夷狄を攘斥し土宇（どう）を開拓せし所以のものは、この道に由らざるなし。故に中国、常に一定の略ありて、以て夷狄を制御し、不抜の業ありて、以て皇化を宣布せり」と。ここで回想されているのは初代神武天皇による東征とそして肇国という日本国家の歴史的始源である。『大日本史』編纂作業を軸にしたこの水戸学では、国家経綸の言説は歴史を呼び起こしながら、歴史的な経綸の言説として展開される。日本の歴史的始源あるいは歴史的画期を今に再現することで現状の革新をいう維新の言説は、まさしく水戸学のものである。もう一つここで付言しておけば、上の引用文中で「中国」と称されているのは日本であって、中国ではない。ほんものの中国は『新論』では「満清」と呼ばれている。[11] 東アジアの中華主義的な政治地図の中心点の転移はすでに始まっている。「中国」という呼称とともに東アジアで占めるべき日本の中心的な位置が『新論』ではすでに先取りされているのである。ではみずから「中国」を称する日本の将来の国家に向けて会沢は何を歴史に回想しようとするのか。

4　祭祀的事蹟の回想

「昔者(むかし)、天祖、神道を以て教を設け、忠孝を明らかにして以て人紀を立てたまふ」と日本の国体的理念の天祖における始源をいう『新論』の歴史への回想は、『日本書紀』が「幼(わか)くして雄略(おおしきこと)を好みたまふ。既に壮にして寛博(ひろ)く謹慎(つつし)みて、神祇を崇(かた)て重(あが)めたまふ。恒に天業(あまつひつぎ)を経綸(おさ)めむとおもほす心有(ま)します」[12] と叙する崇神天皇の神祇祭祀の事蹟に集中していく。古代天皇制国家がいま祭祀によって統合された祭祀的国家として回想されるのである。

『新論』はまず崇神紀六年の「故(か)れ、天照大神を以ては、豊鍬入姫命(とよすきいりひめのみこと)に託(つ)けまつりて、倭(やまと)の笠縫邑(かさぬいのむら)に祭る。仍(よ)りて磯堅城(しかたき)の神籬(ひもろぎ)を立つ」という事蹟によって、顕然として神器を宮廷外に祭ることで天皇は天下に「天祖を尊び以て朝廷を敬する」ゆえんを知らしめたと説くのである。さらに会沢は、「天皇すなはちこれを外に祭り、公然、天下と共にこれを敬事したまひ、誠敬の意、天下に著はれ、天下は言はずして喩る」とその意を詳述していく。『易』における「聖人、神道を以て教を設け、天下服す」（「観」の象辞[13]）という言辞を天祖による文脈に転移させて「天祖、神道を以て教を設け、云々」という『新論』は、天皇みずからが祖考（天祖）に奉事する祭祀行為が、下民に天皇への敬仰と畏服の心情をおのずから培っていくことになると説くのである。彼の中国における「聖人」が我が日本の「天祖」という祖考概念に翻訳的に転移されるとともに、彼の「神道」もまた祖考に祭事する我が「神祇の道」に転移されるのである。「神道を以て教を設く」という『易』の言辞は、神祇祭祀が人民の教化上においてもつ重要性を説く神祇的祭祀国家の言辞となるのである。この中国古代の経書的世界から日本の祭祀的国家の理念的な基礎づけの言辞を導くための解読コードを水戸学に提供するのは荻生徂徠の「先王の道」の古学である。水戸学における徂徠をめぐってはあらためて後に触れるだろう。ともあれ水戸学において我が歴史的始源に遡ってなされる来たるべき国家に向けての理念的な再構成作業は、たえず中国古代の経書的世界からの引証、あるいはその世界との引照を通じてなされていくことになるのである[14]。歴史上の天皇による神祇祭祀をめぐる事績に会沢が『新論』で加える注釈的説明は尚書などからの引用によって占められている。日本の古代神祇史が尚書的視点から再解釈されるのである。その解釈コードが徂徠学であるということは、後にのべるように、祭祀の国家にとってもつ政治的意味がいま自覚的に取り出されることを意味している。会沢あるいは水戸学において歴史の祭祀的事蹟に向けてなされる回想とは、彼らの国家経綸の立場がいま国家祭祀論を要求していることを意味するのである。危機における国家が、その確乎たる国家的統合のために祭祀的体制を必要としているのだ。このことは次章にのべるように『大日本史』の編纂作業の構造的な転換につながる問題でもある。われわれはいま神祇的祭祀的体制（国体）をもった新国家制作の秘奥に立ち入りつつあるのだ。

『新論』はまた崇神紀七年一一月の「即ち大田田根子（おおたたねこ）を以て、大物主大神（おおものぬしのおおかみ）を祭る主（かむぬし）とす。又、長尾市（ながおち）を以て、倭の大国魂神を祭る主とす。然して後に、他神（あだしかみ）を祭らむとト（うらな）ふに、吉し。便ち別に八十万の群神（もろかみ）を祭る」という記述によって朝廷による祭祀的統合の事績を読んでいく。すなわち、「大物主・倭国魂（やまとくにたま）を祭るは、民の瞻仰（せんぎょう）するところに因りて之れを祀りしなり。而して輦轂（れんこく）の下、繋属（けいぞく）するところ有り。以て同じく朝廷を奉ぜり。是の義を挙げて之れを四海に達し、天社（あまつやしろ）・国社（くにつやしろ）を定め、天下の神祠統（す）べざるはなし。而して天下の民心、繋属するところ有りて、以て同じく朝廷を奉ぜり[15]」と。

朝廷は地方を征討すれば、その地方の功烈あるものを、その子孫によって祭らしめてその地を鎮定した。朝廷は祭祀的秩序のもとに地方を統合していったというのである。それぞれの地方、もろもろの氏族の朝廷による政治的な支配と統合は、祭祀的秩序のもとでの統合として進められたという歴史的事蹟が、いま一九世紀初頭の日本から熱い視線をもって回想されるのである。『新論』の「長計」の章は『書紀』の崇神・崇仁紀や延喜式によりながら、また中国周王朝における祭祀的事蹟を引きながら、祭祀的統一としての日本古代国家を歴史的規範として確立するのである。これは一九世紀における祭祀的国家の理念の復古的再構成である。

5　徂徠の鬼神祭祀論

水戸学における祭祀的国家をめぐる古代日本への回想的視点が成立したのは、一八世紀の享保から文化初年にかけて水戸藩の修史事業に生じた転換を通じてであった。その時期、『大日本史』の編纂作業の主導権が立原翠軒（一七四四―一八二三）から藤田幽谷（一七七四―一八二六）の手に移される。この翠軒から幽谷への編纂作業の主導権の移行は、『大日本史』の編纂の主眼が「人物本位の紀伝の編纂から、制度史的な志表の編纂へ」と移ったことを意味すると尾藤正英は解説している。[16] 水戸藩の修史事業における制度史的な記述への中心的関心の移行は、尾藤もいうように、「礼楽刑政の道」という国家の制度的体系への徂徠学的な視点が水戸の修史事業の遂行者たちにも共有されていったことを意味している。さらに神祇史的起源への関心から、『大日本史』の「本紀」第一冒頭の記述からは割愛された神代史を前提にした天神地祇（あまつかみくにつかみ）の事蹟をめぐる神祇史的記述が「志」第一においてなされていくことを見れば、本居宣長（一七三〇―一八〇一）らの国学的視点もまた彼らに共有されていったこともたしかであろう。ここで私は荻生徂徠の鬼神論あるいは祭祀論をふりかえりながら、『新論』あるいは水戸学における古代祭祀国家への歴史的回想の意味を明らかにしてみたい。

荻生徂徠に「私擬対策鬼神一道」という文章がある。恐らくこれは同時代の朱子学的知による新井白石『鬼神論』などを前提にして、徂徠がみずからの古学的見地によって鬼神問題理解を試みて蘐園の諸生に示した文章であろう。この文章は会沢らと同時代に属する国学者平田篤胤の『新鬼神論』に儒家鬼神論の有力な一つの類型的言説として引かれている。[17] そのことはこの『徂徠集』に載る文章が他の徂徠の鬼神祭祀をめぐる言説とともに平田や会沢らが属する時代の鬼神論・祭祀論的問題関心をもつ人びとに共有されていたことを示してもいる。さてその文章で徂徠は祖先祭祀的習俗の成立前のいわば自然状態における人間に触れながらこういっている。

「聖人の未だ興起せざるに方りてや、其の民散じて統無く、母有ることを知りて、父有ることを知らず。子孫の四方に適きて問わず。其の土に居り、其の物を享けて、其の基むる所を識る莫し。死して葬むること無く、亡じて祭ること無し。鳥獣に羣りて以て殂落し、草木と倶に以て消歇す。民是れを以て福い無し。蓋し人極の凝らざるなり。故に聖人の鬼を制して以て其の民を統一し、宗廟を建てて以てこれに居き、烝嘗を作りて以てこれを享る。其の子姓百官を率がえて以てこれに事う。……礼楽政刑是れよりして出ず。聖人の教えの極みなり[18]。」

聖人が父母を葬り、祖先を祀るあり方を人びとに教えるまで、人は鳥獣と同様な生き死にをただ繰り返していただけだと徂徠はいうのである。「聖人の鬼を制して以て其の民を統一し、云々」と徂徠がいうのは、人民の最初の共同体的な統合が鬼神（祖先）祭祀を通じてなされる祭祀的統合であったことを、聖人による制作という論理をもっていっているのである。これは人間における原初的な共同体形成への視点をもった稀な儒家の文章だといっていい。人民の共同体的統合にもっている鬼神（死霊・祖霊）祭祀の意味を知る儒家にとって、鬼神の存在は否定されない。〈有鬼論〉こそ彼らの立場である[19]。そして人民の最良の共同体的統合が祭祀によってなされることを認識する為政者にとって、祭祀とは最良の政治的教化の術であり、まさしく祭り（祭事）と政り（政事）とは一致する。「聖人、神道を以て教を設く」という『易』の言葉はまさしくそのことを意味するとされるのである。徂徠による鬼神あるいは祖考祭祀をめぐるいくつかの議論をここに引いておこう。『新論』および水戸学の祭祀論が徂徠的言説をふまえることではじめて成るものであることを、これらの徂徠の言説がはっきりと示している。[20]

> 「鬼神なる者は、先王これを立つ。先王の道は、これを天に本づけ、天道を奉じて以てこれを行ひ、その祖考を祀り、これを天に合す。道の由りて出づる所なればなり。故に曰く、「鬼と神とを合するは、教への至りなり」と。」（『弁名』[21]）

水戸学における新たな「天祖」概念の展開は、ここで徂徠が「祖考を祀り、これを天に合す」という言葉によっている。天を奉じて行われる先王の天下安民の治道は、同時に祖考を祀ることを通してなされる統合の教えである。「祖考を祀り、これを天に合す」ることは祭政一致的治道を可能にする根拠である。この徂徠の祭祀論的視点は、日本神代史・古代史による「天祖」概念とそれに基づく祭政一致的統治の理念の再発見あるいは再構成を水戸学にもたらしていくのである。なお徂徠は『礼記』における「鬼と神とを合するは、教への至りなり」（祭義篇）を、祖考（人鬼）を天（天神）に合することと解している。同じく『弁名』で、「帝もまた天なり。漢儒は天神の尊き者と謂ふ。……いはんや五帝の徳は天に侔（ひと）しく、祀りて以てこれを合し、天と別なし」といっている。この徂徠の言葉は水戸学で再構成される「天祖」概念の背景にあるものをあらためて考えさせる。もう一つ水戸学への徂徠学の影響関係をのべる際にしばしば引かれる『徂徠集』中の文章を見よう。

> 「夫れ六経博しと雖も、何を称すとして天に非ざる。礼に必ず祭り有り、事に皆祭り有り。惴惴（ずいずい）栗栗（りつりつ）として、唯、罪を鬼神に獲（え）んことを恐るるなり。聖人、神道を以て教へを設くるは、豈、較然として著明（あきら）かならざらんや。……不佞茂卿（ふねいもけい）、生まるるや晩く、未だ我が東方の道を聞かず。然りと雖も、窃（ひそ）かにこれを其の邦たるに観るに、天祖は天を祖とし、政は祭、祭は政にして、神物と官物と別なし。

神か人か、民今に至るまでこれを疑ふ。而して民今に至るまでこれを信ず。是れを以て百世に王たりて未だ易(かわ)らず。いはゆる身を蔵(かく)すことの固きものか、非(しから)ざるや。後世聖人の中国に興ること有らば、則ち必ずこれを斯れに取らん。」(「旧事本紀解の序」[22])

古代中国の先王の道に比類されるような道が、わが東方の民の邦にあったとは聞いていない。だがわが古代史を見れば、「天を祖とし」た天祖神(あまつみおやのかみ)が存在し、その天祖の祭りを核とした朝廷の政(まつ)りはまさしく祭政一致としてあり、古代朝廷の統治は「神道を以て教へを設」けたという聖人の道の趣意を体現したものであることが知れると徂徠はここでいうのである。わが人民にとって「神か人か」を見分け難いものとしてある天子とは、人民の祭祀的統合を見事にもたらす存在としてあった。もし後世の中国に新たな制作者・聖人が出現するならば、この東方の邦の祭政一致の道をきっと採用するだろうと徂徠はいっているのである。たしかに後世晩清の中国にあって新生国家日本の最高の祭祀者天皇に注目したのは光緒帝とその助言者康有為であった。[23] しかしそれよりさきに水戸の会沢らは徂徠にしたがって日本古代史に天祖と祭祀的国家の理念とを再発見しているのである。その再発見は、すでに引く『新論』の「昔者、天祖、神道を以て教を設け、忠孝を明らかにして以て人紀を立てたまふ」と、経書における聖人の言辞のわが神祇史的言辞への翻訳的転移として表現されている。同時にその言葉は、徂徠がわが古代史に見出したことの一九世紀初頭の日本における見事な水戸学的な、すなわち国体論的な言説化であった。

6　国家的危機と民心

一九世紀初頭の日本にあって会沢らが直面し、その対応が迫られている国家的危機は、国家から乖離した民心の乱れとして、深い憂慮をもって見られている。この乖離する民心への憂慮とともに彼らに想起されるのは近世初頭の異端邪宗による侵害である。いま眼前に異国船の出現を見る彼らに近世初頭の異端邪宗の侵害が強い危機感のうちに想起されるのである。「後、異端並び起るに及びて、大道明らかならず。廟堂、永久の慮(おもんばかり)なく、朝政陵夷(りょうい)し、民心日に漓(うす)くして、神聖の万世を維持したまふ所以の意に乖(そむ)けり」という会沢の嘆きの言葉は近世初頭の戦国乱世と現在とを二重写しにしている。この時に狡知に長け、わが国に欠ける大経・大道をすでに立てたかに見える欧米諸国の異端邪宗の徒が、左道をもって民心に取り入るならば、たちまちに民心は籠絡されてしまうだろう。事実その通りに二〇〇年前にわが国に現出したのは、「至る所、祠宇(しう)を焚燬(ふんき)して、胡神を瞻礼(せんれい)し、以て民志を傾」けた事態ではなかったか。その事態の再現を恐れることは決して杞憂ではない。はっきりと見るべきである、危険はまさしく眼前にあるのだ。にもかかわらず、「中国未だ不易の基を立てず、衆庶の心は、離合聚散し、架漏牽補(かろうけんほ)して、以て一日の計をなすに過ぎ」ないといった状態ではないか。ここでも会沢が「中国」と称しているのは我が日本である。ではこの事態にある日本に何が必要なのか。もちろんそれは、動揺し、乖離する民心を国家の中心に向けて収斂させ、国家の安定的な統合をもたらす何かである。徂徠はそれを先王の道術としての礼楽政刑の教えだといった。『新論』はそれを「聖人の祀礼」の教えだという。『新論』における鬼神祭祀論の根幹をなす文章をやや長いがすべてここに引いてみよう。

「夫れ物は天より威あるはなし。故に聖人は厳敬欽奉し、天をして死物となさしめずして、民をして畏敬悚服するところ有らしむ。物は人より霊なるはなし。その魂魄精強にして、草木禽獣と与に澌滅する能はず。その死生の際においても、また漠然として念ふなき能はず。故に聖人は祀礼を明らかにして、以て幽明を治め、死者をして憑るところありて以てその神を安んぜしめ、生者をして死して依るところあるを知つて、その志を弐はせざらしむ。民、すでに天威に畏敬悚服すれば、すなはち天を誣ふるの邪説に誑かれず、幽明に歉然たるなければ、すなはち身後の禍福に眩されず。報祭祈禳し、上、その事に任じて、民、上に聴かば、すなはち君を敬すること天を奉ずるがごとく、遠きを追ひて孝を申ぶ。人、その族を輯めて、情、内に尽さば、すなはち祖を念ふこと父を慕ふがごとく、民心、下に純にして、怪妄不経の説、由りて入ることなし。」（「長計」）

ここに見る会沢の文章は聖人による祭祀の礼の創始という文脈で語られている。これは徂徠における制作者としての先王＝聖人観を前提にしてのべられた、ということは為政者による国家経綸的視点をもってのべられた儒家的鬼神祭祀論である。聖人によって設けられた祭祀の道（神道）が人民教化の道にほかならないことを、危機の政治神学としてあらためて詳述した文章である。民心をいかに安定的に国家の側で確保するかという課題が、儒家における鬼神祭祀の論理をもって応えられているのだ。そのことは水戸学における国家祭祀論が人民の死後安心の要求にも応えうる救済論の性格をもつことを意味している。祖先祭祀とは共同体的統合をもたらす意義をもっていた。その祖先祭祀が人民の死後安心の要求にも応えるものであるならば、その統合は人民の心底からのものとなるであろう。いま危機における国家が求めているのはそのような人民の統合である。生者に死後の魂の帰するところを教え、民心に究極的な安心を与える鬼神祭祀（神道）とは、聖人によって設けられた天下安民の最良の教えである。

いまこの聖人の教えは水戸学において「天祖の教え」として、あるいは「神聖の立てる大経」として語り直され、国家の長期的経略の基本（大経）として提示されていくのである。

7　死の帰するところ

聖人による祖考祭祀の教えとは、「祀礼を明らかにして、以て幽明を治め、死者をして憑（よ）るところありて以てその神を安んぜしめ、生者をして死して依るところあるを知つて、その志を弐はせざらしむ（明祀礼、以治幽明、使死者有所憑以安其神、生者知死有所依、而不弐其志）」るものだと『新論』は説いていた。「幽明を治め」るとは人びとにとっての生と死の世界、あの世とこの世とを安らかならしめることである。しかしこの教えの主眼は死と死後をめぐる安心にある。死後の魂の鎮まるところ、すなわちそれぞれの死が究極的に帰着するところが明らかであれば、死者も鎮まり、生者も安らかであろうというのである。これは宗教的安心論すなわち救済論の問題である。すでにのべたように『新論』が国家の大経として立てる祭祀的国家の理念はこの安心論的課題を吸収している。それは危機における国家経綸の立場が人民の心の底からの国家への統合を要求しているからである。国家が人民にそれぞれの死の帰するところを明らかにし、死後の安心を人民に与えることは、彼らの心底からの国家への統合を可能にするはずだと会沢はいうのである。

江戸後期社会におけるこの安心論・救済論的な課題は平田篤胤（一七七六―一八四三）の国学的言説上にはじめて登場する。篤胤独自の国学思想の成立を告げるものとされる『霊能真柱（たまのみはしら）』という著作とは、古学の徒に求められる大倭心（やまとごころ）を堅固にもつために「霊の行方の安定（しずまり）」を知ることが不可欠だとして、日本神話による宇宙生成過程の再構成を通して「霊の行方」の問題の解決をはかった書である。[23] 篤胤の著作におけるこうした救済論的な課題の登場は、彼の国学思想が既存の学者・知識人たち――その中には彼が師とした宣長も含まれる――とは異なった位相に成立するものであることを示している。講説という口語的語りの口調で書かれた『古道大意』などの著作群があることによっても、篤胤は彼の国学思想の受け手に従来の知識層とは異なる人々を予想していたことが知れる。篤胤の気吹舎の門に連なる人びとが地方の神職や村落社会の指導者たちであったことを思えば、彼らの接する村民たちが篤胤国学のはるかな最終的な受け手としてあったことが推定される。篤胤国学における安心論・救済論的な課題の追求は、そうした人びとの要求に応えることでもあったのである。私がここで篤胤国学をふりかえるのは、『新論』において安心論・救済論的課題を吸収しながら成立する国家祭祀論の立つ位相を考えてみるためである。

『新論』あるいは後期水戸学とは江戸の将軍権力にもっとも近い親藩水戸藩で、しかし幕府権力を構成する官僚たちとは異なる政治的視点と見識とをもった水戸藩主徳川斉昭のもとに集う新たな武家知識層によって構成された歴史主義的な国家経綸の言説である。『新論』に見る水戸学は国家危機における経世論として、はじめて国家体制を主題にし、その再構成を論じ始めるのである。「国体」論とは水戸学にして初めて可能な議論であったであろう。彼らが眼前にしているのは将軍と幕府権力を中心とした国家であるとはいえ、危機における国家経綸の論は歴史を遡行して国家規範を求めながら、あるべき国家を将来に向けて策定せざるをえない。水戸学が歴史を回想しながら来たるべき国家に向けて提示するのは祭祀的国家の理念であった。祭祀的国家とは、祭政一致的体制をもった国家である。すなわち、政治的国家が同時に祭祀的な体制を統合的基盤として要求する国家である。水戸学が再構成する新たな「天祖」概念がそうした祭政一致的国家の構想を可能にするのである。始源的中心としての天祖を「敬神崇祖」の念をもって仰ぐ祭祀的国家にして初めて「億兆心を一」にした人民の統合を可能にすると『新論』はいうのである。その人民はすでに国民(ネイション)を先取りしている。

『新論』の祭祀的国家論はここで安心論・救済論的課題をも吸収する。篤胤国学は地方の村民たちを已れの言説の受け手として想定しながら、国学を神道神学的に再構成しながら人びとの安心の要求に応えていった。いま『新論』あるいは水戸学は人民の心底からの国家への統合を求めて、歴史主義的な儒学的言説としての水戸学をさらに政治神学的に再構成しながら安心論的課題に国家経綸の立場から応えていくのである。ここに政治神学としての後期水戸学が成立する。『新論』が将来に向けて策定するあるべき国家は究極的に人民の死と死後への問いに答えねばならないのである。来たるべき国家とは天皇を最高の祭祀者とした祭祀的国家でなければならないのだ。

『新論』は〈伊勢〉と〈靖国〉とを備えた昭和日本の「国体（天皇制的祭祀国家）」をすでに予想する。

第三部　民権的国家の制作意志とその漢文的表現

中江兆民

第7章　我より法を為り、我より之に循う——中江兆民『民約訳解』を読む　一

「民約すでに立つ、凡そ士たる者、皆な法を議するに与らざる莫し。故に曰く「我より法を為る」と。法制すでに設けらる、皆な相い率いて之に循わざる莫し。故に曰く「我より之に循う」と。夫れ自から法を為り、而して自から之に循えば、則ち我の本心、曾て少かも抑制を受くること有らず。故に曰く「心胸綽として余裕あり」と。」[1]

中江兆民『民約訳解』「人世」

1　「制度論」的次章

私は先に「国体の創出」を論じるに際して「「制度論」的序章」という文章を最初に置いた。それは「国体」をいま論じるにあたって制度論（制作論）という視点が不可欠だと考えたからである。国家を人為の制度的体系とすることは、国家を制作物と見ることである。それゆえ私は制度論を制作論ともいうのである。明治国家の創出にあたって新たな国家理念が求められた。この要請に応えていったのはわれわれが後期水戸学と呼ぶ一九世紀初頭の水戸藩に形成されたいわゆる水戸学派の知識的武士たちであっ

た。しかしなぜ国家理念なのか。それは前の「「制度論」的序章」でいったように、一九世紀日本が直面する国際的な危機にあたって国家的・国民（住民）的統合が強く求められるに至ったからである。この国家的危機にあたっての要請を最初に自覚したのが水戸学派の知識的武士たちであった。彼らは祭祀的統一体としての日本の国家的創成の古代に遡りながら、日本の「国体」という国家理念を語り出していったのである。

ところで一九世紀水戸藩の知識的武士たちに「国体」の語り出しを促し、「国体」の言説的構成を可能にしたものは何か。それは先の「「制度論」的序章」でのべたように先王・聖人を制作者とし、彼らによる道の制作をいう荻生徂徠における制作論の成立とその水戸学派における受容と影響とである。祭祀的共同体に人間の社会的集団形成の始まりを見、それを新たな人間的統合体（国家）へと整え、導いたのが古代中国の王たち、すなわち先王だと徂徠は解した。その意味で先王とは制作者であり、聖人である（「聖とは制なり」）。この徂徠の制作論を日本に移し、天皇朝国家日本の体制的始原の語りとして見事に翻案・再構成していったのが水戸学の「国体」論である。それは徂徠の制作論にしたがって一九世紀の水戸学派において再構成された国家制作的言説である。その代表的な一節を会沢正志斎の『新論』から引いておこう。

「天祖は天に在りて、下土に照臨したまひ、天孫は誠敬を下に尽して、以て天祖に報じたまひ、祭政これ一、治むるところの天職、代るところの天工は、一として天祖に事ふる所以にあらざるものなし。祖を尊びて民に臨めば、すでに天と一たり、故に天と悠久を同じくするも、またその勢のよろしく然るべきなり。故に列聖の大孝を申べたまふや、山稜を秩り、祀典を崇ぶは、その誠敬を尽す所以のものにして、礼制大いに備りて、その本に報い祖を尊ぶの義は、大嘗に至りて極まれり。夫れ嘗とは、始めて新穀を嘗めて、天神に饗するなり。天祖、嘉穀の種を得て、以為らく以て蒼生を生活すべしと。」[2]

「天祖」を中心的崇敬対象とした祭政一致的な国家体制（国体）を語る言語は漢文体のものである。一九世紀日本の書記言語が漢文体であることは当然であるが、いま来たるべき新国家のための「国体」理念をいう制作論的言説がいま水戸藩士であり、水戸学を代表する儒家知識人である会沢正志斎の〈漢文〉体言語をもって語り出されたことに注意しよう。この国体論的言語は一九四五年までの日本を理念的に、同時に言語的に規定し続けるのである。

ところで聖人を制作者として定義した徂徠は、その制作には〈秋〉があることをいっている。『論語』の先進篇に孔子が四人の弟子たちからその志を聴く長文の章がある。子路・冉有・公西華がそれぞれに国に仕えるものとしての志を述べた後に、瑟を弾いていた曾晳にもその志を語ることを孔子は求めた。曾晳は瑟を置いて答えていった。「暮春には、春服既に成る。冠者五六人、童子六七人、沂に浴し、舞雩に風して、詠じて帰らん（晩春の頃合い、春服もすでに整い、冠を着け終えた若者五、六人と、まだ冠せぬ童子六、七人とともに沂水に浴し、舞雩に登り、風に吹かれ、歌を詠じて帰りたいものです）」と。この曾晳の言葉に孔子は頷き、「私もお前と同じ思いだ」といったというのである。

これは一篇の詩を思わせる文章である。この曾晳の言葉を「微言」だといったのは徂徠である。徂徠は『孟子』によりながら曾晳を古えに志をもった人物だとみなした。「其の志極めて大にして、礼楽を制作し、天下を陶冶するに志有り。何となれば、所謂古えなる者は、豈に三代の盛時に非ずや。古えの人とは、あに文武周公に非ずや」といった後に徂徠はこういうのである。「大とは、あに天下を治むるに非ずや。此れを外にして大を語るは、老荘に非ざれば則ち理学なり。然れども礼楽を制作するは、天子の事、革命の秋なり。ゆえに君子は之れを諱む[3]」と。古えに向けられたのは大なる志である。大とは天下を治めることだ。これ以外に大をいうのは老荘でなければ窮理の学である。だが礼楽を制作するのは天子の事であり、革命の秋のことだ。それゆえ君子は制作の大を口にするのを憚るのだと徂徠はいうのである。曾晳は舞雩に遊ぶ微言をもって孔子の問いに答え、孔子はそれに頷き、曾晳と同じ思いであることを伝えたのである。

私は徂徠の『論語』解釈の独自性を示すためにこの章をここに引いたわけではない。「礼楽を制作するは、天子の事、革命の秋なり」という徂徠の言のゆえである。制作には時があるのである。それは「革命の秋（天命が革まる時）」である。従来の体制を一新し、天命に順い、民意に応える時、新たに制作する時があるのである。一九世紀東アジアの国際的危機に体制的脆弱をさらけ出した日本とは、まさに「革命の秋」にあったであろう。だがこの時に、だれがこの「秋」を自覚したのだろうか。一九世紀初頭の日本でこの「秋」を自覚する士は、朝廷に代わって『大日本史』の編纂作業を進めていた水戸藩の学者的武士集団から生まれた。水戸学によって育てられたこの士は救国の秋を深く自覚し、国家再生の理念と方策とを記していった。それが『新論』である。会沢は一箇の臣にして国家の制作（復古的再生）の大事を記したゆえんをその書の末尾でこう記している。

「夫れ国体を明らかにし、形勢を審かにし、虜情を察らかにし、守禦を修めて、長計を立つるは、実に聖子・神孫の皇祖・天神に奉ずる所以の大孝にして、幕府・邦君の万姓を済ひ、無窮に施す所以の大忠なり。臣謹んで五論を著すは、臣の私言に非るなり。天地・鬼神、将に之を与り聴かんとす。」

ここで述べてきたことは決して私言ではない、天命を知るものの公言だと会沢はいうのである。会沢とはこの〈秋〉に鬼神も聴く〈公言〉を語る〈士〉であるのだ。

2　もう一つの制作

なぜ私は先に「「制度論」的序章」を掲げながら、今ここでは「「制度論」的次章」などと題して会沢における「国体」論的な制作の次第を語ったりしたのか。明治維新に半世紀先立つ時期に、「制作の秋」を深く自覚しながらわが国体論的始原史を語り出していく『新論』の先駆性に驚きながら、人は必ずやこれに対抗する制作論的言辞を明治に見出そうとするはずだと思ったからである。事実私は会沢による「国体」の創出を語りながら、中江兆民の名を思い起こしていた。兆民が私の執筆計画の中に予め存在していたわけではない。むしろ今回の水戸学における「国体」論的制作の次第の語り出しが、明治における対抗的な制作、すなわち中江兆民と「民約」論的制作を呼び起こしたのである。

明治維新をはさんで二つの制作論があるのだ。一つは明治維新に先立つ時期、国家的危機の進行を目前にして書かれた国家制作論『新論』（一八二五）であり、もう一つは明治政治史の大きな節目である明治一四年の政変の翌年から、すなわち自由民権運動の高揚期を迎えた明治一五年から発表され始めた兆民の『民約訳解』である。明治政治史を、あるいは明治国家史をこの二つの制作論の間で見るべきだと私は考えるようになった。

「篤介はすでにルソーを懐（ふところ）に日本へ帰り着き、帰国の年に早くもルソー翻訳という思想的活動を開始していた」と飛鳥井雅道はいっている。[4]兆民がフランス留学から帰ったのは明治七年（一八七四）六月であった。八月には仏蘭西学舎（のちの仏学塾）のための開業願を東京府知事に提出している。兆民の思想的・学問的活動基盤になる学舎設立の時期には兆民訳『民約論』はすでに成り、塾生たちの間で筆写・回覧され、やがて巷間にも広まったとされている。この漢字カナ交じり文の翻訳『民約論』（原著第二巻第六章まで）は刊行されなかった。その「巻之二」の訳稿原本だけが戦後に発見され、『兆民全集』第一巻に収められている。「巻之一」は未発見である。だが「もう一つの制作」として私が問おうとするのはこの『民約論』ではない、のちの漢訳『民約訳解』である。

明治一五年（一八八二）二月、兆民の仏学塾は『政理叢談』という雑誌の刊行を始める。後にそれは『欧米政理叢談』とあらためられる。その第一号に載る「叢談刊行之旨意」はこういっている。これは兆民の筆になるものとされている。

「甚キ哉、人民自由権ノ以テ貴尚セザル可ラザルヤ。欧米諸国ノ能ク一方ニ雄張シテ各々其盛ヲ鳴ラス所以ノ者ハ他無シ、其民能ク此権ヲ貴尚シテ務テ之ヲ亢張スルヲ以テナリ。……茲ニ乃チ先輩ニ従フテ業ヲ問ヒ、欧米諸国ノ書策ニ就テ苟モ議論政理ニ益ナル者ハ随フテ訳述シ、号ヲ逐フテ之ヲ刊行セントス。冀クバ四方君子時ニ繙閲ヲ賜ヒ、取ル可キ有ラバ之ヲ採リ、其未ダ至ラザル所ハ之ヲ誨ヘテ以テ鄙志ニ副スル有ランコトヲ。[5]」

明らかにこれは国会の開設を前にして自由民権派の理論的装備を呼びかけたものである。その前年明治一四年三月、兆民を主筆として創刊された『東洋自由新聞』は、社長西園寺公望が内勅によって退社するという打撃もあって翌月には廃刊という事態に立ちいたった。『政理叢談』の創刊は、『東洋自由新聞』の廃刊という事態からの反転攻勢を呼びかけるものであった。兆民はその反転攻勢を徹底した理論的装備をもってすることを声高く説くのである。かくて兆民の『民約訳解』は最高の理論的備えとして『政理叢談』の第二号から連載されるのである。だが兆民には翻訳『民約論』がすでにあるのに、なぜ兆民はこの時あらためて漢訳による『民約論』すなわち『民約訳解』を自由民権派の士に提供しようとするのか。

飛鳥井雅道は「『欧米政理叢談』の名を不朽のものとしたのは、第二号から連載されたルソー作・兆民訳の漢訳『社会契約論』すなわち『民約訳解』であった」といっている。これは『民約訳解』の連載という事態をただいっているのではない。兆民の漢訳『民約訳解』の連載こそが、自由民権派の理論化の役割をもつ『欧米政理叢談』の名を不朽ならしめたといっているのである。だから飛鳥井のこの言葉は、上にのべた私の疑問、すなわち「なぜ兆民はこの時あらためて漢訳による『民約論』すなわち『民約訳解』を自由民権派の士に提示しようとするのか」という疑問に答えてしまっている。すなわち「漢訳『社会契約論』すなわち『民約訳解』こそが『欧米政理叢談』を不朽ならしめた」と。『民約訳解』の不朽の価値はルソー『社会契約論』の漢訳であることにあると飛鳥井はいっているのである。

ところで私がもった疑問への答えをこのように早く知ってしまうことは、私の立論に不都合なことではないかと人はいうかも知れない。だが中江兆民のようなすでに詳密な研究や評伝で蔽われてしまっている人物についての後進の問いには、ほとんどすでに答えは与えられているといっていい。ではどうするか。もし頬被りも鈍感さも装わないとすれば、人はその答えを有り難く受け入れ、その先を見ていくようにすればよい。飛鳥井は漢訳『社会契約論』すなわち『民約訳解』の成立とその意義についてこういっている。これは彼が出した答えだ。

「一字一句の訳語の検討をも含むルソー理論体系の再検討が、民権運動が政治的高揚期を迎えた明治十五年に発表され始めたということが、兆民の生涯の性格を語っていた。／兆民がルソー理解を深めるためには、そして正確なルソー像を日本国民に提起し、真の「自主の国」を建設するためには、「共和」という訳語の訂正をも含めて、漢文訳が必要だった。また、当時の仏学塾周辺の書生たちは、漢文熱のなかで、兆民の意図を理解することができたのである。／『民約訳解』が兆民の最も重要な作品であり、明治思想史の金字塔であることは、この兆民の厳密さが、発揮され、成功したからにほかならない。」

飛鳥井がここでいう、「正確なルソー像を日本国民に提示し、真の「自主の国」を建設するためには、漢文訳が必要だった」という答えは、他のだれよりもすぐれた兆民と漢訳『民約訳解』の意義の理解だと私は思う。私はここから兆民の『民約訳解』こそが近代日本のもう一つの制作、真正の国家制作の提起であったことを、あらためて『民約訳解』を読み直しつつ考えてみたい。

3　漢訳『民約訳解』とは何か

兆民はルソーの『社会契約論』を漢文訳『民約訳解』として明治の国民に提示した。漢訳とはかりそめの企てではない。兆民はこのことのために漢文の師を求めたとさえいえるのである。兆民は自分にとっても、明治の若き学徒にとっても漢学的学習と教養とを不可欠としていた。仏学塾は和漢書についてのカリキュラムをはじめから備えていた。幸徳秋水は兆民についてこういう言葉を残している。

「先生予等に誨へて曰く、日本の文字は漢字に非ずや、日本の文学は漢文崩しに非ずや、漢字を用ゆるの法を解せずして、能く文を作ることを得んや、真に文に長ぜんとする者、多く漢文を読まざる可からず、且つ世間洋書を訳する者、適当の熟語なきに苦しみ、妄りに疎率の文字を製して紙上に相踵く、拙悪見るに堪えざるのみならず、実に読で解するを得ざらしむ、是れ実は適当の熟語なきに非ずして、彼等の素養足らざるに坐するのみ、思はざる可けんやと。[6]」

これは兆民が日本の書記言語あるいは思想言語として「漢文・漢語文的言語」を考えていたことを伝えるものである。兆民がわれわれの原理的な、本質的な思考を「哲学」という翻訳語を排して、「理学」という漢語概念をもっていい、漢語的思惟言語をもってする日本における「理学」の自立的成立を説き続けたのも、この言語観に立ってである。自由民権派の理論武装が急務であることを誰よりも知る兆民は、だからこそ漢語的思惟言語による翻訳（漢訳）『社会契約論』の提供を決意したのである。それはなみなみならぬ決意であった。兆民はあらためて漢文の師を求めた。彼は高谷龍洲の済美黌、三島中洲の二松学舎に学び、また岡松甕谷の紹成学院に学んだ。かくて漢訳『社会契約論』すなわち『民約訳解』は『政理叢談』の第二号（明治一五年三月一〇日発行）から第四六号（明治一六年九月五日発行）まで、都合二六回連載された。『民約訳解巻之一』は仏学塾出版局から明治一五年一〇月に刊行された。

漢訳『社会契約論』すなわち『民約訳解』とは『政理叢談』を不朽にしただけではない。『民約訳解』とはわれわれの政治史的、国家史的な事件である。それだけではない。それはわれわれの哲学史的な事件であり、文明論的な事件でもあるだろう。そうであるゆえんを『民約訳解』の本文の直接的な解読を通じて考えよう。

4　『社会契約論』の主旨

「人間は自由なものとして生まれた、しかもいたるところで鎖につながれている」とはルソー『社会契約論』第一章の冒頭を飾る有名な言葉である。この言葉で始まる第一章は本書第一編の主旨をのべたものである。私の『民約訳解』の読解もまたこの第一章から始めよう。だがそのことは私の読解はそこから始まって、全編に及ぶことを意味しない。私はここでルソー『社会契約論』の主旨をどうとらえ、彼の漢文言語をもってどう語り出したかを見たいと思っている。その後はそこでとらえられた主旨を敷衍し、展開する章を見ればよいと考えている。

まず『社会契約論』の現代語訳（井上幸治訳、世界の名著）をあげ、次いで『民約訳解』の漢語本文の島田虔次によるよみくだし文（『全集』第一巻）をあげた。

「人間は生まれながらにして自由であるが、しかしいたるところで鉄鎖につながれている。ある者は他人の主人であると信じているが、事実は彼ら以上に奴隷である。どうしてこういう変化が起こったか、私にはわからない。しかし、この変化を何が正当化するのか、といえば、この問題なら解くことができると思う。」（『社会契約論』）

「昔在(むかし)人の初めて生まるるや、皆な趣舎(しゅしゃ)己れに由り、人の処分を仰がず、是れを之れ自由の権と謂う。今や天下ことごとく徽纆(きぼく)の困(くるしみ)を免れず。王公大人の属、自(みず)からを人上に托するも、詳らかに之を察すれば、其の羈束(きそく)を蒙ること或は庸人よりも甚しき者あり。顧(おも)うに自由権は、天の我に与えて自立を得しむる所以なり。しかも今かくの如し。此れ其の故、何ぞや。吾れ得て之を知らざるなり。ただ、其の自由権を棄つるの道に於いて、おのずから正を得ると否とあり。此れ、余の之を論ぜんと欲するところなり。」

兆民の訳はルソーの原文の踏み込んだ理解からなるものである。人が生まれながらにもつ自由を兆民は「自由権」とし、それを「天の我に与えて自立を得しむる所以」と敷衍していくのである。さらにルソーが「私にはわからない」といっているのを著者の韜晦的言辞とし、実際は『人間不平等起源論』で詳細にのべられていることを兆民は［解］でいう。そして最後の「しかし、この変化を何が正当化するのか、といえば、この問題なら解くことができると思う」という、不明瞭な言葉の意味を明確化して兆民は、「ただ、其の自由権を棄つるの道に於いて、おのずから正を得ると否とあり。此れ、余の之を論ぜんと欲するところなり」というのである。兆民は一気にルソーのこの書における主題とは何かを顕わにしてみせるのである。

これだけ見ても兆民の『民約訳解』とはただの翻訳ではない、まさしくただものではないことを知るだろう。しかも兆民は自立的な言語をもってルソーの原書に対している。ここで私が自立的というのは、原書の言語に従属するような翻訳的言語でない言語をいう。だが明治一五年（一八八二）というときに翻訳的言語を批判的にいうのは早過ぎると人はいうかもしれない。それは違う。圧倒的に優越する西洋文化・学術の導入が国家的に方向づけられたときから、わが知識的言語は翻訳的言語に変質していったのである。「哲学」とは翻訳語である。「哲学」が帝国大学の中心的な学科を構成して以来、われわれは自立的言語による自立的思考を喪失したといえるかもしれないのだ。兆民は「哲学」を嫌い、漢語概念としての「理学」を用い続けた。いま兆民はルソーを、すでに成立する翻訳語を排して、自立的な漢語をもって訳し、その本意を広く有志の士に伝えようとするのである。

自立的な言語をもってする兆民の『民約訳解』はすでに第一章のルソーの韜晦的な言葉によって『社会契約論』の主意を明確にとらえていた。それゆえ兆民はこの第一章に本文に倍する［解］を付しているのである。以下はその［解］の後半部である。

「然りと雖も、自由権も亦た二あり。上古の人、意を肆にして生を為し、絶えて検束を被ること無きは、天に純なるものなり。故に之を天命の自由と謂う。本章の云うところ即ち是れなり。民あい共に約し、邦国を建て法度を設け、自治の制を興し、斯くて以て各おの其の生を遂げ其の利を長ずるを得るは、人を雑うるものなり。故に之を人義の自由と謂う。第六章以下の云うところ即ち是れなり。天命の自由はもと限極なし、而して其の弊や、交ごも侵し互に奪うの患いを免れず。是に於いて、咸な自から其の天命の自由を棄て、相い約して邦国を建て制度を作り、以て自から治め、而して人義の自由うまる。かくの如きものは所謂る自由権を棄つるの正道なり。他なし、其の一を棄てて其の二を取り、究竟して喪うところあること無ければなり。若し然らざれば、豪猾の徒、我の相い争うて已まず、自から其の生を懐ずること能わざるを見、因りて其の詐力を逞しうして我を脅制し、我れ従いて之を奉じ之を君とし、就きて命を聴かん。かくの如きものは、所謂る自由権を棄つるの正道に非ざるなり。他なし、天命の自由と人義の自由と、并せて之を失えばなり。此の二者の得失を論究せんこと、正に本巻の旨趣なり。」

［解］の末尾で「正に本巻の旨趣なり」というように、兆民は第一章の「本巻の旨趣」のタイトルにしたがうようにして、兆民の言葉による「本巻の旨趣」を［解］でいってしまっている。すなわち「是に於いて、咸（み）な自（みず）から其の天命の自由を棄て、相い約して邦国を建て制度を作り、以て自から治め、而して人義の自由うまる。かくの如きものは所謂る自由権を棄つるの正道なり」と。ここで「天命の自由」「人義の自由」という二種の自由の概念構成をもっていわれる契約的国家形成と人義的自由の主体としての臣民の再構成については第六章の解読とともに考えたい。ただここでは、「革命の秋」を明治一五年の今と知る兆民の抑えがたい発言の意欲が「相い約して邦国を建て制度を作り、以て自から治め、而して人義の自由うまる」という邦国制作の主旨を何よりも早く伝えたいという衝動をもたらしていることをいっておきたい。

第8章 「天命の自由」と「人義の自由」——中江兆民『民約訳解』を読む 二

「此の約に因りて得るところ、更に一あり。何の謂ぞ。曰く、心の自由、是なり。夫れ形気の駆るところと為りて自から克脩することを知らざる者、是れ亦た奴隷の類のみ。我より法を為り、而して我より之に循う者に至りては、其の心胸綽として余裕あり。然りと雖も、心の自由を論ずるは理学の事、是の書の旨に非ず。[1]」

中江兆民『民約訳解』「人世」

1 漢訳者兆民に対する侮辱

『社会契約論』第一編の冒頭でルソーはこの著述の目的についてこういっている。その箇所を二つの現代語訳によってまず見てみよう。

「人間をあるがままに現実の姿でとらえ、法をありうる可能の姿でとらえた場合に、社会の秩序のなかに、正当にして確実な国家の設立や国法の基準があるかどうか、これを私は研究したい。私はこの研究のなかで法の認めるものと利益の命じるものをたえず結合することに努め、正義と効用が分離

しないようにするだろう。」（井上幸治訳・世界の名著）

「わたしは、人間をあるがままのものとして、また、法律をありうべきものとして、取り上げた場合、市民の世界に、正当で確実な何らかの政治上の法則がありうるかどうか、を調べてみたい。わたしは、正義と有用性が決して分離しないようにするために、権利が許すことと利害が命ずることを、この研究において常に結合するように努めよう。」（桑原武夫・前川貞次郎訳、岩波文庫）

これは『社会契約論』という著述は何を究明しようとするものであるかを、著者ルソーが簡潔にのべたものである。その際ルソーは、私的な利益の追求主体としてある現実的人間と、全体的な人間集団のあるべき公正・公平的法制との二つを前提にして、いかにして正当で確かな国家的統治体の規約（すなわち一般的社会契約＝民約）は可能かを追求したものだというのである。私は現代語訳の説明を意図しながら、ルソー原文の私なりの意訳をしてしまっている。私がここであえて私なりの意訳をしてしまったことには理由がある。それは上の現代語訳によって、ことに後者の現代語訳によってここから展開される「社会契約論」の主旨が分かるかという疑いが私にあったからである。「社会契約論」とは何を前提にして、何が追求されるのか。第一編冒頭の緒言はこれをいっているはずなのに、現代語訳はそれを明らかにしていない。

中江兆民の『民約訳解』は「民約一名原政」としてこの箇所をこう漢訳する。ここには島田虔次の「よみくだし文」をもって記す。

「政、果して正しきを得べからざるか。義と利、果して合するを得べからざるか。顧（おも）うに人ことごとくは君子なること能わず、亦たことごとくは小人なること能わざれば、則ち官を置き制を設くる、亦た必ず道あり。余もとより斯の道に得ること有らんことを冀う。夫れ然る後、政の民と相い適い義の利と相い合すること、其れ庶幾う可きなり。」

この兆民の漢文訓み下し文を私はさらに兆民の意を汲みながら以下に現代語訳してみた。

「政治が正しいものであることはありえないことなのか。全体の正義とそれぞれの利益とが合する道とはありえないことなのか。人はみなすべて道を了得した君子ではないし、道にはずれた小人でもない。それゆえ法制規約を設けて自らの制約とするのである。私が求めるのは正しく確かな法制規約の道である。それによって政治が人民の情意にも適って正しく、全体の正義と各自の利益とが反することなく合するような道である。それこそ私の希求する道である。」

私は兆民の漢訳文をこのように理解することで、これがルソー『社会契約論』第一編の主旨を見事に漢文上に表現したものと見た。現代諸家の現代語訳よりも兆民の漢文訳によってルソーがこの『社会契約論』によって求めたものは何かをより良く、より正しく私は理解した。だが現代の兆民研究者は必ずしもそうは見ない。兆民が訳文で使用する儒家的な言句が彼らの理解を妨げ、その評価を歪曲させてしまうのだ。兆民の使用する儒家的言句によってその使用者の儒家的思想性を規定し、かくて漢訳『民約訳解』を全く否定的にしか評価しない代表者は米原謙である。米原はこういっている。「『民約訳解』は、彼が訳語として採用した術語を合鍵として中国古典の世界に入り込み、それを通じてルソーの世界を再現する試みである。再現された世界は〈東洋のルソー〉と呼ぶしかない類のものである[2]」と。今さら儒家的言語でもってルソーを再現したりする兆民とは〈東洋のルソー〉と呼ぶしかない、得体のしれない代物だと米原はいうのである。ここでは〈東洋のルソー〉とは兆民に対する侮蔑的評言である。近代日本の政治思想史家はルソーの漢訳者兆民を侮辱する。「〈東洋のルソー〉と呼ぶしかない類のもの」と。

米原は一体『民約訳解』をどう読んだのか。だが兆民に対するこの侮辱の理由を、米原の『民約訳解』の読み方から尋ねてみたりすることは無駄なことだというかもしれない。しかしことは兆民があえて『民約訳解』という漢訳テキストを作成したことの意義評価にかかわることだ。漢訳に対する米原の否定的評価の理由を尋ねてみよう。

2　近代主義的ドグマ・一

米原が思想家兆民の生涯をたどった『兆民とその時代』は当然のことながら『民約訳解』に一章を構成するような位置を与えていない。『民約訳解』は第3章「自由民権の時代」の第2節『政理叢談』の「一八八一年政変」「民兵制度」「政治と道徳」に次ぐ一項目をなしているに過ぎない。これは『民約訳解』に中心的な位置を与える兆民理解に対する対極的な兆民理解の意図的な提示だといってよい。

「彼は儒教の普遍性を信じていた。儒教を中心とする中国古典の世界像を通してルソーを読み解こうとした時、漢文訳という方法が彼の心に浮かんだのである」と、米原は近代主義的ドグマというべき偏見に満ちた言葉で兆民の儒家性を規定し、この儒家性こそ漢文訳の理由だというのである。だが米原は「彼（兆民）は儒教の普遍性を信じていた」ことをどこからいうのか。ただ漢訳『民約訳解』がその規定の理由であり、帰結であるだけではないか。だから兆民の儒家性の規定は日本の近代政治学がもつ近代主義的ドグマであり偏見だと私はいうのである[3]。したがって漢訳『民約訳解』は偏見をもってしか読めないものになってしまう。米原はわれわれがいまここで読んでいる『社会契約論』第一編冒頭の緒言をめぐってこういうのである。

「ルソーの原著と『民約訳解』の間には重要な落差がある。ルソーは、第一巻冒頭で次のように述べている。「人間をあるがままに捉え、法律をありうべきものとして捉えた時に、正当で確実な何らかの政治法則が、政治秩序の中に存在しうるかどうかを、私は調べたい」。この部分を兆民は次のように訳す。「政、果して正しきを得べからざるか。義と利、果して合するを得べからざるか」。」

米原は原著のテキストを桑原・前川訳によりながら提示している。私はすでにこの訳が原著からずれるものであり、これによって『社会契約論』の主旨は読みがたいことをいった。米原はこの訳を原著テキストと等置しながら、漢訳テキストの前近代的儒家性を批判していくのである。

「「政は正なり」は『論語』（顔淵篇）に出てくる儒教の根本テーゼである。義と利については、例えば、「何ぞ必ずしも利を言わん、亦仁義あるのみ」という『孟子』巻頭の語を想起すればよい。この『孟子』の語を引きながら、兆民は「公利私利を論ず」で、義に合致した行為は結果的に必ず利を生むと書いた。『民約訳解』が設定した二つの問題は、ともに儒教の根本テーマである。兆民は『民約訳解』のテーマを儒教のテーゼに引き寄せ、いかなる政体によってこのテーゼが実現されるかをこの書のテーマとした。」（傍点は子安）

これは恐るべき読み方である。たしかに孔子は季康子の「政」への問いに、「正なり」と答えた。『論語』におけるこの問答はこうである。

「季康子、政を孔子に問う。孔子対えて曰わく、政は正なり。子帥いるに正を以てせば、孰れか敢えて正しからざらん。」私はこれをこう解釈した。「季康子が孔子に政治について問うた。孔子は答えていわれた。政とは正です。正しくあることです。もしあなた自身が統治の場に正しくあるならば、だれが不正を犯すことがありましょう。」[4]『論語』における孔子の言葉は質問者とのパーソナルな関係における、具体的な問題状況を踏まえた回答である。いま孔子は魯の国政の担当者に向かって「政治は正しくあれ」といっているのである。これは権力者季康子にとって重い意味をもった警告である。同じ顔淵篇で子張の政治への問いに孔子が答えた言葉がある。「子張、政を問う。子の曰わく、これに居て倦むこと無く、これを行うに忠を以てせよ。（子張が政治について問うた。孔子は答えられた。心をそのことに置いて、倦むことなく務めることだ。事にあたって真心をもって行うことだ。）」子張とは「才高く意広し、而していたずらに難きを為すを好む」（朱子『集注』）士だとされる。その子張の政への問いに対して、この孔子の答えがあるのだ。孔子とはこのように答える師である。「政とは正なり」とはまさしく権力者季康子に向けた言葉であって、政治の定義でも、根本テーゼの提示でもない。そのことは「政治は正しくあれ」という孔子の答えが普遍的な意味をもつことを否定することではない。

　梁の恵王が遠くより見えに来た孟子に「叟、千里を遠しとせずして来る。亦将に以て吾が国を利することあらんとするか」と問いかけた。孟子はそれに答えて、「王、何ぞ必ずしも利を曰わん。亦仁義有るのみ（王はどうして利益を言ったりする必要がありましょうか。ただ仁義だけを心がければよいのです）」といった。これは『孟子』の巻第一「梁恵王」章の始まりの問答である。これもまた遊説家としての孟子の為政者へのすぐれた回答のあり方を示すものであっても、決して仁義概念の優越性なり、仁義をもって政治を定義したりするものではない。このように『論語』や『孟子』を見てくれれば、米原が何を根拠にして、『民約訳解』が設定した二つの問題は、ともに儒教の根本テーマである。兆民は『民約訳解』のテーマを儒教のテーゼに引き寄せ、いかなる政体によってこのテーゼが実現されるかをこの書のテーマとした」といったりするのか、訳が分からなくなる。要するにこれは漢文訳『民約訳解』への近代主義的偏見による歪曲的理解の痕跡を示しているだけである。

3 近代主義的ドグマ・二

兆民は「民約一名原政」の冒頭を「政、果して正しきを得べからざるか。義と利、果して合するを得べからざるか」と記した。これはルソーの原文「人間をあるがままに現実の姿でとらえ、法をありうる可能の姿でとらえた場合に、社会の秩序のなかに、正当にして確実な国家の設立や国法の基準があるかどうか、これを私は研究したい」(井上訳による)を前提にして、ルソー民約論の主旨を独自の漢文的言語をもって問いかけの形で見事に縮約的に表現したものである。ルソーは「人間をあるがままに現実の姿でとらえ」るといっていた。前章で見たように兆民はこの人間を「天命の自由」をもったままの人間としていた。私的所得と欲求主体としての人間である。その人間が全体的正義を前提にした法制的社会の構成員にいかにしてなりうるのか。全体的正義と各自的利益とが反することなく調合した統治体はいかにして可能か、その共同社会の規約はどのようなものであるべきなのか。「政、果して正しきを得べからざるか。義と利、果して合するを得べからざるか」という問いかけの中身を尋ねてゆけば、それは『社会契約論』の本旨に行き着くことになる。これは決して儒教的理念の実現を求めたテーゼではない。むしろ「政は正なり」「何ぞ利を曰わん、ただ仁義有るのみ」といった経書的記憶を担った漢語概念はより的確にルソーの民約論的本旨を指し示していくだろう。私は兆民の漢訳『民約訳解』は現代語訳のどれよりも的確にルソー『社会契約論』の本旨を表現すると見るのである。

前章ですでに見たように兆民は『民約訳解』の第一章「本巻の旨趣」の［解］で本巻の主旨というべきことをいってしまっていた。

「然りと雖も、自由権も亦た二あり。上古の人、意を肆（ほしいまま）にして生を為し、絶えて検束を被ること無きは、天に純なるものなり。故に之を天命の自由と謂う。本章の云うところ即ち是れなり。民あい共に約し、邦国を建て法度を設け、自治の制を興し、斯くて以て各おの其の生を遂げ其の利を長ずるを得るは、人を雑（まじ）うるものなり。故に之を人義の自由と謂う。第六章以下の云うところ即ち是れなり。天命の自由はもと限極なし、而して其の弊や、交（こも）ごも侵し互に奪うの患（うれ）いを免れず。是に於いて、咸（み）な自（みず）から其の天命の自由を棄て、相い約して邦国を建て制度を作り、以て自から治め、而して人義の自由うまる。かくの如きものは所謂る自由権を棄つるの正道なり。他なし、其の一を棄てて其の二を取り、究竟して喪（うしな）うところあること無ければなり。若し然らざれば、豪猾（ごうかつ）の徒、我の相い争うて已まず、自から其の生を懐（やすん）ずること能わざるを見、因りて其の詐力を逞しうして我を脅制し、我れ従いて之を奉じ之を君とし、就きて命を聴かん。かくの如きものは、所謂る自由権を棄つるの正道に非ざるなり。他なし、天命の自由と人義の自由と、并せて之を失えばなり。此の二者の得失を論究せんこと、正に本巻の旨趣なり。」

兆民はここで新たな社会契約からなる人間社会の成立を、「咸（み）な自（みず）から其の天命の自由を棄て、相い約して邦国を建て制度を作り、以て自から治め、而して人義の自由うまる」と「天命の自由」の喪失と「人義の自由」の獲得として説いた。この二つの自由をルソーの原文にもどしていえば「la liberté naturelle（生来の自由）」と「la liberté civile（社会的自由）」である。兆民はこの二つの自由を「天命の自由」と「人義の自由」とし、前者の喪失と後者の獲得として社会契約的な人間社会の成立を説いていった。もし兆民による漢訳『民約訳解』の成功をいうのであれば、この「天命の自由」と「人義の自由」という兆民の漢訳的「自由」概念による新たな人間社会の成立が成功裡に説き出されたかどうかを確認しなければならない。われわれは直ちに第八章「人世」の章を見よう。

だがその前にこの「自由」の漢訳的概念についても米原の近代主義的ドグマによる否定的批判があることを知らねばならない。米原は『兆民とその時代』に先立つ論文「方法としての中江兆民」で『民約訳解』について恐るべきことをいっている。ここで米原は彼の近代主義的ドグマというべき漢文的言語への偏見のすべてをいっている。長いが米原のドグマ的発言のすべてを引いておこう。米原はここで「夫れ自由権を棄つる者は、人たるの徳を棄つるなり。人たるの務を棄つるなり。自から人類の外に屏くるなり」（『民約訳解』巻之一第四章）という兆民の訳語を前にしていっている。

「ここに「徳」とは qualité である。『訳解』の最大の特色は、儒学の用語を訳語として多用することによって、儒教倫理の内包するエートスの内部で『社会契約論』を理解しようとした点にある。ヨーロッパ近代の思想家の中で、ルソーはこのような試みに最も適した思想家である。あるいはむしろ、ルソーの政治思想のもつ強い道徳的性格は、儒教のエートスの中に位置づけることによってのみ、当時の日本語の文脈の中に移しえたと言えるかもしれない。兆民は明らかにこのことを意識した上で、『社会契約論』の漢訳を試みたに違いない。彼の方法と文体は一体のものである。[5]」

ここで例示されている「徳」とは他者に及ぶような人の持ち前の強さ、大きさ、広さをいう語であって、それは直ちに儒家的概念であるわけではない。兆民が qualité を「徳」と訳したことに、彼のすぐれた漢語的感覚をわれわれは見るべきであって、彼の儒家的エートスなどを嗅ぎ出すべきことではない。米原のこの発言は漢訳『民約訳解』のテキストに何の根拠も理由ももたない、漢語文に対する彼の近代主義的先入見を示す以外の何物でもない。こうして米原は la liberté civile の兆民の漢訳語「人義の自由」について、「「人義の自由」とは、したがって、礼の世界において当然「脩め」るべきことを「脩め」た上で、はじめて許される「自由」である。「民約」による「一般意志」の拘束を、兆民は礼の世界における当為による拘束に移し換えた。ルソーが citoyen に要求した市民的倫理は、こうして見事に再生したのである」ということになるのである。兆民の漢訳『民約訳解』を読み直し、その意義を再発見するためには、このテキストを蔽い、その意義を見えなくさせてきた日本の近代政治学の近代主義的ドグマを破り捨てることが必要である。

4　「天命の自由」と「人義の自由」

ルソーの『社会契約論』の第一編の第八章は「社会状態について（De l'état civil）」として、人間が社会契約を介して自然状態からいかに社会状態へ意志的に移行するかを記述する。人間社会が自然的にではなく、その構成主体である人民の共同の制作的意志とともに成立するものであること、そしてこの社会の制作とともに人間は何を得、何を喪うか、それまでの人間からいかなる人間に転身するのかを記す重要な章である。西欧に準じて近代社会への移行的形成をめざす明治日本に欠けていたのは、人間による共同社会の制作的意志であり、その意志をもった人民的な制作主体であった。ルソーはこう語り始める。

「自然状態（l'état de nature）から社会状態（l'état civil）へのこの移行は、人間の行為において正義をもって本能に置き換えたり、それまで人間の行動に欠けていた道徳性を与えたりすることによって、人間にきわめて注意すべき変化をもたらすのである。このときはじめて、義務の呼び声は肉体的衝動に、権利は欲望に入れ替わることになり、それまで自分しか考慮しなかった人間は、違った原則に基づいて行動し、自分の好みに従う前に理性に図らなければならない。」（井上訳）

これを兆民はこう漢訳する。いや漢訳というよりは兆民は漢文的言語をもってその主旨を再表現する。なお兆民はこの第八章のタイトル"De l'état civil"を「人世」としている。

「民約すでに立ち、人々法制に循いて生を為す、之を天の世を出でて人の世に入ると謂う。夫れ人ひとたび天世を出でて人世に入る、其の身に於いて変更するところ、極めて大なり。蓋し、曩(さき)には直情径行、絶えて自から検飭(けんちょく)すること無く、血気の駆るところ、唯だ嗜慾に是れ狥(したが)う。禽獣と以て別つ無きなり。今や事ごとに之を理に商(はか)り、之を義に揆(はか)る。合すれば則ち君子となし、合せざれば則ち小人となす。而して善悪の名、始めて指す可し。曩には人々ただ己を利せんことを図り、他人あるを知らず。今や利害禍福、必ず衆と偕(とも)にし、自から異にするを得ること無し。」

さきに示した現代語文によるものを「翻訳」とするならば、これは翻訳ではない。これはルソーの原文を逐語的に漢文脈に置き直して、漢訳テキストを完成させようとしているのではない。兆民が直面しているのは人類史における最大の転換、すなわち自然状態における人間が共同的契約によって社会的存在に転身し、自らを社会的制作主体、権利主体として再構成していくという転換である。こういう人類史的転換を語りうる理論的言語をわれわれはもっているだろうか。

明治日本が西洋の新知識を受容するに当たっての翻訳言語・翻訳文は漢語カナ交じり文からなる漢文訓読体的翻訳文であった。兆民の最初の翻訳『民約論』の文章がそれである。いまその一節を引いてみよう。

「君主ノ権ハ最モ専擅ニ最モ貴重ニ又最モ犯ス可カラズト雖モ、而レドモ当初約定ノ分界ヲ超過スル当ラズ、乃チ各人此約ニ由テ已レニ有スル所ノ資財ト自由ヲ用ルコトハ其全権ニ在ル当シ、又君主ハ決テ一人ニ命ズルニ重役ヲ以テシ一人ニ命ズルニ軽役ヲ以テスル等ノ事有ル可カラズ、公会ノ議事衆人ニ渉ラザルヲ以テ君権ノ所轄ニ在ラザレバナリ、[6]」

この文章の分かりにくさ、これが分かるためにはもう一度われわれはこれを自分の言葉に訳し直さねばならない。これが分からないのは、漢文訓読体的文章であるからではない。これが自分の言語ではない翻訳文であるからである。七年後の兆民はあらためて漢訳し、漢文体『民約訳解』として自由民権の叫ばれる世に問うた。なぜか。われわれはその答えを、いまここに見る『民約訳解』の文章の上に見出すことができる。ここに引く「人世」章の文章によって、われわれは「天世」から「人世」への人類史的な転換の意義を生き生きと読むことができるのである。

私は兆民論の始めに「制度論的次章」を書き、徂徠の制作論的文章を引いた。それは人間の祭祀的共同世界の成立を聖人の制作として論じた文章である。それは東アジアの漢語的世界における初めての人間社会の成立をめぐる制作論的文章である。そしてわれわれは兆民の『民約訳解』に初めての自覚的人民を制作主体とした人間社会の成立をいう生き生きとした漢語的文章を見出すのである。なぜ漢語なのか。それがわれわれの自立的な思想言語であったからだと、いま私は仮りに答えておこう。

ルソーは「人間は自然状態から永久におのれを引き離し、無知な、想像力のない野獣を知性的な存在、人間たらしめるあの幸福な瞬間を、たえず祝福しなければならないだろう」（井上訳）という。さらにルソーは人間はこの移行とともに「生来の自由」を喪失し、「社会的自由」を獲得することをいう。兆民の漢訳はこれを「天命の自由」の喪失と「人義の自由」の獲得として説いていく。

「抑も此の約に因りて失うところと其の得るところと、請う、比して之を較ぶるを得ん。蓋し其の失うところは則ち曰く、天命の自由なり。その得るところは則ち曰く、人義の自由なり。天命の自由は限極あること無し、人々ただ力を是れ視る。凡そ其の得んと欲するところは、力を出して之を求め、必ず能わずして後ち止む。人義の自由は、之を建つるに衆意の同じく然るところを以てし、而して之を限るに亦た衆意の同じく然るところを以てす。是の故に、天命の自由に由りて得るところ、之を奪有の権と謂い、之を先有の権と謂う。奪有の権は、人の弱くして守りを為すこと能わざるに乗じて之を行う。先有の権は、人の未だ功を下さざるに先んじて行う。此の二者は、名づけて権と曰うと雖も、実は力と倶に生まれ、亦た力と倶に亡ぶのみ。人義の自由に由りて得るところは、之を保有の権と謂う。此の権は文書以て之を著し、生滅ともに力に渉ること無し。」

さらに兆民は［解］で、「天命の自由は、人々ただ力を是れ視る」といい、「人義の自由は、民約の置くところ、亦た民約の限るところなり」と注解している。私はここに兆民がルソーの二つの「自由 liberté」概念を「天命の自由」と「人義の自由」という漢訳概念に再構成することによって、わが言語上に社会的存在としての人間の成立意義を鮮やかに記しえたことを知るのである。社会的存在としての人間の成立意義を記しえたことの悦びは筆者兆民こそ深く知るのであり、その悦びはそのまま最後の「心の自由 la liberté morale」の記述に溢れている。

「此の約に因りて得るところ、更に一あり。何の謂ぞ。曰く、心の自由、是なり。夫れ形気の駆るところと為りて自から克脩することを知らざる者、是れ亦た奴隷の類のみ。我より法を為り、而して我より之に循う者に至りては、其の心胸綽として余裕あり。然りと雖も、心の自由を論ずるは理学の事、是の書の旨に非ず。」（傍点は子安）

私はここに制作主体としての我の成立をわが言語によって誇らかに告げられていることを見る。ここで「わが言語」とは「漢語」である。兆民にとって「漢語」こそがわが自立的な思想の言語であった。だが明治の時代も国家もこれを「わが言語」とはみなさない。その明治の国家的法制化への岐点をなす明治一五年（一八八二）に兆民は「漢語」をもってこの国のそれぞれの「我」が法制的国家の制作主体であることを告げたのである。

漢訳『民約訳解』とは近代日本に早くして投げかけられた根底的なアイロニーであるようだ。

第四部　明治の終焉と二つの文学的事件

夏目漱石

徳冨蘆花

第9章　徳冨蘆花と「謀叛論」――なぜ蘆花に「謀叛論」があるのか

「吾夫の御眠り安からず。早朝臥床に居たまふ。折からいろいろ考へ給ひ、どふしても天皇陛下に言上し奉る外はあらじ。（中略）ともかくも草し見ん、とまだうすぐらきに、書院の障子あけはなち、旭日のあたたかき光をのぞみて、氷の筆をいそいそ走らし給ふ。走らしつつも其すべを考へ給ふ。桂さんよりは書生の言を退けて一言の返事もなし。ともかく『朝日』の池辺氏、これも志士の後、同氏にたのみて、新聞に、陛下に言上し奉るの一文をのせてもらはん、と漸くかき終えて、一一時比（ころ）池辺氏への手紙と共に冬を高井戸に使し、書留にて郵送せしむ。まづはなし得るだけはしたれども、どれ一つかなへさうもなし。やきもき思へどせんすべもなし。」（『徳冨愛子日記▼1』）

1　講演「謀叛論」

「謀叛論」とは、幸徳秋水以下いわゆる大逆事件の被告一二名の大量処刑が行われた明治四四年（一九一一）一月二四日の八日後の二月一日、第一高等学校大教場で蘆花が行った準公開講演の演題である。この講演「謀叛論」の草稿を載せる岩波文庫の解説で中野好夫は、「謀叛論」で注目すべきは「大逆事件処刑の八日後になされた公開の発言だったことである。当時すでにひそかな批判を抱いていた人間は、今日分明しているだけでも、ほかに幾人かはいる。だが、こうして公然と東京の真中で叛徒弁護の発言を行ったのは、ほとんどまず蘆花ひとりだった」といい、それは「特筆さるべき一事だった」と記している。また「謀叛論」（草稿）を載せる『徳富蘆花』（明治文学全集）の解説で編者神崎清はこういっている。「蘆花の「謀叛論」は当時の天皇制政府の強権支配に向けられた爆弾演説であった。不敬演説と非難するものもあらわれてきて問題が一高校長新渡戸稲造等学校当局の責任追及に発展してきたので、愛子夫人の日記によると、心配した蘆花が桂首相、小松原文相、一高（弁論部河上丈太郎宛）などに救解の手紙を出しているが、残念ながらそれ等の手紙はまだ発見されていない。[2]」

たしかに蘆花「謀叛論」における激しい非難の矛先は天皇側近の「不忠臣」的閣臣に向けられている。「廟堂にずらり頭を駢(なら)べている連中には唯一人の帝王の師たる者もなく、誰一人面を冒して進言する忠臣もなく、あたら君徳を輔佐して陛下を堯舜に致すべき千載一遇の大切なる機会を見す見す看過し、国家百年の大計からいえば眼前十二名の無政府主義者を殺して将来永く無数の無政府主義者を生むべき種を播いてしもうた[3]」というように。だが蘆花とは文頭に引いた『徳冨愛子日記』の記述に明らかなように、事件の死刑囚への恩赦の嘆願文「天皇陛下に願ひ奉る」を草して、東京朝日新聞の池辺主筆に届けるような、自らを天皇の忠臣と任ずるような人物である。私は蘆花「謀叛論」の究極的な受取り手(アドレサート)は明治天皇だと考える。「諸君、我々の脈管には自然に勤王の血が流れている。僕は天皇陛下が大好きである。天皇陛下は剛健質実、実に日本男児の標本たる御方である」と語る蘆花の「謀叛論」とは、その蘆花にして初めて可能な〈天皇をその究極的な受け手としてもった告発的な嘆願文〉だといいうるものではないか。そうであるならば「謀叛論」は蘆花という人物と切り離すことのできないテキストだということになる。「謀叛論」という言説が一大事件だとするならば、蘆花という文学者の存在も一大事件であるだろう。「謀叛論」が歴史的スキャンダルだとするならば、文学者蘆花という存在もまた歴史的スキャンダルであるだろう。

私はここで〈われわれの批判的視線がまず注がれねばならないのは彼が何をいい、何をいかに語ったかであって、彼その人の存在の仕方ではない〉という私の思想史における言説論的方法を放棄しているかのようである。たしかに私はここで「謀叛論」という問題に直面しながら、「謀叛論」という言説の分析から始めるよりは、蘆花の人物伝を読むことから始めたのである。この方法論的変更を促すのは蘆花特有の問題からくることなのか、日本近代文学史特有の問題からくることなのか。蘆花の「謀叛論」を論じるには、こうした方法論的問題を引きずりながら安路とはいえない筋道を辿らざるをえない。

2　『蘆花徳冨健次郎』

中野好夫の主著というべきものに『蘆花徳冨健次郎』（全三部）がある。『中野好夫集』全一一巻が筑摩書房から出ているが、その最後の三巻（第九巻〜第一一巻）を中野の「蘆花伝」すなわち『蘆花徳冨健次郎』が占めている。このことをもって、中野の英文学研究上の業績を知らない私は単純に『蘆花徳冨健次郎』を中野の主著だとみなすのである。だが実際に読んでみて私はこれを中野の主著であるどころか、日本近代文学史における最高の伝記的著作ではないかと思った。

ところで私における蘆花との関係の個人史をいえば、小学校の四、五年級の私は『自然と人生』や『みみずのたはこと』の文章を暗唱して聞かせる母から蘆花の名を教えられていた。私の母に小学校以上の学歴があるわけではない。その母が作文の宿題があるというと蘆花の自然叙景の文章を口ずさむので私は閉口した。そして『思出の記』は少年時の私が最初に読んだ文学作品であった。しかし蘆花はそれっきりで、それ以降私は蘆花をかえりみることはなかった。それから四〇年も隔てた昭和の末年という時期に私は中野好夫らの監修になる高価な『蘆花日記』[4]を買い込んだりしている。同じ時期に戦前の『蘆花全集』[5]をも、これは安い値段で買ったりしている。中野の『蘆花徳冨健次郎』を購入したのもこの時期であったであろう。なぜこの時期に蘆花の著作などを買い込んだりしたのか。恐らく私は「近代知のアルケオロジー」[6]の一つのテーマとして「近代日本の「告白」文学」を考えていたからではないか。だがそれは実現されることなく、蘆花関係書は私の書棚に持ち腐れのままになっていた。それが「大逆事件」を読み直す[7]ことを通じて蘆花は再び私の前に登場してきたのである。すなわち「謀叛論」の蘆花として。

私は「謀叛論」を蘆花という文学者の存在において考えようとした。それは「謀叛論」が蘆花という文学者の存在を離れてはない言説、蘆花にしてはじめて「謀叛論」があると見たからである。ここにはすでにいうように私の思想史の方法における言説から人物への変更がある。その蘆花という人物を知るために私は中野の『蘆花徳冨健次郎』を読むことにした。中野の「蘆花伝」は蘆花その人の「告白」以上に蘆花をめぐる「真実」をわれわれに教えてくれる。

蘆花は大正七年（一九一八）の『新春』の自筆広告文で、「天人の前に素裸になつた彼が五十年の懺悔」とか、「かさねかさねた虚偽粉飾の十二一重を脱ぎ捨てて、純真赤裸の自然男自然女に立ち帰ったアダム、イヴ」といったり、彼の最後の告白文学『冨士』第一巻（大正一四年五月）のやはり広告文で「過ぎ行くものの告別の懺悔と謝罪と祝福と、永劫に新な生命の凱歌と讃美と感謝と、過去の為にも、未来の為にも、小説『冨士』は公にせられねばならぬ」といったりする懺悔者である。ところで懺悔しつつDVを繰り返すものと、無反省にDVを繰り返すものと何が、どこが違うのか。始末が悪いのはどっちであるのか。懺悔による自己への宥しを求める前者にあって、自己とは究極的に宥される自己であって、暴力を繰り返す犯罪者としての自己を決して己れの外に見ることはない。懺悔者は懺悔に綯い合わさった事実をしか告白しない。蘆花の場合がそうである。蘆花夫妻の共著の形をとる最後の告白文学『冨士』を読んでいくと夫婦そろって懺悔遊びに興じているかのように思われてくるのだ。だからこそ蘆花における「真実」を見るには中野好夫の目を必要とするのである。私はここで蘆花を論じるのに中野の『蘆花徳冨健次郎』を読む形をとるのはそれゆえである。

3　『蘆花徳冨健次郎』を読む

中野は蘆花という問題が兄蘇峰との「賢兄・愚弟」的関係性の問題であることを正しく見ていた。彼はこの兄弟の関係性の中に明治という時代と国家の光と影とを見ていった。中野は三部構成からなる『蘆花徳冨健次郎』第三部の「むすび」の章を「それにしても、蘇峰と蘆花――単なるそれは個人としての珍しい対照というだけにとどまらず、大きくいえば、近代日本の宿命ともいうべきものを背負った相剋でもあったはずである。蘇峰の生涯を近代日本の陽画とすれば、蘆花のそれはさしずめ陰画であった。陽画と陰画――それは二つにして、また一つでもある近代日本像ともいえそうである」という言葉で結んでいる。中野はこの結びにいたるまでに兄弟の関係史を徳富家という豪家の家族史のなかで、さらに熊本から京都そして東京へという明治国家の形成とともにする地域的、社会的関係性の移動と拡大のなかで、その目と足とをもって徹底的に追及していく。蘇峰・蘆花の社会的関係性の拡大とともに彼ら〈賢兄・愚弟〉間の相剋はますます大きく、重く深刻になる。その相剋からくる重みも歪みももっぱら〈愚弟〉の側の引き受けるものとなる。こうしてこの相剋は蘆花をしばしば狂気に導き、彼を家庭内のいっそうの暴力者にしていく。ここで中野の「蘆花伝」の一節を引くことで、私の冗長な解説に代えよう。

「こうして三十七年、三十八年という年は、健次郎にとって最悪に近い条件の中で流れて行った。戦勝、戦勝で酔い痴れる世間の騒ぎとは、およそ無縁の一年有半でもあった。戦争、そしてその戦争に対しても、まことに澱んだような割り切れぬ健次郎の立場、加えて微妙な夫婦間愛情の危機、したがってまた当然なんにも書かぬ、いや、書けぬ彼――どちらを向いても、いわば八方塞がりといってよかった。

しかも、そうなるとまた脆いのが健次郎であった。自信過剰の兄猪一郎とちがい、彼の胸にはつねに自虐という小鬼が巣くっていた。国民の多くが満州で血を流し、またたとえ戦場ではなくとも、みんな懸命に働き苦しんでいるのに、自分ひとりは仕事もせず、うまいものを食ってぶらぶらしているという自省は、健次郎の胸を深く嚙んだ。また、そんな中で、ややもすれば若い女の肉に惹かれる己れの姿にも、われながらあさましさを覚えずにはいられなかった。そしてこの不生産的な反省は、いよいよ抑鬱を深めるばかりであった。しかも、そうは思っても、己れに克てぬのが彼であった。「彼の為(す)る事は多くは思ふ事の反対であつた」（「冨士」四―二）。ときに突風のように爆発する癇癪も、愛する妻、憎しみもない小娘風情をいじめ抜くその嗜虐的衝動も、裏を返せば、そのまま苦しい自虐にすぎなかったのだ。彼は足下の大地が、ガラガラ音を立てて崩れ行くのを感じないわけにいかなかった。」（第二部七「日露役と蘆花」）

蘆花は決して日露戦争の非戦論者でも不戦論者でもなかった。むしろ対露膺懲の積極的な主張者であった。だが実際に戦争が始まると、戦争を遂行する国家政府に積極的に同一化していく兄猪一郎に対して、弟健次郎は戦争の否定面を心身に受け負っていく。兄は高揚し、弟は自虐的に自らを破滅へと落とし入れていく。しばしば癇癪を破裂させ、周辺の女性を性的衝動や暴力の対象にしていく。それはすでに狂気といっていい。

中野は明治史をつらぬく蘇峰・蘆花兄弟の相剋史を克明に記述していく。その相剋史はそのまま明治の国家史であり、政治史であり、社会史であり、家族史でもあるのだ。私はこれを読みながら興奮し、ネット上にその興奮を記していったりした。だが第一部を読み、第二部を読み、肝心の「謀叛論」の章から始まる第三部に入ったころには私はかなり白けていた。明治国家のネガ像といっても、その帝国化とともに肥大していくネガ像を追うことがバカバカしくなっていった。そのバカバカしさが頂点に達するのが蘆花夫妻による「世界旅行」である。蘆花の「年譜」[8]によれば、「大正八年（一九一九）五十二歳一月二十七日、夫妻にて、第二のアダム（日子(ひこ)＝蘆花）・イヴ（日女(ひめ)＝愛子）の自覚に醒め、この年を新紀元第一年と宣言して、世界一周の旅に出る」とある。ところで中野が記すその「旅支度」をめぐる文章が面白い。

「さらに旅支度というのがまた大変であった。いかに船旅とはいえ、大小実に二十五個の大小荷物が積み込まれたというのだから驚く。……和服の礼装、普段着、丹前、浴衣、さらには贈答用の手土産品あたりまではまだわかるとしても、なんと急須から煎茶茶碗など一切の茶道具、硯、墨、筆、いや、小田原提灯、蠟燭から懐炉、懐炉灰などという奇妙なものまで、丹念に用意しているのだから滑稽である。……それにしてもこの大袈裟な旅支度、最後まで健次郎の一面にあった豪家意識が見えて興味深い。なにもこの海外旅行だけではない。すでにその幾つかには触れて来たが、彼がベスト・セラー名士になってからの夫妻国内旅行というのは、すべてこの引越し然たる大荷物が特徴になっている。」（第三部十「世界をめぐって」）

エルサレムにあって四月二一日、蘆花は父や母や血族の夢を見て夜半に目をさました。『日本から日本へ』は「母の呪詛」を負ってある己れの過去への長い述懐の後にいう蘆花の復活の言葉を記している。「私を中心とした半生の悲劇に於て随分つらい事、醜い事、はづかしい事の数々も閲して来たが、それは耶蘇の言ふやうに、「父の罪でもなく、母の罪でもなく、私の罪でもなく、それによりて天の父の栄が彰はれん為」である。／其天の父の栄が、今彰はれる。／やはり新天地だ。アダム、イヴだ。過去は皆私共に於て新になるのだ。天の父の勝利だ。生命の凱歌が今挙がるのだ。」（『日本から日本へ』第四編二一―七「大復活」）

その翌日、蘆花はパリの講和会議に集う列国の指導者に向けて公開の書簡を認める。イギリスのロイド・ジョージ首相、アメリカのウィルソン大統領、そして日本の全権委員西園寺公望に宛てたものである。この書簡を発する己れ自身について蘆花はこう書くのである。「私は日本人である。だから私の血は先づ東洋の為に動く。然し私は人である。だから西洋人の腹にも、私は入り得る。／日輪は遍ねく照らす。日の子（むすこ）、日の女（むすめ）、は一切衆生の父たり母であらねばならぬ。／今日は復活月曜。エルサレムはまた祭礼装して、祭礼気分が支配する。」

「所望」と題された日本全権西園寺公望宛の書簡は次のようである。

「一、現在の講和会議を進めて世界的家族会議とし、全世界の各国民各種族の男女代表者を会して、人類の福祉を増進すべく、意志の疎通と感情の融和を図る。（人類総会議は、時折開かんことを望む）

二、新紀元の創始　世界の人心を一新し、人類の歴史を更始せんが為、本年を以て世界共通新紀元の第一年とす。東洋は其大正、中華民国年号、回教暦等を捨て、西洋は耶蘇紀元を捨て、総て同一紀元を採る。

三、陸海軍全廃　人類再び会い殺さずの決意を以て、一切無条件に陸軍及び海軍を全廃す。（以下略）」

私はこれを読むにいたって、これ以上中野の「蘆花伝」を読むことを止めた。「謀叛論」を蘆花という存在において読むことの目的はここで遂げられたと思ったからである。中野もこの「要望書」の大要を記した後で、「断っておくが、わたしは別にこれを、特に評価して紹介するわけではない。畢竟は書生の空理空論にしかすぎなかったろうからである」といい、さらにパリの講和会議について中野は、「そのありようは要するに戦勝者の会議、国家的エゴイズムを露き出しにした戦利品の分け取りにすぎなかった。おそくも早くも、健次郎の提案など、即刻屑籠行きは自明である。が、そこがいかにも健次郎らしいドン・キホーテぶりであり、少なくとも「謀叛論」の彼は、このときもまだ生きつづけていたといえようか」というのである。

中野もまたここで「謀叛論」の蘆花を想起している。私もまたパリ講和会議への「要望書」の蘆花によって「謀叛論」の蘆花を想起する。蘆花なくしてあの「要望書」はなく、蘆花なくして「謀叛論」はない。一九一九年の蘆花にしてあの「要望書」があり、一九一一年の蘆花にしてあの「謀叛論」があったのである。私はその蘆花を「ドン・キホーテぶり」の蘆花として片付けるつもりはない。

4　「謀叛論」の蘆花

第一次世界大戦後の国際関係的事態についてたとえ戦勝国のリーダーたちに訴えるべき意見をもっていたとしても、それを直ちに書簡にして送り届けたりするものはない。昔でも政治的事態や事件にかかわる直接的な訴願者というものはいたし、今でもいるであろう。しかしいまパリの事柄はそうした訴願者のかかわるものではない。パリの講和会議の直面する事態をめぐってもの申すものとは、この会議を構成する各国全権たちと等しい地位と力とをもちうるものであるだろう。それはただ政治的地位だけをいうのではない。精神的、宗教的、あるいは言論的に彼らと並び立ちうる地位をもいうのである。そこには外的位（くらい）もあり、内的位もある。

蘆花はエルサレムにあって前に引くように、「やはり新天地だ。アダム、イヴだ。過去は皆私共に於て新になるのだ。天の父の勝利だ。生命の凱歌が今挙がるのだ」と新天地に再生した「アダムとイヴ」との自覚をもっていた。また一切衆生の父であり母である「日の子・日の女」ともいっていた。これらの言葉は蘆花における二度の「神来の啓示」[9]に基づく新宗教への回心からもたらされるものである。中野はこの蘆花の宗教的回心をめぐってその経過を詳しく追いながら、「（健次郎新信仰の内容は）どうせ無数の矛盾、混乱に充ちているのだから、一貫してまとめることなど、所詮むりである」といい、「ただ側面からのライトを当てるだけにすぎぬ」といいながら「蘆花教」を結論づけてこういっている。

「ただ側面からのライトを当てるだけにすぎぬが、その意味からすれば、別の意味で大きな興味も感じられぬわけではない。結論を先にいえば、彼のこの新信仰――いうなれば蘆花教とは、彼五十年にわたる自己枉屈の過去から一転して、にわかにとめどない自己肯定、自己拡大へと突っ走ったというだけにすぎぬのではあるまいか。たとえていえば、長年猛烈な水圧下におかれていた、いわば深海魚にも似た彼の自我が、その圧力の消滅とともに、たちまち一挙に畸型的なまでに膨れ上ってしまったとでもいうべきか。とにかく歯止めのとれた車同然という形であった。」（第三部九「蘆花とキリスト教」）

一九一九年の四月にパリの平和会議に集う戦勝国の首脳に向けて、肩籠行きに定められたような「要望書」を書きしたためる蘆花とは「畸型的なまでに膨れ上ってしまった」蘆花であるにちがいない。だがそれより八年前、一九一一年の二月一日に一高の大教場で「謀叛論」の講演をする蘆花とはやはり「膨れ上ってしまった」蘆花であるのだろうか。さきに中野は蘆花教的自己膨張を「彼五十年にわたる自己枉屈の過去から一転して、にわかにとめどない自己肯定、自己拡大へと突っ走ったというだけ」のものだといっていた。この蘆花の自己枉屈をもたらす最大のものは兄蘇峰との相剋である。それは蘆花に運命づけられたものであることはすでにいった。蘇峰は、日露戦争を遂行し、軍事大国化を日本に方向づけていった元老山縣有朋を背景にもつ首相桂太郎と日露戦の前後の時期に「蜜月状態」を作り出していたのである。蘇峰の国民新聞は日露戦後の日比谷事件でもっとも忠実な政府の御用新聞として暴徒の激しい攻撃を受けることになる。やがて蘇峰は寺内朝鮮総督の依頼を受けて京城日報紙の経営に協力する。その蘇峰と九州から満州・朝鮮旅行の途次、京城で出会って以後（一九一三）、蘆花は蘇峰との関係を断絶し、死に臨む場面での和解にいたるまで（一九二七）兄蘇峰と会うことはなかった。この兄弟の相剋は、軍事帝国化する日本のポジ像を兄蘇峰に負わしめ、弟蘆花には帝国化する日本のネガ像を負わしめることになるだろう。だがここで間違えてはいけない。ポジ像とネガ像の違いはあれ、彼等兄弟はこの帝国のそれぞれの像を担いうるほどにそれぞれの自己を肥大させていることを。

　中野は健次郎がもっていた「豪農意識」をしばしばいっている。「彼の周囲に終始いたものは、妻愛子を除いては、多少の出入りはあったにしても、すべてつねに三人ないし四人の小間使?や女中（それも十代からせいぜい二十歳をこえたばかりの小娘なのだが）ばかりであった。言葉は悪いが、いうなれば小ながら、まるでハレムの主（あるじ）、お山の大将であったといってよい。健次郎というこの人物、一面では徳冨家的豪農家風に強く反撥しながらも、そのくせ血による意識の矛盾とでもいうか、結構みずからもまた本能的に豪農意識、大旦那意識の一生持主であったようである。」（第三部七「閑居三年」）この豪農意識を素地としてもつ蘆花は、蘇峰との相剋を通じて己れを明治国家のネガ像にまで肥大させていったのであろう。

　ところで私がいまここでしていることは「謀叛論」のネタ割れ的な人物暴露といった性格をもつものであることは否めない。それはすでにいうように究極的に天皇を受け手（アドレサート）としてもったような「謀叛論」の言説は蘆花といった人物なしにはないと考えるからである。そしてこの蘆花が送り手（アドレッサント）であることによって、「謀叛論」という言説はどのような性格のものとなったかを考えてみたかったからである。

冒頭に引いた『徳冨愛子日記』に見るように「大逆事件」死刑判決の報を聞いて蘆花は「どふしても天皇陛下に言上し奉る外はあらじ」といったという。これはだれもがする反応ではない。というより、「まず天皇に」といった反応をするものとは一体だれなのかと問うべきであろう。蘆花は「謀叛論」の講演を、彼の住む武蔵野の農村から世田谷を通って東京に出る道すがらに見る井伊直弼と吉田松陰の墓にふれながら、今日の日本を造り出した幕末の先覚者、志士たちを回顧することから始めている。「畢竟今日の日本を造り出さんがために、反対の方向から相槌を打ったに過ぎぬ。彼等は各々その位置に立ち自信に立って、するだけの事を存分にして土に入り、余沢を明治の今日に享くる百姓らは、さりげなくその墓の近所で悠々と麦のサクを切っている。」

蘆花はいま「我が先覚の志士」に同一化して物をいおうとしている。蘆花が天皇を究極の受け手とする言説を語りうるのは、この志士に同一化することによってである。徳冨家という熊本の豪家の血統と意識とが、天皇をその志の受け手としてもちうるような勤王の志士たちとの同一化を健次郎に可能にさせている。「諸君、我々の脈管には自然に勤王の血が流れてゐる」という蘆花によって初めて「謀叛する志士」の真の志が語られ、彼等を処刑することの過ちが訴えられることになるのである。

「彼ら十二名を殺したくはなかった。生かしておきたかった。彼らは乱臣賊子の名を受けてもただの賊ではない、志士である。ただの賊でも死刑はいけぬ。まして彼らは有為の志士である。自由平等の新天新地を夢み、身を献げて人類のために尽さんとする志士である。その行為はたとえ狂に近いとも、その志は憐れむべきではないか。」

そして蘆花は、彼以外のだれもいうことのできない言葉をもって、この講演を閉じるのである。

「諸君、幸徳君らは時の政府に謀叛人と見做されて殺された。諸君、謀叛を恐れてはならぬ。謀叛人を恐れてはならぬ。自ら謀叛人となるを恐れてはならぬ。新しいものは常に謀叛である。「身を殺して魂を殺す能わざる者を恐るるなかれ」。肉体の死は何でもない。恐るべきは霊魂の死である。……我らは生きねばならぬ。生きるために謀叛しなければならぬ。」

「諸君、幸徳君らは乱臣賊子として絞台の露と消えた。その行動について不満があるとしても、誰か志士としてその動機を疑い得る。諸君、西郷も逆賊であった。しかし今日となって見れば、逆賊でないこと西郷の如きものがあるか。幸徳らも誤って乱臣賊子となつた。しかし百年の公論は必ずその事を惜しんでその志を悲しむであろう。要するに人格の問題である。諸君、我々は人格を研くことを怠ってはならぬ。」

これは殉難者をその志において称える言葉である。だがこの言葉はすでに蘆花が自らを同一化させた維新の志士をこえて宗教的予言者のものになっているではないか。八年後（一九一九年）の蘆花夫妻は新世界にアダムとイヴとして再生してエルサレムの地にいる。八年前（一九一一年）一高の大教場で獅子吼する蘆花はすでにエルサレムへの旅立ちの地に立っていたというべきではないか。

私は数年前、社会主義をその政党とともに殆ど溶解させてしまった現代日本の政治状況に立って、「大逆事件」に始まる大正という時代の読み直しをした。なぜ「大逆事件」からかといえば、この事件は世界史にはっきりと「帝国」として登場していった日本の社会主義に対する先制攻撃というべき国家的テロルであったからである。その「大逆事件」を戦後日本の司法は再審を拒否し、事件をそのままに存続せしめていることを、そしてわれわれ国民もまた事件に蓋をして、記憶から喪失させていったことを田中伸尚の『大逆事件――死と生の群像』[10]によって教えられた。それゆえ私は大正の読み直しを「大逆事件」の読み直しから始めたのである。「大逆事件」から読み直すことによって大正がどう読み直されたかは私の著書[11]が語るところである。私は「大逆事件」を読み直しながら数少ない同時代の証言をも読んでいった。啄木が残した文章も歌も「事件」が同時代の知識青年に与えた深刻な打撃をわれわれに教えた。だが「事件」について唯一公けに語った蘆花の講演「謀叛論」は何をわれわれに教えるのか。

実は私は蘆花の「謀叛論」をその時、すなわち「大逆事件」の読み直しの時にはじめて読んだのである。それは私の怠慢をいうことでしかない。だが啄木の「時代閉塞の現状」が日本近代を再考しようとするものの必読の文献であったように、「謀叛論」がそうした文献としてあったわけではない。「謀叛論」はその危険なタイトルにもかかわらず禁書ではない。多くの伏せ字によりながらも昭和四年（一九二九）に全集に収められて公刊されている。[12]だが私は「大逆事件」を読み直そうとしたその時にはじめて「謀叛論」を読んだのである。私はこれに違和感を覚えた。これは違うと思った。「謀叛論」は蘆花のパフォーマンスであって、それ以外のものではないと思った。蘆花という人物が「謀叛論」を語ることが事件なのであって、「謀叛論」という言説が事件であるのではないのだ。

私がここで「謀叛論」を語る蘆花という人物とは誰かという、人物論的方法をもって語ってきたのはそれゆえである。

第10章 なぜ「明治の精神」なのか——漱石の『こころ』を読む

「私は殉死といふ言葉を殆んど忘れてゐました。平生使ふ必要のない字だから、記憶の底に沈んだ儘、腐れかけてゐたものと見えます。妻の笑談を聞いて始めてそれを思ひ出した時、私は妻に向つてもし自分が殉死するならば、明治の精神に殉死する積だと答えました。私の答も無論笑談に過ぎなかつたのですが、私は其時何だか古い不要な言葉に新らしい意義を盛り得たやうな心持がしたのです。」

『こころ』「先生と遺書」五十六▼[1]

1 一九一四年ということ

『こころ』は大正三年（一九一四）四月二〇日から八月一一日にいたるまで、一一〇回にわたって東京・大阪の朝日新聞に連載された。同じ年の九月に『こころ』は漱石自身の装幀になる単行本として岩波書店から刊行された。この大正三年を一九一四年という世界史的年号をもっていえば、それは第一次世界大戦の勃発した年であることを人は直ちに理解するだろう。『こころ』の刊行年を日本的年号でもっていうか、世界史的年号でもっていうかは、記述者の嗜好的選択の問題として片付けていいことではない。例えば明治二八年を一八九五年というとき、それは明治史的文脈における事件を世界史的文脈にうつしかえ、とらえなおすことを意味するだろう。明治二八年の事件が一八九五年の事件とされることによって、その歴史的な意味がはじめて明らかにされることはありうるのである。[2]

『こころ』の刊行年が一九一四年であるといえば、人は当時の日本の世界史的文脈における位置と行動とを容易に思い描くことができるはずである。すなわち連合国側に立って対独宣戦布告した日本は直ちに青島を占領する。そしてその翌年（一五年）の一月には日本は中国の袁世凱政府に対華二十一ヵ条の要求を突きつけるのである。帝国主義時代の日本は歴然として世界史上に存在するにいたったのである。漱石の『こころ』がこの帝国主義日本の幕開けというべき時期の新聞小説として書かれたものであることを、私たちはこれによって知るのである。

だが『こころ』における「先生」の自死にいたる事件の手記による語り（「先生と遺書」）は明治天皇の死と乃木将軍の殉死という事件を背景にもってなされていく。明治四四—四五年（一九一一—一二）というのが『こころ』の事件の生起した時期である。「先生」の事件の語り手である「私」は大学を卒業し、田舎に帰った。「私」を喜び迎えた老いた父は明治天皇の病いとともに己れの病いをも深めていく。やがて天皇崩御の知らせを知る。

　「崩御の報知が伝へられた時、父は其新聞を手にして、「あゝ、あゝ」と云つた。「あゝ、あゝ、天子様もとうとう御かくれになる。己（おれ）も……」父は其後を云はなかつた。」（「両親と私」五）

明治天皇の死去は明治四五年七月三〇日である。この明治天皇の死去をめぐって「先生」の遺書もまたこういっている。これは乃木将軍の殉死をめぐる冒頭に引いた言葉に先立つものである。

「すると夏の暑い盛りに明治天皇が崩御になりました。其時私は明治の精神が天皇に始まつて天皇に終つたやうな気がしました。最も強く明治の影響を受けた私どもが、其後に生き残つてゐるのは必竟時勢遅れだといふ感じが烈しく私の胸を打ちました。私は明白(あから)さまに妻にさう云ひました。妻は笑つて取り合ひませんでしたが、何を思つたものか、突然私に、では殉死でもしたら可(よ)からうと調戯(からか)ひました。」（「先生と遺書」五十五）

明治四五年（一九一二）七月という明治天皇死去の時期が『こころ』という小説の核をなす「事件」の生起する時期であり、そして主人公である「先生」は妻のからかい的な提言に順うかのように「明治の精神」に殉じて死のうとするのである。『こころ』とは明治の終わりを時間的舞台として、その時代の精神を「先生」の自死に担わせようとした、少なくともそのような装いをもって創られた小説である。そのかぎり『こころ』とは「明治の終焉」の語りといえるだろう。

2　明治の終焉

私は五年前、田中伸尚の『大逆事件——死と生の群像』[3]にしたがって大逆事件を読み直して以来、明治の終わりと大正の始まりとは二四名に死刑判決[4]を下した「大逆事件」裁判を外しては見ることのできない時代となった。歴史はこの「大逆事件」にいたる明治の終わりという時代を刻するような事件をもっている。それは「日比谷事件」という近代日本で最初の大規模な民衆騒擾事件である。私の『「大正」を読み直す』によってこの事件の大よそを記しておこう。

明治三八年（一九〇五）九月五日、日露戦争の終結についてのポーツマス講和条約の内容に不満な人びとが日比谷公園の封鎖を打ち破って国民大会を開催し、その後、集まった群衆は附近の内務大臣官邸や講和賛成派の国民新聞社を焼き打ちし、阻止する警官隊と衝突した。夕刻になると騒擾は一層激化し、群衆は日本橋人通りを駆け抜け、道路沿いの警察署や交番、派出所を焼き打ちしていった。五日の夜半には二つの警察署、六つの警察分署が焼かれ、交番や派出所の被害は二〇三ヵ所にも及んだ。六日も騒擾は続いた。その夜、市電の焼打ちがあり、四台の車両が焼けた．六日の夜、戒厳令が布告され、七日には市内七三ヵ所に検問所が設けられたが、なお騒擾は続いた。しかしようやくその日に騒擾は鎮静化された。この「東京騒擾」による死者は一七名、負傷者は無数、逮捕・起訴されたものは三一一人にのぼった。これは未曾有の騒擾であった。

私がいまここに「日比谷事件」をやや詳しく見るのは、明治の終わりとは事あればこうした騒擾を起こしうる大衆が日本の都市社会を形成しつつある時代であることを知るためである。やがて明治政府は国家的騒乱への火種を断つように、社会主義（無政府主義）者の殲滅をはかろうとするのである。それが「大逆事件」である。それは明治三八年（一九〇五）の「日比谷事件」から五年後、すなわち明治四三年（一九一〇）である。この五年を世界史的・アジア史的年表でいえば、ポーツマス講和条約が調印され、日比谷騒擾事件の起きた一九〇五年には第二次日韓協約が調印され、韓国統監府が設置される。そして五年後の一九一〇年には日韓併合条約が調印され、韓国は日本に併合される。さらに一九一一年には辛亥革命が起きる。明治の終焉がいわれる時代はこのような時代である。

『こころ』の事件が背景にもつ明治の終焉とはこのような時代である。と同時に漱石の作家としての活動が開始されていった時期でもあった。それを年譜によって見てみよう。最初の数字は明治の年数であるとともに漱石の年齢でもある。

三八：『吾輩は猫である』を『ホトトギス』に発表。三九：『坊っちゃん』を『ホトトギス』に発表。四〇：東京朝日新聞社に入社、『虞美人草』を朝日新聞に連載。四一：『夢十夜』『三四郎』を朝日新聞に連載。四二：『それから』を朝日新聞に連載。四三：『門』を朝日新聞に連載、八月に療養中の修善寺で病状が悪化し、大吐血し、一時危篤状態に陥る。四四：関西で講演、講演後に胃潰瘍を再発し、大阪で入院、九月に帰京の後は痔を病み、通院生活を続ける。四五：『彼岸過迄』を朝日新聞に連載。九月に痔の手術を受ける。一二月から翌年（大正二）一一月まで『行人』を朝日新聞に連載。四六（大正二）：一月に強度の神経衰弱、三月胃潰瘍を再発。四七（大正三）：『こころ』を朝日新聞に連載。九月胃潰瘍で病臥。一一月に「私の個人主義」を講演。四八（大正四）：三月京都に遊ぶが、胃潰瘍で倒れる。六月から『道草』を朝日新聞に連載。四九（大正五）：五月『明暗』を朝日新聞に連載し始めるが、一一月に胃潰瘍で倒れ、一二月九日に大内出血により死去。[5]

この漱石の略年譜を見れば、明治の終焉というべき時代は全く漱石の作家としての活動歴に重なるものであることを知る。だが明治の終焉を日本の国家的、社会的危機の時代として見るとき、その危機は彼の作品においてどのように対応されたのか。

3　愛と関係性の不全

漱石の『それから』以降の作品はほとんどすべて男女・夫婦における愛とその関係性の不全を主題に

している。男たちは猜疑し、惧れ、己れを苦しめながら孤立していく。入れ替わり立ち替わり作品ごとに新たな装いをもってこの主題は現われる。近代小説の唯一の主題でもあるかのように。漱石においてなぜそうなのかと尋ねることから、漱石論は実存主義的な人間存在論として、あるいは近代的な自己の淋しい存立論として、さらには近代知識人の孤立論などなどとして展開される。

だがこれらの漱石論、私の机上にも数冊も置かれている漱石論は私がさきに提示した問いに答えるものではない。私はさきに略年譜を記しながら明治の終焉ともいうべき時期が漱石の作家活動の展開期であり、彼の主要作品の成立期でもあることを見た。そして明治が終わり、大正が始まろうとするこの時期、すなわち日本がはっきりと帝国主義的国家としての存立を明らかにしていくこの時期は国内的危機の時代でもあることを私はいった。この明治の終焉という国家社会的危機の時代に漱石はその作品においてどう対応したのかと問うたのである。だがすでにいうように『それから』以降の漱石の作品に入れ替わり立ち替わり登場するのは夫婦・男女間における「愛と関係性の不全」という問題である。だがこの「愛と関係性の不全」というのは、近代の、なお伝統を引きずる日本近代のもつ問題であって、明治の終わりという時期に問うべき問題ではない。ところが『こころ』は「愛と関係性の不全」に苦しみ続けた「先生」が導いた自殺という結論を、いま終わろうとする「明治」という時代の精神に結びつけたのである。

4　なぜ「明治の精神」なのか

「すると夏の暑い盛りに明治天皇が崩御になりました。其時私は明治の精神が天皇に始まつて天皇に終つたやうな気がしました。最も強く明治の影響を受けた私どもが、其後に生き残つてゐるのは必竟時勢遅れだといふ感じが烈しく私の胸を打ちました。私は明白さまに妻にさう云ひました。妻は笑つて取り合ひませんでしたが、何を思つたものか、突然私に、では殉死でもしたら可からうと調戯ひました。」

前にも引いたこの言葉は「先生」が「遺書」とされる手紙の中で明治天皇死去の知らせを聞いた際の妻との会話を回想して書かれたものである。手紙はこの回想に続けて乃木大将の殉死の報とそれをめぐる感慨を記していく。

「それから約一ヶ月程経ちました。御大葬の夜私は何時もの通り書斎に坐つて、相図の号砲を聞きました。私にはそれが明治が永久に去つた報知の如く聞こえました。後で考へると、それが乃木大将の永久に去つた報知にもなつてゐたのです。私は号外を手にして、思はず妻に殉死だ〳〵と云ひました。」

そして「死なう〳〵と思つて」生きていた乃木の三十五年間の苦しみを記して「先生」の手紙は、自殺の決心を伝えるのである。

「それから二三日して、私はとうとう自殺する決心をしたのです。私に乃木さんの死んだ理由が能く解らないやうに、貴方にも私の自殺する訳が明らかに呑み込めないかも知れませんが、もし左右だとすると、それは時勢の推移から来る人間の相違だから仕方がありません。」

死のう死のうと思ってきた「先生」を自殺の決心に導いたのは乃木大将の殉死である。明治天皇に殉じた乃木に対して、「先生」が「明治の精神に殉死する積だ」というのはかりそめのものではない。だがこのように記してきて、人は作者の設定意図をこえて「明治の精神に殉死する」という「先生」の決意の必然性を理解できるだろうか。そもそも「明治の精神」とは何なのか。なぜ「明治の精神」なのか。

江藤淳が漱石におけるエゴイズムからの救済を論じながら、『こころ』ではさらにエゴイズム解決のもう一つの可能性――つまり自殺が描かれる。しかしこれは単に私的動機からだけの自殺ではなく、「明治の精神」に殉ずるという公的動機によってはじめて正当化された自殺である」といっている。江藤はさらに激しい口調で、「エゴイズムが醜悪なら、私的動機からなされる自殺もまた醜悪である。それが許されるとすれば自分を超える価値に「殉じて」行われる場合だけだ[6]」といっている。

この江藤の言葉はさきの私の「なぜ明治の精神なのか」という疑問に答えるものである。「先生」の自殺が「明治の精神」に殉ずる死となることによって一個の私的動機による死は公的動機による死になるといっているのである。たしかにこれは「なぜ明治の精神なのか」という疑問への答えであり、この理由づけをもって初めて己れの自死にいたる由来を語る「先生の遺書」があることを、そしてこれを主章としてもった『こころ』という作品の構成のあることを教えてくれる。だがむしろここから『こころ』への本質的な問いが始まるように私には思われる。それは「明治の精神」とは何かということである。

5　「明治の精神」とは何か

「明治の精神」に殉ずるという「先生」の決意をめぐって江藤が激しい口調で、「エゴイズムが醜悪なら、私的動機からなされる自殺もまた醜悪である。それが許されるとすれば自分を超える価値に「殉じて」行われる場合だけだ」といったと私は先に記した。なぜ江藤の口調は激しいのか。恐らくそれは日本近代社会が乃木の殉死によって「献身・無私・責任」といった倫理性をもって直ちに了解してきたあり方への批判からであろうか。江藤は『こころ』の解説の最後でこういっている。「『こころ』は疑いなくこの大作家ののこした傑作のひとつであり、彼が「明治の精神」、つまり反エゴイズムの精神の側に加担しつつ新時代に生きようとする決意を明らかにした記念すべき作品である。[7]」江藤はここで「明治の精神」を「反エゴイズムの精神」といっているが、それは江藤とともに漱石の文学活動を「反エゴイズムの精神」作業と読みうるものがもつ理解であろう。

だが乃木の死に順って「明治の精神」に殉じるという「先生」の死が一己性を超えた性質をもつことの理解は、乃木によって「明治の精神」を直ちに理解していた戦前においてすでにもたれていたものである。滝沢克己は昭和一八年（一九四三）刊の『夏目漱石』（三笠書房[8]）で「先生」を乃木に重ねながらこういっている。

「旗を奪はれた大将の苦悩と友を死なしめた先生の懊悩と、その双方に共通する哀しい人生の事実を思ふ時、人はどうして、日清・日露の両戦役を始めその後の大将をして赫赫たる勲功をたてさせたものが、その根本の動機に於いて「力の及ぶ限り懇切に」その妻の母を看護し（「先生と遺書」五十四）、「妻君の為に」その帰りを急ぐ（「先生と私」十）先生を動かしたものにほかならないことを疑ふことができよう。大将が彼の大いなる過失にも拘らず、なほ彼を臣と呼び、股肱とすら頼みたまふ天皇の御心を安んじまつるべく、その寂寞を忘れて粉骨砕身したやうに、先生はただ彼の消しがたい罪悪にも拘らず、なほ彼を夫と信じて「是から世の中で頼りにするものは一人しかなくなつた」と云ふ妻の心を労はるために、敢てその孤独を忍んで生きながらへたのであつた。その生が既にこのやうに哀しく、このやうに男々しいものであつたとすれば、我々はまた何うして、唯一人の小さな弟子の生命を護るために（「先生と遺書」二）、「妻の知らない間に、こつそり此世から居なくなるやうにし」た先生の死が、国家そのもののの将来を憂ひつつ、盛装端坐して天皇の御後を慕つた大将の死によつて惹き起こされたことを、それ程に深く怪しむことを要しよう。」

四五年の敗戦に至るまで、乃木の死に己れの死を重ねて「先生」がそのために殉じたという「明治の精神」とは何かとは、直ちにこのように語り出されたであろう。滝沢においても「明治の精神」と乃木大将とは「先生」の死を弁証するものとしてあったのである。「明治の精神」はそれに殉じた「先生」の自死の一己性を償い、その死にいたる孤独の苦悩を救う大いなるものとしてあったのである。

だが一九四五年の日本の敗戦は「明治の精神」と「乃木」の名に込められてきたものを「帝国」とともに廃棄したはずである。「明治の精神」とは救済の言語が自ずからそこから流れ出てくるようなものではなくなった。そのとき「先生」の自死を「明治の精神」に殉じる死とした『こころ』という小説の仮構性は顕わにされたのである。『こころ』という小説を構成する契機があらためて問い直されるものとなったのである。私はもっとも問い直されるべきものは「K」であり、その凄惨な自死のあり方だと思っている。

「Kは小さなナイフで頸動脈を切つて一息に死んで仕舞つたのです。外に創（きず）らしいものは何もありませんでした。私が夢のやうな薄暗い灯で見た唐紙の血潮は、彼の頸筋から一気に迸ばしつたものと知れました。私は日中の光で明らかにその迹を再び眺めました。さうして人間の血の勢ひといふものの劇しいのに驚ろきました。」（「先生と遺書」五十）

この激しいKの自死のあり方は「明治の精神」に殉じる『こころ』という救済劇の構成自体を問い直させる。これはこの劇に収まりきれない激しさをもっている。ところでこのKというイニシャルに〈Korea〉あるいは〈Korean〉の暗示を読むのは柴田勝二である。柴田は「とりわけ『こゝろ』では各人物の寓意性を強めた形で〈明治日本〉への（漱石の・子安補）批判的総括が前景化されている。Kが自殺する際に、首吊りや身投げといったより一般的な方法ではなく、自室で頸動脈を切るという過剰なやり方を取るのも、その方向性のなかでもたらされた造形である。Kが迸らせる血は、国土を奪われていく韓国民衆の抵抗精神の表象[9]」だといっている。これは明治日本の『こころ』という閉じた世界を二〇世紀初頭のアジアに押し開きながら解体的解読を試みた成果である。

私は本章のはじめにある事件を明治二八年の事件というか、一八九五年の事件というかは嗜好的選択の問題ではないといった。それを明治の年号をもっていうことはその事件の意味を一国的文脈に閉じ込めてしまう。それを世界史的年号をもっていうことではじめてその事件がもつアジア史的、世界史的文脈における意味は明らかにされる。『こころ』という作品が国民的作家の国民的作品であるのは、『こころ』の事件が「明治の精神」に殉じる事件であるかぎりである。国民的作品『こころ』とは近代日本の作り出した虚構である。この虚構を崩すには『こころ』の明治史をアジア史・世界史に押し拡げることである。日本近代文学史の虚構を崩す作業はやっと始まったばかりである。

第五部　近代日本にとっての他者「シナ」

尾崎秀実

津田左右吉

第11章　「シナ」の消去としての日本近代——津田左右吉『シナ思想と日本』の再読　一

「今日の日本があらゆる点でいわゆる西洋に源を発した現代の世界文化、その特色からいうと科学文化とも称すべきもの、を領略し、民族生活の全体がそれによって営まれていることは、いうまでもない。昔の日本人が書物の上の知識やいくらかの工芸によってシナの文物を学んだのみであって、日本人の生活がシナ化しなかったのとは違い、今日では生活そのものが、その地盤である経済組織社会機構と共に、一般に現代化せられたのである。」

津田左右吉『シナ思想と日本』[1]

1　津田が残した二つの問題

もっぱら「神代史」批判によってのみ知る津田左右吉の大著『文学に現はれたる我が国民思想の研究』をあらためて読んでみようと思うにいたったのは三年前のことであった。だが津田の戦前刊行本で四巻をなす『我が国民思想の研究』[2]は読もうと思ったからといって直ちに読める代物ではない。余程熱心な津田のフォロワーででもなければ、その一巻をさえ読み通すことはできないだろう。私自身もこれまで何度かこの書を手にして読むことを試みたが、その都度挫折してきた。今回あらためてこれを読むにあたって私は各巻ごとに問題を設定しながら、津田とともにそれを考えることにした。それは「日本民族」という問題であり、『古事記』神話や『万葉集』『源氏物語』文学の国民性にかかわる問題などである。これらを自らに与える毎月の思想課題とすることでどうにか津田の大著を読み通すことができた。[3]これを苦労して読むことで明暗二つの問題が私に与えられた。一つは「明治維新」という日本の近代化的変革の問題であり、もう一つは日本の歴史的展開過程、ことに言語的・文化的展開過程に終始存在してきた「中国（津田は支那・シナという）」という問題である。

津田にとって「明治維新」とは何かとは『我が国民思想の研究』を読みながら常に気がかりな問題であり続けた。「国民思想」の成立を問うというこの大著自体がもつ問題への回答は「明治維新」とその後の記述にあるはずだと思っていたからである。たしかにその答えは津田の没後に刊行された『文学に現はれたる国民思想の研究　五』（『津田左右吉全集』第八巻）によって与えられた。これは戦後に津田が発表した「明治維新」とその後をめぐる論文などによって没後に再構成された『国民思想の研究』の最終巻である。そこに提示された「明治維新」をめぐる問題についてはすでに私は本書の最初の章で語ってきた。それは「王政復古」的維新から始まる既存の日本近代の読み直しを私に意欲せしめるような「明治維新」観の提示であった。私はこの津田の維新観を歴史の新たな読み直し的展望を開くものとして「明暗二つ」の「明」の問題提示として受け取った。では津田における「暗」の問題提示とは何か。それは日本の歴史的展開過程、ことに言語的、思想的、文化的展開過程に終始重く存在してきた「中国」

にほとんど全否定的に対する津田における「支那（シナ）」という問題提示である。

2 否定的「シナ」という問題

津田の否定的な「シナ」という問題提示をめぐってはすでに私は『我が国民思想の研究』を読みながら幾度となく語ってきた。この津田による「シナ」という否定的な問題提示がいかになされるかを、すでになされた私の読書報告[4]から引くことで無用な労を省きたい。

津田は近世儒家をめぐって批判的な、否定的な言辞を書き連ねていく。「儒者の仕事が我が国にとっては、空疎な異国人の思想を取り次ぐだけのことであると共に、文字の解釈もしくは故事を知ることを主とするようになるのは、当然である」といった津田の近世儒家批判の言辞を読むと、やがてくる近代日本における文化の根本的転換を期待し、自発的文化と自立的知識の国民的成立を期待することの裏返しの表現ではないかと思われてくる。私は津田による近世日本の儒家的学問と知識に対する全否定は、新時代における〈文革〉的な転換への期待と相関的である。たしかに津田は自立的知識の国民的形成を熱烈に願っているのである。

だが津田が自立的知識の国民的形成をここで、すなわち近世の儒家的知識を語りながら、この近世という時代の脈絡の中で願ったりするのは変な話ではないか。もちろん津田自身が〈自立的知の国民的形成〉を切実に願うこと自体は少しも変でも、妙でもない。だが明治国民国家の成立前の近世社会の知識・知識人を記述しながら、〈自立的知の国民的形成〉の要求をもちながら、〈非自立的な儒家知識人〉による儒家的知識の否定性をひたすらに書き連ねることが変だというのである。津田は〈自立的知の国民的形成〉を切実に願いながら、〈自立的国民的知識〉の不在を近代に先立つそれぞれの時代の知識の展開史のなかに克明に跡づけていく。それが津田のする思想史的記述作業だとすれば彼のこの大部な『我が国民思想の研究』とは、〈自立的知をもつ国民〉の不在を歴史的に明かす〈不在証明書〉の厖大な積み重ねということになってしまうだろう。

だが一気に結論づけることはやめて、津田によるシナとの徹底的な差異化からなる日本の〈自立的知の国民的形成〉というナショナリズムが、中国大陸における戦争に踏み込んでいく昭和日本の現代史のなかで帯びていくものは何かをしかと見る必要がある。

ここで津田左右吉の名を一気に昭和一〇年代の時代のものにしていった『支那思想と日本』(岩波新書)が顧みられねばならない。津田の『支那思想と日本』は創刊された岩波新書の一冊として、昭和一三年(一九三八)一一月に出版された。現代的知識を解説し、その普及を目的にした岩波新書は二〇点同時に創刊された。同時に刊行された二〇冊の中には斎藤茂吉の『万葉秀歌』上下巻もある。初版はいずれも一万部以上印刷されたが、発売後たちまち売り切れたという。津田左右吉の名が昭和日本の読書界に一般化していったのは、この新書によってだろう。

この新書『支那思想と日本』の第一部「日本は支那思想を如何にうけ入れたか」は昭和八年に岩波講座『哲学』のために津田が書いた「日本に於ける支那思想移植史」であり、第二部の「東洋文化とは何か」は昭和一一年に岩波講座『東洋思潮』のために書いた「文化史上に於ける東洋の特殊性」であるという。満州事変(昭和六年)がやがて大陸における帝国主義的国家日本の戦争(支那事変)として展開されていった時期に書かれた日本と中国文化との関係をめぐる論文が、『支那思想と日本』のタイトルのもとに編集され、岩波新書の一冊として出版されたのである。「この二篇は、いずれも今度の事変によって日本と支那との文化上の交渉が現実の問題として新におよび起されて来た今日、再びそれを世に出すのは、必ずしも意味のないことではあるまいと思う」と津田はその新書の「まえがき」でいっている。では津田がこの二篇をもっていおうとしたことは何であるのか。

「この二篇に共通な考は、日本の文化は日本の民族生活の独自なる歴史的展開によって独自に形づくられて来たものであり、随って支那の文化とは全くちがったものであるということ、日本と支那とは別々の歴史をもち別々の文化をもっている別々の世界であって、文化的にはこの二つを含むものとしての一つの東洋という世界はなりたっていず、一つの東洋文化というものは無いということ、(中略)日本の過去の知識人の知識としては支那思想が重んぜられたけれども、それは日本人の実生活とははるかにかけはなれたものであり、直接には実生活の上にはたらいていないということ、である。」[5]津田はここで日本と支那とは別々のものであることを縷々のべている。その上で一つの東洋とか東洋文化といったものはないと津田はいうのである。ところで「日本と支那と、日本人の生活と支那人のそれとは、すべてにおいて全くちがっている」というのはもともと津田がもっていた考えであり、「二十年ものむかしに書いた『文学に現はれたる我が国民思想の研究』にも、一とおりそのことが述べてある」といっている。ここで津田は、彼の『我が国民思想の研究』を読んできたわれわれにとってきわめて重要なことをいっている。

日本と中国との徹底した差異化、日本とその言語、文化、生活、そして国民の独自性の主張が、アジアあるいは大東亜の理念を掲げてなされている中国大陸における日本の戦争のただ中でなされているのである。しかも津田による日本と中国との徹底した差異化の主張は、『我が国民思想の研究』のモチーフであったことをも教えてくれているのである。アジアや東洋の理念に反対しても、津田は今中国大陸で展開されているこの理念を掲げた日本の戦争に反対しているわけではない。だがなぜ津田はその前年末に〈南京事件〉を生じさせた昭和一三年というときに「日本と支那とは別々である」ことをいうのだろうか。さらに「日本と支那とはすべてにおいて全くちがっている」ことを歴史的に、体系的に立証するような長大な著作『我が国民思想の研究』をなぜ津田は書いたりしたのだろうか。

津田が『支那思想と日本』でしている日中の差異化とは、〈支那的なもの〉の否定的な差異化である。〈固有的な日本〉あるいは〈独自的な日本〉のために、〈支那的なもの〉を排除し、抹消するための差異化である。ところで津田において〈支那〉は差異化を通じて否定されるのではなく、〈支那〉はまったく否定的なものとして前もって差異化されているのである。

「一体に支那の思想家は、啻に反省と内観とを好まないのみならず、客観的に事物を正しく視ようとつとめることが無い。なお彼等の思惟のしかたを見ると、それは多く連想によって種々の観念を結合することから形成せられ、その言説は比喩を用い古語や故事を引用するのが常であって、それに齟齬と矛盾とがあるのも、相互に無関係な、或は相反する思想が恣に結び合わされているのも、之がためであるが、今人の眼から見てそういう論理的欠陥のあることは、支那の学者には殆ど感知せられていない。」（「支那思想の概観」）

このすでに否定的な支那の言語・文章・思想の受容からなる日本知識人の言語も文章も思想も、それが輸入された、実生活から遊離した借り物であるかぎり、いっそう否定的なものであらざるをえない。

ここから近世日本の儒家知識人に対するほとんど全否定的な批評がなされることになるのである。

「支那の書物によってのみ知識を得るものは支那人の考えかたによって考える外は無かったのである。幼時からいわゆる素読によって支那の書を読み習い、長じて後は支那文を書くことをつとめた江戸時代の儒者は、此の点からも支那風の考えかたに慣れ、それより外に出ることができなかったのである。」[6]（「支那思想のうけ入れかた」）

こう見てくると日本における知識的形成、思想的営為についてする津田の「支那思想の否定的差異化」という批判的な思想史的作業とはいったい何であるのかが問われてくる。私は前に日本近世儒家の知識・思想についての全否定的な津田の批判によりながら、この批判が導くのは明治維新による〈文革〉的な既成文化の全否定的な変革の期待しかないではないかといった。だがその変革への期待は明治国家の形成に恐らくは裏切られ、先へと延ばされてきた。明治の終焉とともに津田は『我が国民思想の研究』という既成の国家の歴史と等身大の批判的「国民思想」史を対置していくのである。津田は四巻にのぼるその著作において「支那的なもの」の徹底的な否定的差異化をもって自立的日本の国民的可能性を思想史的に確証しようとしたのであろうか。だがすでにいうように『我が国民思想の研究』とは〈自立的国民〉の不在証明書の集積となってしまっているのである。

「それ（『我が国民思想の研究』）から二十年」と津田は昭和一〇年という現在をいっている。その時、日本は中国大陸における〈否定的支那〉との戦いの最中にいる。近代国家日本は〈否定的支那〉との差異化を戦争行為として実現しているのである。津田は『支那思想と日本』でこういうのである。

「日本は今、支那に対して行っている大なる活動に向ってあらゆる力を集中している。この活動は、すべての方面に於いて、十分にまた徹底的に行われねばならぬ。そうしてそれが行い得られるのは、上に述べたようにして歴史的に発達して来た日本人に独自な精神と、世界性を有っている現代文化、その根本となっている現代科学、及びそれによって新に養われた精神のはたらきとが、一つに融けあったところから生ずる強い力の故である。」（「まえがき」）

『我が国民思想の研究』を通して〈自立的日本国民〉の成立にかけてきた津田の願いは、いま〈否定的支那〉との全力的な戦いの遂行の中で遂げられるかのようである。ナショナリズムとは畢竟国家の夢の、つねに欺かれる夢の担い手であるということか。読みたくはないけれども上の文章を引き継ぐ津田の言葉を引いておこう。

「ところが、この日本の状態と全く反対であるのが今日の支那の現実の姿である。今度の事変こそは、これまでの日本と支那との文化、日本人と支那人との生活が、全く違ったものであり、この二つの民族が全く違った世界の住民であったこと、それと共にまた、日本人に独自な精神と現代文化現代科学及びその精神とが決して相もとるものではないことを、最もよく示すものといわねばならぬ。」

この引用の前に記した私の言葉を、もう一度この引用の後にも記しておこう。ナショナリズムとは畢竟国家の夢の、つねに欺かれる夢の担い手であるということか。

3　「シナ」の消去と日本の現代化

太平洋戦争の敗戦によって中国大陸における戦争もまた終結する。大陸における戦争の終結を日本は敗戦による終結とはみなしていない。これが敗戦後七〇年を経過する今日でも歴史問題を生じさせる理由をなすものである。津田もまた太平洋戦争の敗戦を彼の『支那思想と日本』の言説の敗北とは全く考えない。彼は戦後一九四七年に「支那」を「シナ」にし、前書きの一部を改めただけで本文はそのままに『シナ思想と日本』を再版するのである。その再版本の「まえがき」は次のような言葉をもって閉じられている。

「原版の「まえがき」では、なお、ニホン人は、ニホンのことばをよくするために、できるだけ早く、シナ文字をつかうことをやめてゆくようにしなくてはならぬこと、いわゆる漢文と結びついている過去のシナふうの学問のしかたや事物の考えかたは、現代文化の基礎である現代の学問の精神および方法と一致しないものであるから、漢文は普通教育の教科から除かねばならぬこと、またニホン人は、学問の立ち場からいっても、シナの文化に対する学問的研究と批判とをつとめねばならぬこと、などを述べておいたが、これらは今日かえって強く主張すべきことであろうと思われるから、ここにこのことを書きそえておく。」

この「まえがき」には「一九四七年一二月」の日付と「りくちゅう ひらいづみ において つだ さうきち」の署名が附されている。この改訂された文章を見ると、津田における日中の文化的差異化、言語からのシナ風排除の志向は戦後において一層強まっているようである。これからすれば日中戦時下昭和一三年（一九三八）の『支那思想と日本』が敗戦後昭和二二年（一九四七）に「支那」を「シナ」に変えただけで再版されたことに何の不思議もないということになるだろう。津田からすれば『支那思想と日本』とは戦後日本の現代化を先取りする論述であったということになるだろう。日本の世界的現代化は日本人の独自な精神によって伝統における「支那」の徹底的消去とともになされるものであることを如実に示すのが今回の「事変」だと津田は書き改めた初版の「まえがき」でいっていたのである。

かくて津田の『支那（シナ）思想と日本』は日本の近代化（津田は現代化という）が伝統における「シナ」の消去とともに実現するものであることを憚りなく表明した二〇世紀日本の書となるのである。日本の近代化の進行が伝統における「シナ」の否定と相関的であることは近代化過程におけるだれもが知ることでありながら、日本の現代化が日本人の思考の深部に至るまでの「シナ」の消去によって達せられるものであることを憚りなく公然というものは津田の外にはいなかったであろう。津田の「シナ」の全的消去をいう言説は日本近代史においてある稀少性をもったものである。なぜか。われわれはもう一度「王政復古」とともになされた明治維新にたち返って考えねばならない。明治の新政府とともに新たな天皇制はただ京都御所から天皇を江戸城に移して成ったわけではない。徂徠の制作論を受容した後期水戸学で練り上げられた「国体」論なくして新たな天皇制はないのである。私はすでにした本書の先立つ章（第六章）で十分に語っている。

「危機における国家経綸の論は歴史を遡行して国家規範を求めながら、あるべき国家を将来に向けて策定せざるをえない。水戸学が歴史を回想しながら来るべき国家に向けて提示するのは祭祀的国家の理念であった。祭祀的国家とは、祭政一致的体制をもった国家である。すなわち、政治的国家が同時に祭祀的な体制を統合的基盤として要求する国家である。水戸学が再構成する新たな「天祖」概念がそうした祭政一致的国家の構想を可能にするのである。始源的中心としての天祖を「敬神崇祖」の念をもって仰ぐ祭祀的国家にしてはじめて「億兆心を一」にした人民の統合を可能にすると『新論』はいうのである。その人民はすでに国民（ネイション）を先取りしている。

『新論』の祭祀的国家論はここで安心論・救済論的課題をも吸収する。篤胤国学は地方の村民たちを己れの言説の受け手として想定しながら、国学を神道神学的に再構成しながら人々の安心の要求に応えていった。いま『新論』あるいは水戸学は人民の心底からの国家への統合を求めて、歴史主義的な儒学的言説としての水戸学をさらに政治神学的に再構成しながら安心論的課題に国家経綸の立場から応えていくのである。ここに政治神学としての後期水戸学が成立する。『新論』が将来に向けて策定するあるべき国家は究極的に人民の死と死後への問いに答えねばならないのである。来るべき国家とは天皇を最高の祭祀者とした祭祀的国家でなければならないのだ。

『新論』は〈伊勢〉と〈靖国〉とを備えた昭和日本の「国体（天皇制的祭祀国家）」をすでに予想する。[7]」

明治の新たな天皇制国家とはこの「国体」をそなえた国家である。その「国体」とは中国古代の祭政一致的帝王的理念から導かれた新たな天皇制国家の理念である。これを用意したのは徂徠学を受容した後期水戸学の儒学者たちである。このことは近代化（現代化）を推進する明治国家の権力的中枢部分に漢学者・儒学者たちが存在したことを意味している。明治国家は天皇制権力の中枢を漢学的に潤色し、神聖化したのである。古代〈書経〉的中国は近代日本の天皇制権力の中枢に、その権力の言語的、思想的潤色者として存在し続けたのである。

このように見てくれれば、私が津田による日本からの「シナ」の全的消去の主張を稀少なものといった意味が了解されるだろう。だが津田による「シナ」の全的消去の主張の稀少性をいっても、それを見当違いの過ちというのではない。近代天皇制を古代中国的に潤色しつつも近代国家日本がとっていった文明開化の道は「シナ」の消去に外ならなかったからである。とすれば津田の主張の稀少性とは天皇制の古代中国的潤色を含めた「シナ」的なものの全的消去の主張にあることになる。

4　津田の「シナ」否定の稀少性

津田は憚ることなく「シナ」的なものの日本からの全的な消去をいう。この「シナ」的なものに古代中国的に潤色された近代天皇制における「シナ」をも含むとするならば、その全否定の主張はまことに稀少なものといえるだろう。こうした主張は津田を措いて外にはない。では津田にそれを可能にさせているのは何か。それは矢張り津田の「神代史」の研究に遡って考えねばならない問題である。私はここでまたしても己れの津田論から引かざるをえない。本論が私の津田論の決算的意味をもったものであるかぎり、度重なる自己引用は免れないところである。私は『「大正」を読み直す』[8]で津田による「神代史」の〈脱神話化〉的解体的読みのすごさを示す一節として『神代史の研究』（一九二四刊）から次の文章を引いている。

「さて上代の思想に於いては、天皇は「現人神」または「現つ神」であらせられる。政治的君主を宗教的にいえば現実の人たる神である。神代とは、観念上、此の神性を「現人神」から抽出して、それを思想の上で形づくられた遠い過去の皇室の御祖先に於いて具象化せしめ、其の時代を名づけたものであるが、宗教的崇拝の対象であり霊物として見られていた太陽を皇祖神としたことによって、それがおのずから充実せられ、また神の代としての其の色調が鮮明になった。或はむしろ皇祖神たる日神が此の具象化の核心となったという方が適切であろう。そうして此の神代を、同じく思想の上で形づくられたヤマト奠都の前とし、それから後を人の代と定めたことは、神代という観念が政治的のものであり、又た皇室によってのみ意味のあるものである証拠であるが、それは即ち又た神代史の性質が上記の如きものであることを語るものでもある。更に具体的にいうと、神代史は皇室が「現人神」として我が国を統治せられることの由来を、純粋に神であったという其の御祖先の御代、即ち神代の物語として説いたものである。[9]」

津田による「神代史」の〈脱神話化〉作業は、まず記紀「神代史」という「神代の物語（神話）」の伝承性を否定する。「神代史」を構成するのは〈伝承神話〉ではない。それは語り直され、記し直された「作り物語」としての〈神話〉である。そして「作り物語」としての「神代史」は、日神を皇祖としてもったヤマトの統治者の神的尊貴性の由来を語っていくのである。その〈神話〉は政治的であり、皇室にのみ意味をもった、民衆とは無縁の物語である。記紀「神代史」は津田によってこのように二重に〈脱神話化〉されるのである。

津田の「神代史」批判は宣長国学における〈漢意（からごころ）〉批判を超える徹底さをもっている。宣長の〈漢意〉批判は「神代史」の神話的構成そのものに及ぶことはない。だが津田の批判は上代知識人による「神代史」の〈漢（から）〉的構成そのものに及ぶのである。津田の〈シナ〉批判にその矛先を向けることを憚らせるような聖域はないのである。こう見てくれば津田の〈シナ〉的なものの全否定の主張がもつ稀少性は明らかだろう。だがこの稀少性が津田左右吉という歴史家の思想的立ち位置を分かりづらくさせているのである。それが昭和一三年の『支那思想と日本』を昭和二二年に『シナ思想と日本』とするだけで再版させた理由でもあるだろう。中国大陸における日本の戦争に呼応する〈シナ的なものの全否定〉というナショナリズムの標語は再度の現代化というべき戦後日本の標語でもあったということか。

もっともラジカルな国民主義者というべき津田によって憚ることなくいわれた〈シナ的なものの全否定〉は、モダン日本を規定し、規定し続けている標語としてその再度の検討がなされねばならない。

第12章 「漢」の排除と一国的言語主義——津田左右吉『シナ思想と日本』の再読 二

「一方に於いては文化の発達を妨げるいろいろのじゃまものをできるだけ早く棄ててしまわねばならぬ。このじゃまもののうちには、過去に支那からうけ入れたものが少なくないのであるが、支那文字の如きはその最も大なるものである。支那文字が文字そのものの性質上、一般に文化の妨げるものであることはいうまでもないが、日本のことばと一致しない支那文字を日本人がつかうことは、これからますます発達させてゆかねばならぬ日本のことばのその発達をもひどく妨げるものなのである。」

津田左右吉『支那思想と日本』[1]

1 日本は独自であること

過去における日本とこれからの日本からの「シナ」の全的な消去を津田はいう。この「シナ」との影響関係を表層的に限定して、その根底的な影響の存在を否定することは、日本民族の独自性をもった持続的存立の主張と相関的である。そうであるならば、「シナ」の全的否定者とは「ニホン」の独自性の全的な主張者であることになる。ナショナリズムによる日中の異別性をこれほど鮮明に見せる例もまた少ない。津田はいうのである。

「こういう人種の違った民族が、風土の違った島と大陸とで、それぞれ独自に生活し独自の歴史を展開して来たのが日本とシナとである。」

「この日本の民族生活の歴史的発展はシナとは無関係に、それとは全く離れて、進行して来たのであって、日本とシナとがそれぞれ別の世界であったということは、このことからも知られる。」

「日本の歴史の展開が日本だけで行われた独自のものであるとすれば、そういう歴史によって養われた日本の文化が日本に独自のものであることは、いうまでもない。家族制度も社会組織も政治形態も、その内面にはたらいている精神も、シナのとはひどく違ったものである。」

「要するに儒教が日本化した事実は無く、儒教はどこまでも儒教であり、シナ思想であり、文字の上の知識であり、日本人の生活には入りこまなかったものである。だから、日本人とシナ人とが儒教によって共通の教養をうけているとか共通の思想を作り出しているとか考えるのは、全くの迷妄である。」

「日本人の精神活動の全体から見ると、シナ風の学問は其の一部分たるに過ぎないものであった。特に文学に於いては早くから日本に独自のものが発達し、時期はやや後れるが芸術についても同じことがいい得られ、そうして日本人に独自な生活がこの文芸に表現せられている。過去の日本人の生活を知りその文化の特色を知るには、主として此の如き文芸と民俗そのものとによらねばならぬ。シナ風の学問を講習したり宣伝したりしていた学者の述作によるべきではない。」

ここに引いた津田の「シナ」の否定と日本の民族的独自性の主張は『シナ思想と日本』の「東洋文化

とは何か」から引いたものである。これらを戦後版から引いたが、この版は何度もいうように「支那」から「シナ」への表記の変更を除いて戦前版と同文である。「シナ」の否定と日本の民族的独自性の主張について津田は両版の間に日中戦争とその終結を挟んでも変更することはなかったのである。今から読めば異様ともいえる日中の異別化の主張であるが、ただ「シナ」の否定はアジアで先駆的な近代化を遂げている日本の独自性の優越的な表現として国民にも共有されていたものであろう。戦前に生を受けたもので、この「シナ」批判の情緒的受容を免れているものは希れだろう。ただ津田において特異なのは、その「シナ」批判が伝統における儒家的知識・思想批判から民族言語日本語における「漢」の排除の主張にまで及ぶことである。『支那思想と日本』が戦後にも『シナ思想と日本』として再刊されたことは、彼の「シナ」批判は戦後日本にとっても有効だということである。端的には真の民族言語日本語の成立にとって「漢」の排除が必要なことをあらためて津田は強く主張するのである。ここから津田の「シナ」批判は現代における大きな思想的な問題領域につながることになる。それは「漢字論」という問題領域である。

2 「日中同文」の否定

『シナ思想と日本』における津田の「シナ」の否定と日本の民族的独自性の主張は、「日中同文」という日中の共同性を基礎づけるような文化的・政治的スローガンを強く否定する。ここでいわれていることは、伝統における「シナ」の否定と日本の民族的独自性の主張という津田ナショナリズムの結論ともいうべきものである。それはまた津田の文化的ナショナリズムが究極的には日本語の独自性の主張に帰着するものであることを示している。長いがその全文を引いておきたい。

「同文というのは同じ文字を用いるということであろうが、日本には日本で作られたカナ文字があって、それによって日本語が写されるのであり、そうしてそれはシナには全く無いものであるから、同文ということは決していわれない。もっとも日本でも今日なお、文字としては極めて低級な、文化の発達を抑止する力の強い、そうしてまたその本質として日本語を写すには適しない、シナの文字をも使用しているような憫むべき状態であるが、しかしその場合とても、少くともその一半は、むりなしかたによりながら、日本語をそれによって書き現わすのであるから、シナ人がシナ語の表徴として同じ文字を使うのとは、使いかたが違う。勿論、他の一半はシナ語のままに、或は日本に於いてシナ語風に構造して、単語としてそれを用いるのであって、こういう用いかたは明治時代になってから却って一般に多くなったのであるが、それにしても全体として日本語から成立つ日本文であれば、シナの文字のもつ役割はさほど重いものではない。日本語化したシナ語の如きは、カナで書いてもロオマ字で書いても差支えは無い。だから、シナの文字が日本で或る程度に用いられているということから、二国は同文であるというのは、大なる誤である。日本人とシナ人とは同文同種であるという宣伝の行われたこともあるが、上に述べたことがあるように、同種が事実に背いているのみならず、同文もまた、文字の用いかたの全体からいうと、事実ではない。そうして一部分の同文よりも言語の全く違っている方が遙かに重要であり、日本民族とシナ民族との非共通性を示す根本的なものである。」（傍点は子安）

日本文に使用される漢字・漢語によって日中の〈同文〉をいうよりは、日中言語の根本的な違いを見ることの方が大事であると津田はいうのである。そして日中言語の違いこそ「日本民族とシナ民族との非共通性を示す根本的なもの」だと彼はいい切るのである。〈漢字言語〉としての中国語と〈かな言語〉としての日本語との言語的な差異性が日中民族の差異性を基礎づける最も有力な事実とされるのだ。このことは漢字・漢文をめぐる日中の言語的差異論を導くものは津田の民族主義（ナショナリズム）であることを明らかにしている。だがこのナショナリズムは復古主義でも伝統主義でもない。これは〈現代化〉の推進を掲げたモダンなナショナリズムである。津田は普通教育から古くさい〈漢文〉教科の排除をいうだけではない、現代日本人の言葉をより良くするために「シナ文字」の使用をやめるようにいったりするのである。

「ニホン人は、ニホンのことばをよくするために、できるだけ早く、シナ文字をつかうことをやめてゆくようにしなくてはならぬこと、いわゆる漢文と結びついている過去のシナふうの学問のしかたや事物の考えかたは、現代文化の基礎である現代の学問の精神および方法と一致しないものであるから、漢文は普通教育の教科から除かねばならぬこと、またニホン人は、学問の立場からいっても、シナの文化に対する学問的研究と批判とをつとめねばならぬこと……。」（傍点は子安）

この文章は戦後版『シナ思想と日本』の「まえがき」の末尾で戦前版の意を体しながら戦後的な文脈に書き直されたものである。この書き直しは、津田の「シナ」言語（漢字・漢文）批判がただに民族主義的であるだけではなく、日本語の現代化（モダニズム）の要請に応じたものであることを示している。津田は漢字・漢文を現代化への障害と見る現代主義者（モダニスト）でもあるのだ。国語（日本語）の現代化（現代的言語としての真の成立）をいう国語学（言語学）者たちは漢字・漢文的羈縛からの解放、その制約の排除を強くいうが、それは津田の主張でもある。ところで文明開化とともに始まる漢字批判がその漢字の本国である「支那」批判としていわれ出したのは日清戦争を介してである。「国語」の学的、制度的成立にかかわった上田万年が日清戦時の講演でこういうことをいっている。

「唯今でも、漢語でなければ詔勅も出ず、論説も書けず、社会の地位も兎角得られぬと申す次第であります。たとえて見れば四五千人の日本人の中に四五万の支那人がはいり来て、我等の繁殖を妨げ、我等の政権を奪ひ、我等の自由を束縛したのと同じことゝて、日本の国語は国語でありながら、まことに情けなき次第にも、支那語及び支那文脈の「つま」となり下りて居るのであります……開闢以来比類のない支那征伐に、我等海陸軍が連戦連勝で、到る処朝日の御旗御稜威に靡き従はぬ者はないのに、我が国語文章界が、依然支那の下にへたばり付いて居るとは情けない次第であります。[2]」

これは戦時色をもった講演の文章ではあるが、「国語」の成立がいかに激しい「支那」排斥の主張とともになされるものであるかを示している。排斥されねばならないのは、わが内なる支那、すなわち漢語・漢文であった。漢語の削減と漢文的拘束からの離脱が国語独立の大前提であった。そして「言文一致」的文体は自立的国語を実現する最善の方法であったのである。「言文一致文」の提唱者でもあった堺利彦はこういっている。

「予の見る所は、第二〇世紀の第一年において、尤も大なる改良事業は、女史の服装の事と言文一致の事である。……言文一致とはそもそも如何なる事であるか。申すまでもなく言葉と文章とを一致させる事である。昔は文章といへば無論漢文の事であつた。欧羅巴でも昔は拉丁語で文章を書いた。それが段々に進んで、英吉利語、仏蘭西語、独逸語などいふ国語の独立が出来た。国語の独立と国民の独立とは離れ難い関係がある。日本でも仮名を作り、和文を作り、仮名混じりの文を作つたのは、日本国民に独立心があつたからである。然し今日の仮名混り文はまだまだ多く漢文の圧力を受けていて、決して完全に国語の独立を示しているものではない。是れが今一歩を進めて言文一致体となつて、全く漢文の圧力を脱して、十分に日本化せられたる漢語洋語を自由自在に使用するやうになつた時、始めて真に日本国語の独立と言はれるであらう。[3]」

国語の独立と国民の独立との離れ難い関係を先進ヨーロッパ諸国の例を引きながらいう堺の明治三四年（一九〇一）のこの言葉は大きな説得力をもっている。すでに独逸学協会中学校の教師であった津田もこの国語の独立論の共鳴者であったであろう。やがて津田は『神代史の新しい研究』（大正二、一九一三）を書き、漢的知識の粉飾からなるわが神話テキストへの厳しい批判を加えていく。さらに大正五年（一九一六）から陸続と刊行されていった『文学に現はれたる我が国民思想の研究』で津田はわが国民的言語と文芸・思想の成立過程を、正しくいえば未成立の過程を圧倒的な広がりと深さとをもって分析し、叙述していった。それはわが歴史過程における「漢（から）」的なものの執拗な批判と排斥の叙述でもあった。そして中国大陸における日本帝国の侵略戦争が遂行されるその時期に津田は『支那思想と日本』を刊行するのである。それが「同文同種」という日中の共栄圏的理念を否定しながら、双方の民族と言語の異種性をいい、日本における国民と国語との真の成立をいうものであったことは見てきた通りである。そして『支那思想と日本』が戦後『シナ思想と日本』として再版されたように、津田の「漢」の排斥と日本の民族・言語の独立をいう主張はそのまま戦後日本のわれわれにも投げかけられたのである。

3　「漢字論」という問題提起

津田の思想を「漢（から）」の排斥と日本の民族・言語の独立（＝国民と国語の成立）の主張として定式化すれ

ば、これは必ずしも津田特有のものではなく、〈脱亜入欧〉を掲げる明治以来の日本の近代化の定式でもあったといえるだろう。一九四五年の敗戦による戦後日本の始まりを第二の近代化（開国）とみなすかぎり、この津田の定式は、「漢」に〈封建反動〉の意を込めながら戦後日本にそのまま通用したのである。だからこそ「支那」を「シナ」に変えただけで『シナ思想と日本』は本文をほとんど変えることなくそのままに戦後日本で再版されたのである。その定式がいう日本語からの「漢」の排除とは戦前・戦後を通じて日本の〈国語国字問題〉における不変の方向であるということができる。そうだとするならばこの津田の定式への疑問は、これを定式とする〈日本近代〉そのものの批判的問い直しによってしか明らかにされない。近代国語批判としての私の「漢字論」が意味をもってくるのはここにおいてである。

私の「漢字論」は漢字をただ自言語（日本語）の表記記号ないし表記技法としての受容とだけみなそうとする宣長の『古事記』注釈学が前提にする漢字観の批判に発するものである。この「漢字論」的問題提起の原型的箇所を私の『漢字論』[4]から引いておきたい。

「漢字なくして日本語の現実的な存立はない。日本語の成立を資料的にさかのぼって求めるとき、われわれが出会うのは漢字・漢文を表記文字・表記技法とした書記言語・日本語である。漢字・漢文エクリチュールからなる言語として日本語ははじめて現実に存在することになったのである。それは古代日本の識字階層の長期にわたる努力の成果でもあったであろう。……この漢字と漢字文化の受容を日本人にとっての不幸と回想し、あるいは自文化の侵害と憂える人々は、漢字をただ表記記号ないし表記技法としての受容とだけみなそうとするだろう。のちに触れるように宣長の『古事記伝』という『古事記』

訓読の作業は漢字・漢語をまったく固有言語の表記文字（仮り字・借り字）とみなすことではじめて可能であったのである。だが漢字をまったくの表記記号としての受容とだけみなすことは言語論的な抽象というべきだろう。漢字の受容とはもとより中国文明を形成してきた漢字文化の受容である。漢字文化とは言語的であるばかりでなく、ことに政治的、社会的な、さらには倫理的、宗教的な文化の体系である。だからこそ漢字をただ表記記号として抽象視することには強力なイデオロギー性がともなわれるのである。かつてそれは国学的イデオロギーであった。いまではそれは言語的、民族的同一性の理念に立った近代言語論的イデオロギーである。

漢字という他者なくして自言語の成立はない。にもかかわらずこの漢字という他者を隠し、あるいは排除して自言語を語ることの民族主義的誤謬（ナショナリスティック・ファラシー）を批判しながら私は最後にこういった。

「私たちはいま漢字を自言語の展開に不可避な他者とみなすべきである。あらゆる自然言語に他言語を前提にしない純粋な自言語などはありえない。純粋言語とは比較言語学が構成する祖語のような人工言語学的な抽象である。漢字とは排他的に自己を生み出すための異質的他者でもなければ、受容者の自言語意識が負い続けねばならないトラウマとしての異質的他者でもない。それは日本語の成立と展開とにとって避けることのできない他者である。漢字とは日本語にとって不可避の他者である。それは自言語がたえず外部に開かれていくことを可能にする言語的契機としての他者である。」（「「あとがき」にかえて——漢字論という視点」）

私は自著『漢字論』になぜ「不可避の他者」という副題を付したのか、その理由を「あとがき」に代えてこう語った。しかし「不可避の他者」というこの副題について斎藤希史氏が『漢字世界の地平[5]』の終章で批評している。斎藤氏は二〇〇三年に出版された私の『漢字論』が当時の日本の漢字論的状況において果たした画期的意義を認め、この書における私の主張をよく次のようにまとめている。

「漢字によって書記言語としての日本語は成立した。にもかかわらず、漢字を外来のものと見なすことで、「国語」という中心が擬装され、さらにその擬装された中心によって漢字を統制するという転倒が生じた。それが日本の「国学」であり「国語学」である。かいつまんで言えば、この著作の主張はそういうことになろう。」

氏は私の『漢字論』の主張をこのようにまとめた上で、漢字を「不可避の他者」とすることには同意しないという。「もし、「他者」という概念を持ち出すのであれば、それは「自言語」と対比される「他言語」ではなく、〝記す〟という行為のもつ他者性であるべきだろう。言語圏と言語圏との間に生じる問題なのではなく、ある言語圏における口頭と書記との間の相生と相克こそが問題となるのである」という氏は、「言にとって文はつねに「他者」である」というのである。この言語論上の「他者」観からすれば「漢字は日本語にとって不可避の他者」とする「他者」観は誤解されかねない「危うさ」をもっていると氏はいうのである。

「「漢字は日本語にとって不可避の他者である」」。この言明は、「漢」「日本」という対立を明示することで、「字」「語」という対立を解消してしまっている。文字とは言語にとって不可避の他者である。そうした認識であれば、「他者」という概念の吟味はさておくとしても、本書で述べてきたこととともつながりうる。しかし、多くの読者が受け取るのは、それとは異なったメッセージであろう。すなわち、中国とは日本にとって不可避の他者である。「漢字とは日本語にとって不可避の他者である」という言明は、そう受け取られかねない危うさを含んでいる。そう、それは危うさと呼ぶべきものだ。」

ここで斎藤氏は私の「漢字とは日本語にとって不可避の他者である」という言明がもつ「危うさ」をいっている。「危うさ」とは予期せずしてそう読まれてしまう危険性である。それは「言と文」あるいは「口頭と書記」との言語論的関係性が直ちに国家間の関係性にとられてしまう危険性である。氏はこれを「危うさ」と警告することによって「漢字世界」を言語論的世界として、まさしく「私たちにとって文字とは何か」を解明する世界として再構成することを考えられたのである。この「危うさ」という警告に対して、「漢字は日本語にとって不可避の他者である」という私の言明は、中国と日本という関係性でとられることはすでに読み込み済みだといいたい。私はすでに『漢字論』の問題関心に触れながら、漢字をただ表現記号としてだけ見て、漢字文からひたすら〈やまとことば〉を訓み出す宣長国学における「漢」的他者の排斥性を批判した。この他者の排斥からなる自己とは独りよがりの衰弱した自己でしかない。そして「漢」という他者の排除として近代日本言語の成立をはかる国語観をもち続けることに対して私は「漢字論」を書いたのである。だから「漢字は日本語にとって不可避の他者である」という言明は中国と日本との関係性を読み込み済みだというのである。それだけではない。この言明は中国との新たな関係性をも読み出そうとしているのである。

4　多様的漢字受容世界

日本の口頭言語は中国の漢字体系としての書記言語に接し、それを受容することを通じて書記言語としての日本語を成立させていく。その書記言語とは中国の知識世界を前提にした知識言語であり、知識言語の成立とはその言語を自由にする知識人の成立でもある。その知識人とは朝廷の貴族たちであり、山門の仏教者であり、そして近世の儒者たちである。私は鎌倉仏教や徳川儒教をこの日本の知識人と知識言語による高い達成だと考えている。そして日本における漢字受容から始まる日本的知識形成のこの事態は中国の周辺諸国・諸地域にそれぞれの形で同様に見出しうる事態だと考える。ここで「それぞれの形で」というのは、中国周辺の漢字圏とみなされる韓国・朝鮮と日本とベトナムとでは漢字という文字体系を受容しながら、その受容の仕方、その自言語による訓みとり方を異にしているからである。これがまさしく斎藤氏らが追跡する「字」と「語」との言語論的関係性である。だが私はこれを中国の経典性（漢訳仏典を含む）をもって存在する漢字的文字体系と周辺諸国・諸地域の言語との接触・受容という文化的、社会的、知識的関係性をもって見ようとするのである。その際、近世・近代中国をも経典的漢字体系の再解釈的受容者とするのである。そう見ることによって東アジアの漢字受容世界は多様的世界として再構成される。

「漢字は日本語にとって不可避の他者である」という私の言明に危惧をもつ斎藤氏は、この言明が「中国とは日本にとって不可避の他者である」という言明を導きかねないことをいった。その危惧に対して私はこの言明は中国と日本という関係性を予め含み込んでいると答えた。だがそういっただけではあの危惧に答えたことにはならない。なぜなら危惧される「中国」とは〈天朝主義〉をいわれる「中華帝国」であるからだ。しかも〈天朝主義〉とは現代中国の中華主義的世界戦略についてもいわれるのだ。もし危惧される「中国」がこの〈天朝主義〉的中国であるとするならば、私の〈漢字論〉は東アジアの漢字受容世界を多様的言語世界として開いていくものだと答えたい。しかもその漢字受容世界に後代中国をも含み入れて考えるのである。

ラジカルなモダニストである津田左右吉は「漢」の全的排除とともに一国的自立言語としての日本語の成立をいった。この近代主義批判としての〈漢字論〉は中国の漢字という経典性をもった文字体系からその受容を通じて多様な知識と言語の成立をいうのである。

第13章　「支那民族運動」に正面する者――尾崎秀実『現代支那論』を読む

「今日、抗日民族戦線運動として現われているやや畸型的な支那の民族運動は、根本的には支那社会の半植民地性、半封建性を解決してその長き歴史的な停滞性を脱却せんとする要求をもっているのである。支那民族運動の大乗的解決は、まさにかかる要求に応えたものでなければならないのである。」

尾崎秀実『現代支那論』[1]

1　尾崎を読み直すこと

私が「尾崎は〈ゾルゲ事件〉を引きずっている。尾崎は、今なお〈ゾルゲ事件〉から読まれている」といい、「はたして尾崎は戦後にその名誉は回復されたのか」と問うたのは、二〇一二年の私の著書『日本人は中国をどう語ってきたか』の尾崎秀実をめぐる章[2]においてである。そして私は尾崎と同じく東京拘置所にいた中西功による「尾崎の名誉はなお回復されていない」という答えをもそこに記した。中西は治安維持法違反と外患罪（敵国に通謀して外患をもたらした罪）とによって死刑を求刑されたが、終戦によって無罪釈放された。ちなみに尾崎が死刑に処されたのは昭和一九年（一九四四）一一月七日である。中西は、「今日、きわめて不公平に見えることは、わずかの時間のちがいで、生存していたものは無罪釈放されることによって名誉回復を行ったのに、もっとも不幸にも、不当な刑を執行された尾崎に対しては、最初からなんら積極的な名誉回復の処置はとられていないことである[3]」といっている。中西の尾崎をめぐるこの言葉は戦後二十余年を経た時期のものである。だがこの言葉は、私が尾崎について書いた戦後半世紀を経た時期においてもなおその通りとしてそこに引いたのである。中西のいうことが半世紀すぎてもなおその通りであるとは、すでに中西が批判する尾崎をめぐる事態は歴史の中に固定化されたというべきかもしれない。尾崎秀実は〈ゾルゲ事件〉の尾崎として日本人の意識の中に固定化されたのである。

私にとっても尾崎秀実は〈ゾルゲ事件〉の尾崎としてほとんど固定化されていた。この固定化を揺るがして、あえて再発見の眼差しを私は尾崎に向けようとはしなかった。だが私におけるこの固定化を揺るがせ、再発見の眼差しを尾崎に向けさせたのは、尾崎の「東亜協同体」をめぐる論文を読んでからである。今世紀の初めの時期、近代日本の中国観の読み直しをしていた私は日中戦時の「東亜協同体」論を次の課題とした。そこから私は蝋山政道や三木清らの「東亜協同体」関係の論文を読んでいったが、尾崎の論文を読んで「これは違う」と思わざるをえなかった。尾崎の論文とは『中央公論』昭和一四年（一九三九）新年号の冒頭を飾る「「東亜協同体」の理念とその成立の客観的基礎」である。尾崎はその論文の末尾でこういっている。

「思うに「東亜協同体」論の発生が他の同系の理論と異なる点は、これが支那事変の具体的進行につれて支那における民族問題の意義に気づき、翻って自国の再組織へ想い到った真剣さにあるのである。」[4]

これは尾崎における中国問題を構成する中国認識に他の論者との決定的な違いがあることを示している。尾崎は〈事変〉の収束に向けて提示される「東亜協同体」的理念の真偽は、中国にいま生起する「民族問題」の意義を、「自国の再組織」(「日本国内の改革」ともいう)を伴わねばならぬほど真剣に認識し、考慮するかどうかにあるといっているのである。これはただ時流に乗るジャーナリストのいうことではない。それは真正な中国認識者の証言である。そしてこの証言こそが私の内に固定化されていた尾崎像を揺るがし、その見直しを促したものでもあるのだ。

尾崎はこの「東亜協同体」論文の発表と間近い時期に、東京大学の成人講座で「現代支那の特質」と題した講義を行っている。その講義録は『現代支那論』として公刊された。この『現代支那論』は尾崎の「遺書」ともされる。真正の中国認識者尾崎がわれわれに残した「遺書」とは何か。

2 『現代支那論』は尾崎の「遺書」である

尾崎の『現代支那論』は昭和一四年(一九三九)五月に岩波新書(赤版)の一冊として刊行された。岩波新書はその前年に現代的教養書として創刊された出版物である。現代の世界史的諸問題、ことに中国をめぐる問題がこの新たな新書のテーマになっている。津田の『支那思想と日本』は岩波新書創刊二〇点の一冊であったし、尾崎の『現代支那論』に先立って四月にはウイットフォーゲルの『支那社会の科学的研究』(平野義太郎・宇佐美誠次郎訳)が刊行されている。尾崎はその昭和一四年の「中央公論」一月号に『東亜協同体』の理念とその成立の客観的基礎」を書き、二月中旬の三日間、東京大学成人講座で「現代支那の特質」と題して講義をし、それをまとめて五月に『現代支那論』として刊行したのである。

私はほぼ一〇年前に尾崎をめぐる最初の論を書きながら『現代支那論』をも読んでいる。だがその読み方は尾崎秀樹が戦後版『現代支那論』の「改題ふうなメモ」でこれを「尾崎秀実の遺書」だとしているそのような書としての読み方ではなかった。今回あらためて読んで、これはまさしく尾崎の「遺書」であることを知った。尾崎秀樹の「改題ふうなメモ」は『現代支那論』をめぐる多くのことを教えているが、この書をめぐる貴重なエピソードをも伝えている。それは尾崎が逮捕された昭和一六年（一九四一）一〇月一五日、祐天寺の自宅での朝のことである。

「何ともいえぬ美しい日の光です。いい気もちです。

そういえば今日は二年前家を出た日です。あの日も丁度今日のように美しい日がさしていました。私は朝食後私の部屋で陽光を浴びながら、早大出の経済記者で大陸で戦死した人の遺書「不死鳥」という手記を読んでいました。その中には戦場で私の「現代支那論」を日記に書いて感想をのべていました。私はこの時ふと或る種の予感を覚えました。遠い過去から未来までも一瞬にして眺めたような妙な感じがしました。その時お迎えの人々がどやどやと入って来ました。」[5]

これは「昭和十八年十月十五日」の日付をもつ英子夫人宛書簡の冒頭の箇所である。尾崎秀樹の「改題ふうなメモ」は書簡からここまでを引くが、書簡にはこれに続けて、「家を出る時私は既に一切をほぼ見透していました。再びこの家に帰ることはないと心に期していました」という言葉が記されている。ところで尾崎秀樹は秀実逮捕の朝のこのエピソードを記した上で、なぜ『現代支那論』を秀実の「遺書」というのか、その理由をこういうのである。

「私はそのおりの尾崎の胸中を去来した感慨を、理解できるように思う。彼は血みどろの戦いを大陸で展開している幾十百万の日本の若ものたちが、大陸から戻り、新しい社会の推進者として立ち現われる日を夢みていた。『現代支那論』はそのための捨石にすぎない、だが現に戦場でその瞬間にも散ってゆく若人の魂はどうなるのだ、「遠い過去から未来までも一瞬にして眺めたような妙な感じ」とは、それらの複雑な心情だったのではなかろうか。『現代支那論』はその意味で、若い世代に送った尾崎秀実の遺書だともいうことができる。」

三八歳の尾崎によるこの書を「遺書」というには、この書がこの時代にもった運命によっていうしかないのかもしれない。だが私はこの書に、大急ぎでしかも過剰に、だが整然と詰め込まれた尾崎の現代中国をめぐる知識と分析と透察とによって、あえてこの書を尾崎の「遺書」というのである。

3　現代中国の高度のガイドブック

私がこの書を携えて一九三〇年代の中国の地に立てば、私は直ちにこの今がいかなる時であるのか、そして今ここに立つ土地がいかなる政治・経済的支配と抗争的関係の中にあるのかを私は具に知ることになるだろう。その時とは世界史的な時であり、その関係とは中国をめぐる世界的関係である。これは高度の現代中国のガイドブックであると思った。ガイドブックとはこの書を貶めていっているのではない。むしろ驚きをもっていっているのである。私は高度のガイドブックといった。われわれはこの書によって一九三〇年代という世界史のこの時・この土地における中国を知るのである。それはいわゆる

〈支那通〉が提供する知識ではない。尾崎は時代の言葉をもってその書の「自序」でいっている。

「支那の正体を余すことなく正確に把握することは至難なことであろう。蓋し支那を正当に理解するためには局部的でなく全体的に把握することと、動きつつあるままで捉えることが必要であろうと思われる。科学的であることは必要である。しかし実験は顕微鏡的にとどまってはならず、また屍体解剖的であってはならない。生体解剖的であることが何より必要である。一見長き仮死の状態を続けるかに見える支那にも実は活力が保存されていて、しかも新しい運動法則すらこれに作用しているのである。」

これに先立つ昭和一三年（一九三八）という時期[6]、欧州では世界戦争への危機を孕みながらナチス・ドイツは膨脹を続けていた。では中国大陸で〈事変〉と呼ぶ戦争を遂行している日本にとって昭和一三年とは何か。その前年の一二月、参謀本部の指示をこえて進撃する日本軍は南京を占領した。「この追撃戦と南京占領の過程で、名目のはっきりしない戦争に苦戦を重ねて粗暴になった日本軍は、虐殺、強姦、掠奪などの残虐行為（南京事件）をくりひろげた。[7]」この南京占領に続く昭和一三年（一九三八）の日中戦争をめぐる事態をここに簡潔にのべうる知識も能力も私にはない。私は今しがた引いた『中国20世紀史』の助けを借りてこの昭和一三年が何であったかを見てみよう。

「一一月三日、近衛内閣は東亜新秩序の建設を声明した。ドイツのオーストリア併合、チェコスロバキア解体などにならい、アジアで現状打破を実行する宣言であった。ただ従来の「対手にせず」の方針をあらため、国民政府にも対応の門戸を開いた。はたして党内反対派の汪兆銘は一二月重慶からハノイに脱出し、日本軍と和平の交渉をはじめた。

軍事面では、軍中央部は一一月これ以上戦線をひろげず、占領地の治安の確保と周辺地域の小作戦に専念するよう決定した。しかし占領地といっても全体はおさえておらず、山間部や農村地帯には共産党指導下の抗日根拠地が組織され、日本軍・傀儡政権の支配はとどかなかった。日本軍は鉄道沿線の主要都市や県城を確保するにすぎなかった。……

この間、仏印、ビルマからの対中援助ルートを断つ航空作戦の基地を得るため、中支那派遣軍は江西省の南昌を攻略し、海南島を占領した。戦線不拡大の方針は、現実の戦局の前にたえずくずされた。[8]」

これが『現代支那論』を書き進める尾崎が見すえていた中国と中国をめぐる政治的・軍事的事態であった。ただここの引用に見る事態は、すでにこの事変・戦争の結末を知る歴史家の記述になるものである。そしてその年の七月に近衛内閣の嘱託となった尾崎が恐らく近衛とともに共有していた事態でもある。もちろん尾崎はこの結末を知らないし、それを予想しようともしていない。彼はただ事変の終結に向けての事態の転換をだけ願っている。そのために現代中国という歴史的現場のあの認識が必要なのである。「支那を正当に理解するためには局部的でなく全体的に把握することと、動きつつあるままで捉えることが必要であろうと思われる」とは世界史的現場としての中国の認識の方法である。

この認識方法をもって「現代支那」に大戦前夜の日本人を導くこの本は、厖大にして混沌たる中国をその本質を逸することなく正しく見るための方法的視点を提示する。この方法的視点からなる書として『現代支那論』は戦時昭和の日本人のためのガイドブックの域をこえてわれわれの中国認識をも導く理論書たりえているのである。

4 「半封建性・半植民地性」

「支那社会が、その尨大な外貌に現われた如くその拡がりにおいて非常に茫漠としているという事情にもよるが、それよりも更に深く、この実体というものの内容が非常にバラバラであり渾沌としている。」では尨大にして、いっそう混沌たる現代中国社会というものを全面的に把握せんとする場合にいかなる方法によるべきか。尾崎はその方法はあるという。「かくて我々のとるべき方法はかえって現代支那社会の特質となるべき点を一、二捉え来って、それを中心に検討し、解剖を進め行くという方法である。」ではその現代支那社会の特質とは何か。「一般的な表現にしたがえば、支那社会における所謂半封建性なる事実と、半植民地性という事実に帰着する」と尾崎はいう。「半封建性・半植民地性」とは現代中国社会の特質を歴史的に規定する概念であるとともに、この社会へのわれわれの認識を導く方法的概念でもある。この「認識」という語を「革命」に置き換えれば、「半封建性・半植民地性」は中国の革命を導くテーゼを構成する概念にもなりうるだろう。

「半封建性」の「半」とは数量的な意味ではなく、「封建的な性質が極めて多く支那社会に残存し、しかもそれは決して重要ならざる作用をなしているものではなくして、相当に重要なる作用を現代支那社会の動向の中に営みつつある」ことを意味するものである。それは厳密な意味での封建性のみならず「おしなべて現代の資本主義的な社会に到達する以前の社会における様々の遺された性質が、すべてこの半封建性の語の中に包括されて居る」と尾崎はいう。封建的関係は現在の中国農村で広く認められるところであるが、農村ばかりではなく都市でも認められるとし、「封建的な残存形態のうちの代表として我々は屢々支那の軍閥を挙げる」といっている。

「半植民地性」について、ここでも「半」とは分量を表すものではなく、「支那社会の中に、非常に多くの度合いを以て列国の植民地的な影響力が及んで居る」ことを意味していると尾崎はいう。ただ尾崎は後の頁で孫文の「三民主義」から次の言葉を引いている。「結局中国各地は挙げて列強の完全な植民地と化してしまっているに拘わらず、全国人は今尚列強の半植民地になったと考えているに過ぎない。半植民地という言葉は自慰的なもので、その実中国は列強の経済力の圧迫を受け、本当の植民地より更に不利な立場に置かれているのである。従って中国を半植民地というのは適当ではない。まさに「次植民地」と呼ぶのが至当だろうと思う。」ここで「次植民地」というのは植民地以下を意味している。尾崎はこの孫文の言葉を引いた上で、「もとよりこの表現には幾分の誇張があり、かつ何故に支那が純粋植民地以下であるかの理由も必ずしも明瞭ではない。しかしながら孫文には支那の当時の現状が植民地以下と感じられたことは確かである」といっている。

尾崎は「現代支那社会」を歴史的に規定し、同時にこの社会を認識していく上で目印になる概念として「半封建性」と「半植民地性」とをあげる。その上で尾崎は「支那社会の長き停滞性」の問題に触れている。彼は支那社会の根本的特徴を「父家長制的専制主義（デスポティスムス）」とする秋澤修二の説などを引いた上で、「支那社会のかくの如き長き停滞性の原因が、農業共同体的遺制の根強い生存に因ることは、我々が現代支那の村落や家族制度の観察に基いてほぼ問題のないところであるとしても、しからば何故にその農村共同体的性質が保存されたかという点はたしかに重要なる研究題目であろう」といっている。

尾崎は「半封建性」「半植民地性」を「現代支那社会」を知るための方法的概念として構成しながら、あざやかにこの社会の歴史的由来と世界史的現在の姿とを見せてくれる。『現代支那論』が読者に与えるこの印象は、八〇年後の読者にとっても変わりはない。私はこの書をあらためて熟読し、一九三〇年の中国の地に立って最高度の「中国案内」を読んでいるような気になった。だがこの最高度の「中国案内」はあの時代の日本人に何を告げることになったのか。

5 「支那の民族運動」

「半封建性・半植民地性」を指導的な分析概念とした尾崎の「現代支那案内」は、読者を「支那の民族運動」の問題に導いていく。「この民族運動、或は漠然と民族的動向と呼び得るものは結局においては現在の支那の政治の中で最も強い、最も大きな問題」であると尾崎はいう。「学生運動、労働運動、農民運動、及び現在に於ける新しい形態の民族戦線運動は、結局に於て支那社会における特殊的な性格を基礎として生じたものであることは明らかである。即ちこれらは一方に於ては、半封建的状態を脱却しようという要求、他方に於ては、支那社会の半植民地性、即ち列国の影響を離脱しようという熾烈な要望を備え、それらの基礎的地盤の上に起ったのである」という中国の民族問題の一九三五年という尾崎らの現時点における状況を彼の言葉によって見てみよう。

「この支那における民族戦線運動は、本格的には一九三五年八月、共産党側の所謂八・一宣言に発端する。この宣言は支那ソヴェート政府と共産党の聯合宣言であるが、これによって国民党に対する聯合を提議し、その共同の目標を日本に置いたのである。支那の排外運動は、一般的に非常に広い多くの面を持っているが、それが内外の諸種の条件から結局之を日本に集中して来るということになり、そしてこれによって頗る困難な民族戦線が遂に結成されたということは、日本にとっては非常に重大な歴史的な問題である。」

尾崎は国共合作による抗日民族戦線の展開に最大の注意を払うべきことをいう。もちろん最大の注意を払っているのは尾崎自身であるが、彼に接するすべての人にむかって注意を促しているのである。事は尾崎の言説の透明性の問題である。彼は政権の中枢にいうべきことを、成人講座の聴衆に向けても語るのである。「事変」の遂行者が最大の注意を払うべき抗日民族戦線をめぐる問題を尾崎は講座の聴衆と共有しようとするのである。

「(国共合作下の) 抗日政権は今日尚お互いに相反した二つの面を持って居る。その一つの面は、遅れた支那社会の特質に関連して生ずるところの分裂的或いは遠心的な諸条件である。これは反統一的勢力として分裂的な動きをもっている軍閥の動向に現れているのみならず、やはり遠心的な傾向を採り得る列国の動向にも見られるところである。しかしながらこの分裂的、反統一的な面に対して、他の面即ち、求心的統一的な面を決定しているのは正しく民族運動の動向である。之を決定するものは今後の内外の諸力の結果であろう。」

さらに尾崎は「抗戦主体」をめぐってこういうことをいったりする。

「半植民地的、半封建的支那は、抗日戦の経過とともにその抗戦主体を自ずから変質して行かねばならぬ必要に迫られている。即ち一方に於いては内部を分解に導かんとする条件が発展するであろうから、これに堪えるために急速にその主体の結合力を強化して行く必要があるのである。その要求は外部からの圧力が強ければ強い程高まるわけであって、ここに相互の結びつきの新らしい方式が求められるのである。」

しかし尾崎はなぜここまでいうのか。彼は中国大陸における日本の戦争が、それに抗する中国人に「民族戦争」の遂行者の自覚を与え、大きな民族的抗戦主体ができつつあることを警告しているのである。この戦争が「民族戦争」になってしまえば、もう勝ち目はないと思ったかどうかは知らない。ただ続くのは泥沼のような悲惨な長い戦争であろう。「この民族戦争を武力のみを以て解決せんとするならば、嘗て元が南宋を滅ぼし、或いは清が明を滅ぼした場合の例に見ても民族戦争としての解決には何れも四十年乃至五十年も掛って居るのである。かくの如き民族的な抗争は多くの日本人にとっては本意ならざる発展である」と尾崎はいう。日中間の戦争を終息させねばならない。その時期は近衛首相が「東亜新秩序建設」を声明した昭和一三年（一九三八）一一月という時である。尾崎は「東亜協同体」論をもってこの時の要請に応えるのである。

「「支那の征服にあらずして、支那との協力にある」「更生支那を率いて東亜共通の使命遂行」「支那民族は新東亜の大業を分担する」「東亜の新平和体制を確立せんことを」「東亜諸国を連ねて真に道義的基礎に立つ自主連帯の新組織を建設する」等の言葉によって、「新秩序」が帯びるべき特性と輪郭とは既に最高の政治的宣言の中に示されたのであった。それはまさしく「東亜協同体」的相貌を示すものである。」[9]

「東亜協同体」論は、「事変以来の民族問題との激しい体当りの教訓から生れ来ったもの」である。だから尾崎は「真実の東亜協同体は支那民族の不承無精ではなしの積極的参加無くしては成り立ち得ない」ものだというのである。それゆえ「東亜協同体」論は「支那の民族問題」を丸ごとかかえこみ、それを己れと共に解決するような度量、力量を日本に要請するものでもあるのだ。尾崎のこの「東亜協同体」論文が『中央公論』新年号の冒頭を飾ったその昭和一四年の五月に刊行された『現代支那論』は、「支那の民族問題」をめぐる日本へのこの要請をもってその講説を閉じるのである。

「東亜の新秩序建設は支那の民族運動を根本的に解決、啓開すべき歴史的課題を日本人に与えている。今日、抗日民族戦線運動として現われているやや畸型的な支那の民族運動は、根本的には支那社会の半植民地性、半封建性を解決してその長き歴史的な停滞性を脱却せんとする要求をもっているのである。支那民族運動の大乗的解決は、まさにかかる要求に応えたものでなければならないのである。

ここに於て、かかる歴史的使命の遂行に当るべき日本自体の主観的な力量を急速に備える必要が生ずるに至るであろう。それは、日支抗争の経過が否応なしに要求しているのである。」

私はそれ以後の尾崎と日本とそして中国のたどった生死と興亡の迹を思うとき、この言葉をもって閉じられる『現代支那論』という書を、尾崎がわれわれに残した遺書だとみなさざるをえない。この遺書に込められた思いとは何かを、尾崎の最もすぐれた理解者である野村浩一氏が語っている。

「だが、ひるがえって、広く歴史をふり返る時、私はある一つの感想を抱かされる。それは、端的にいえば、およそ近代日本において、その体制に対する批判的視点を保持し、かつ、ある開かれた意識のもとに問題を構想しようとした人々は、ほとんどつねに、その展開の舞台を中国に求め、中国の革命を通じて、日本の変革、世界の革命を展望しようとしたということである。思い切っていえば、そうした人々にとって、中国の革命こそは、世界の革命と通ずる道であった。そして、それこそがまた、いわば良質の「アジア主義」の基盤であり、かつ近代における日中関係の構造であった。[10]」

尾崎の『現代支那論』を読み直して私は野村氏のこの言葉に深く肯くのである。

第14章　「戦没学生の手記」と日中戦争——『きけわだつみのこえ』『夜の春雷』を読む

「泥濘は果てしない曠野を伸び
丘をのぼり林を抜け
それは俺達の暗愁のやうに長い」

田辺利宏「従軍詩集」

1　「戦没学生の手記」

東大戦没学生の手記『はるかなる山河に』が刊行されたのは昭和二二年（一九四七）一一月であった。私がこれを記憶しているのは、当時中学三年であったわれわれの教室に臨時教員として来ていた東大生が刊行されたばかりのこの本をもって現れ、強い思いをこめてこの書を紹介したからである。この『はるかなる山河に』の続編として日本戦没学生の手記『きけわだつみのこえ』は昭和二四年一〇月に刊行された。この書の編集顧問であった渡辺一夫はその序（「感想」）で、「僕は、出版部の人々が苦心してガリ版にされた分厚い原稿を机の上に置き、二三枚読んだ時、黒い野原一杯に整然と並べられた白い木の十字架を見た。そして、読んでゆくうちに、その白い十字架の一つ一つから、赤い血が、苦しげに滲み出るのを見た。このやうな十字架は、二度と立ててはならぬ筈である。たとへ、一基でも」[1]と書いている。渡辺が見たのは彼の教え子たちの十字架であろう。私たちが見たのは一〇歳ほど年長の兄たちの十字架であった。

『きけわだつみのこえ』に代表される「戦没学生の手記」を戦後のわれわれは、戦没学生がわれわれに残していった〈遺書〉として読んでいった。手紙・手記・日記として残された〈遺書〉に、彼ら戦没学生たちの遺念を読みとり、それを受け継ごうとした。あるいは彼らの発しえなかった言葉を聞きとろうとした。渡辺一夫があの「感想」の文末に訳して載せたジャン・タルジューの短詩は、「戦没学生の手記」に対してとったわれわれの姿勢を美しい、簡潔な言葉で示していた。あるいはこの詩が彼らの「手記」に対するわれわれの姿勢を決めていったといってもよい。

死んだ人々は、還ってこない以上、
生き残った人々は、何が判ればいい？

死んだ人々には、慨く術もない以上、
生き残った人々は、誰のこと、何を、慨いたらいい？
死んだ人々は、もはや黙ってはいられぬ以上、
生き残った人々は沈黙を守るべきなのか？

「生き残った人々は沈黙を守るべきなのか」という問いかけとともに、われわれは「戦没学生の手記」を受け取ったのである。戦没学生たちを兄たちの世代としてもつわれわれにとって、反戦の意志表示としての行動が、あの問いかけの答えとしてあった。一九四九年初版の『きけわだつみのこえ』をわれわれは戦没学生の〈遺書〉として受け取ったのである。初版『きけわだつみのこえ』という書は、戦没学生の遺念として〈平和〉へのメッセージを伝えようとした編者と、〈反戦〉の姿勢をもって彼らの遺志を受け取ろうとした読者とによって成立した書だと私は思っている[2]。

「戦没学生の手記」を生き残ったものへの〈遺書〉としての性格だけで見ることに疑問が出されてきたのは、一九六〇年代にいたってである。戦争からすでに一五年を経た時間と時代とが、日本の戦争を主観的な受難の相をこえて見ることを可能にし、またそれを促したのである。アジアに対する、ことに中国に対する戦争責任論を放り出したまま日本は、再び加害の側に身を置きつつあるのではないか。それはベトナム戦争が日本に突きつけた問題でもあった。『きけわだつみのこえ』第二集の編集に向けての日本戦没学生記念会（わだつみ会）の活動を動機づけたものはそこにあった。第二集はまず『戦没学生の遺書にみる15年戦争[3]』として実現された。その書の「あとがき」には、この新たな遺稿集の編集に携わったものの立場がこうのべられている。

「新しいこの遺稿集は、戦争の進行に伴う国家政策の変更と国民生活の逼迫の推移をえがき出し、それと対応して国民ひとりひとりの生き方がどのように変貌し、また変貌をしいられていったかを提示するものでなければならないであろう。要するに、強さも弱さも含めて戦争下日本人の生活と感情と思想

——その総体が戦争体験と呼ばれる——を、十五年戦争の客観的な推移と関連してとらえうるものとすること、これが……本書を編集するにあたってのわれわれの基本的立場であった。」

「戦没学生の手記」は「強さも弱さも含めて戦争下日本人の生活と感情と思想」を、すなわち日本人の「戦争体験」を知らせる〈記録〉としてあらねばならないとされるのだ。そして戦没学生とはそれを記すに足る知性と感性とを具えた選ばれた人びとである。時代の矛盾も圧力も、人びとがもった偽りの希望も絶望も、彼らによってもっともよく伝えられるだろうし、伝えられたはずである。こうして『第二集 きけわだつみのこえ』（岩波文庫・一九八八）が刊行され、『新版 きけわだつみのこえ』（岩波文庫、一九九五）が編集し直されていった。「戦没学生の手記」はいまその精神の強さ、弱さを含めて、戦場や兵営・病床、あるいは戦犯の獄舎における彼らによる戦争体験の〈記録〉という事実の重さによって再び編まれ、読まれるものとなったのである。この〈新版〉から見るとき、〈初版〉は敗戦後日本によって創出された〈遺書〉という性格を免れがたくもったものであることが明らかになる。〈初版〉冒頭に掲げられた上原良司の遺書自体がすでに編集者によるハサミの入った文章であった。

私が「戦没学生の手記」によって日中戦争という昭和の戦争体験を見ようとするのも、この「手記」を大陸における戦争体験の〈記録〉という事実の重さに立った〈新版〉編集の立場に同調してである。

2　日中戦争は「支那事変」であった

昭和の戦争とは基本的には中国との、中国大陸における戦争であった。だがほとんどの日本人はそのように思っていない。昭和の戦争とは太平洋におけるアメリカやイギリスに対する戦争であったと考えている。事実、アメリカは広島、長崎に原爆を投下し、日本のほとんどの都市を焼き尽くしたし、日本を占領し、その戦後処理に当たったのもアメリカであった。だから敗戦にいたる日本の戦争はアメリカに対するものであったと考えるのは当然ともいえる。だが十五年戦争といい、いまではアジア・太平洋戦争という昭和の戦争の歴史過程を少しでも見るならば、昭和の戦争とはまぎれもなく中国との、中国大陸における戦争であり、そして終えることのできないその戦争の最終処理を日本は米英との戦争〈世界大戦〉に委ねていったことを知るはずである。だが昭和の戦争にほかならない日中戦争について、昭和の戦争過程にあったその時期から〈戦争〉だという自覚を国民はもっていなかった。日中戦争とは宣戦の布告なしの戦争、誰に対して、またいかなる理由による戦争であるかも不明確な戦争であった。それは「支那事変」と呼ばれ、〈戦争〉ではなく〈事変〉であり続けたのである。

昭和一六年一二月八日の大東亜戦争の開戦時、私は小学校の三年生であった。開戦と真珠湾攻撃の臨時ニュースをその口調とともによく覚えている。その翌年、四年生の時、子供の目にはかなり年配の婦人と見えた担任の先生が、「日本は長い戦争をしています」というのを聞いて不思議に思った。戦争は始まったばかりと私は思っていたのである。たしかに大陸で兵士たちが〈事変〉に従軍していることを知っていたし、南京陥落の旗行列も少年の記憶にはあった。だがそれらを日本の戦争として考えることをしなかった。少年だけがそうであったのではない。私の周辺の大人たちもそうであった。昭和一六年の開戦の衝撃と感動とを多くの人たちが語った。開戦直後の新聞・雑誌はその感動を語る言葉で埋め尽くされている。人びとは「支那事変」がもたらしてきた鬱屈がこの開戦によって一気に晴らされたかのような感動を味わったのである。大陸における〈戦争〉という事態を隠蔽し、それに直面することを避けて〈事変〉とし続けた日本人は、その〈事変〉から心理的にも重い負担をもち続けていたのである。日中戦争とは日本人にとって「支那事変」という自己欺瞞の戦争であった。

いま昭和の戦争が何よりも中国大陸におけるものであったことを数字をもっていおう。一九四一年（昭和一六年）に中国本土に投入された日本陸軍の兵力数は約一三八万名であった。それは当時の陸軍の総動員数の六五％に当たる。この時、日本本土に在置する兵力は約五六万五千名であり、全兵力の二七％であった。太平洋戦争の開戦後、南方戦線の兵力数が中国戦線の兵力数に上回るのは一九四四年（昭和一九年）にいたってである。それでもなお一二六万の兵力が中国戦線に投入されていた。だが大陸における戦局の悪化にともない国内兵力が動員され、敗戦の一九四五年には中国戦線における兵力数は一六四万となり、南方戦線の兵力数を三四万も上回ることとなった。ここに挙げた数字は纐纈厚の『日本は支那をみくびりたり[4]』によっている。纐纈はこれらの数字を挙げた後、こういっている。「要するに、中国戦線の比重は日本の敗戦時まで、一貫して極めて大きく、日本軍は泥沼化した中国戦線で足を取られ、兵力も国力も消耗を強いられていたのである。……「勝利なき戦い」を一貫して強いられるなかで、時間の経過とともに国力の限界点を超え、ただひたすら現状を維持するのに汲々としていたのである。」

3　日中戦期の二つの作品

昭和の戦争とは本質的に中国における戦争であり、敗戦とはその戦争による日本の挫折であることを、日本人は直視することをしなかった。昭和前期のその当時においてそうであり、戦後においてもそうである。それゆえわれわれはこの戦争の実態についての日本人によるドキュメンタリーも文学的形象というべきものももっていない。わずかに石川達三が『生きてゐる兵隊』で戦線の日本兵士による残虐を小説に描いた。それは『中央公論』の昭和一三年三月号に発表されたが、即時に発売禁止の処分を受けた。石川は火野葦平のように兵士として従軍した作家ではない。彼は昭和一二年一二月に中央公論社から派遣されて、従軍記者の腕章ひとつをたよりに日本軍に攻略された南京に向かった。南京の陥落は一二月一三日であるが、石川が上海から鉄道で南京に入ったのは翌年の一月であった。したがって彼はいわゆる〈南京事件〉という惨虐が大規模になされた場面を直接には見ていない。だが石川は惨虐事件後というよりは、その末期の南京に従軍記者として足を踏み入れたのである。彼は〈南京事件〉に関与したとされる第一六師団第三三聯隊をもっぱら取材し、市内外の戦後の惨状を視察した。石川は一月中旬には帰国し、直ちに執筆を始め、二月一一日の未明までに三三〇枚の原稿を仕上げたという。それが『生きてゐる兵隊』である。われわれが戦後にえた日中戦争と南京攻略戦における日本軍の惨虐をめぐる知識によって『生きてゐる兵隊』を読むとき、この小説における兵士たちの行き着く先には必ずや〈南京事件〉があることを知るのである。石川は〈南京事件〉を、南京攻略に向けての戦争過程における日本軍の惨虐事件として小説中に表現し、あるいは再現させているように思われる。▼5 この「生きてゐる兵隊」を載せた『中央公論』昭和一三年三月号は発刊とともに発売禁止の処分を受けたゆえ、この小説が戦中の国民に読まれることはなかった。

火野葦平は作家として従軍したわけではない。軍は昭和一三年三月に芥川賞を受賞した作家火野に玉井勝則伍長のまま火野葦平であることを命じたのである。火野は昭和一三年五月の徐州会戦に玉井伍長として従軍したのである。かくて彼は兵隊として行軍し、兵隊として疲労し、兵隊として戦闘の中にい、兵隊として辛うじて生き延びたのである。彼はそれを記録し、従軍日記『麦と兵隊』として発表した。これは兵隊であるものの戦争・戦場の実体験的記録として大きな反響をもって国民に迎えられた。『麦と兵隊』は『改造』（昭和一三年八月）に発表され、直ぐに単行本としても刊行され、百万部をこえる空前のベストセラーとなった。火野の「年譜」[6]を見ると昭和一二年の項に「十一月五日、第十八師団は杭州湾北沙に敵前上陸、南京入城後、年末杭州に入城して駐留した」とある。これによれば火野は〈事件〉の生起する南京に入城したとみなされる。だが彼の書くものに〈事件〉を思わせる痕跡はどこにもない。戦争が刻む負の痕跡は戦争の意味を問いつけるものであるだろう。火野はただ戦争を与えられた生の場として黙々として生きる兵隊の姿を綴っていくのである。なぜかくも苛酷な行軍を、どこに向かって、何のためにするのかを問うこともなく、自分の足のようではなくなった足でひたすら歩き続ける兵隊たちがそこにあるのである。杉山平助は「戦場の経験を持たず、大陸の野で同胞がどう戦つてゐるかを知りたがつてゐた国民は、火野によつてはじめて、そして最も傑れた戦場の実感の記録を得た[7]」と文学史に記している。私がここで日中戦争をめぐる二つの文学的表象あるいは記録を見たのは、「戦没学生の手記」というもう一つの記録を読むための準備としてである。[8]

4 「泥濘」

私は『新版 きけわだつみのこえ』の「I　日中戦争期」を読んでいった。昭和一四年に華中で戦病死した目黒晃は、「これから船に乗ってどこに行くのか、全然私どもには解りません。何にしてもただ命あるままに、大君のみことのままに進むだけの事です」と父親宛に書いている。どこに行くのか、どこに連れられていくのか、まったく解らないとは、ことにこの時期の中国戦線に従軍した兵士たちが一様に抱かざるをえなかった感想であろう。すでに中国における戦争自体がまったく見通しを失っていたのである。浜田忠秀も昭和一七年に、「はるばると杭州までの悪路を考える時「何でもいい、このままここで果ててしまいたい」これもまた赤裸々な気持！」と書き留めている。これもまた中国大陸における戦いの苛酷な実状をいっている。その戦いは果てしない悪路の行軍であった。ほぼ同じ時期に私の兄も杭州で戦病死した。私は浜田の手記を読みながら、兄の姿をそこに投影させた。果てしない悪路の行軍という大陸における戦争の苛酷な実状は、田辺利宏のあの「泥濘」の詩に結晶された表現を見出すことになる。

寒い泥濘である。
泥濘は果てしない曠野を伸び
丘をのぼり林を抜け
それは俺達の暗愁のやうに長い。
……
愛と美しいものに見離されて
ただひたすらに地の果てに向ひ
大行軍は泥濘の中に消える。

　ながい悪夢のやうな大行列は
　誰からも忘られて夜の中に消えるのだ。

　私は田辺のこの「泥濘」の詩が中国における戦争とそれに従事した兵士たちの実状をもっとも感銘深く伝えるものと見てきた。〈初版〉を読んだ時にそう思い、〈新版〉を再読してあらためてそのことを確認した。もちろん〈新版〉には篠崎二郎の「支那の戦地に来て、抗日思想の根強さ、第三国の経済的援助と野心に、今さら驚きました」の認識があり、上村元太の「まさしく何時まで経っても、もう、早く戦さが終って欲しいなどと思うものは一人もいない。終りっこないのだから。何時かは何時の日にかは、漢民族の復讐にわれわれの子孫は泣くようなことになるであろう」という、「支那事変六周年記念日」に当たってのどきっとするような、〈初版〉が削る記述がある。それでも「泥濘」だけが、兵士において体験されたあの戦争の実状を確かにわれわれに伝える唯一のものだという私の印象に変わりはなかった。だが〈新版〉は「泥濘」の詩をわれわれに残した兵士田辺利宏に「戦線日記」があることを教えている。それは「泥濘」の詩が、そして田辺の名を多くの人びとに刻んだ「夜の春雷」「雪の夜」の詩が、中国戦線のいかなる地帯から、従軍する兵士のいかなる境遇から生み出されたかを教えるものである。

5　「戦線日記」

　私は田辺の「戦線日記」を「従軍詩集」とともに一冊に編集した『夜の春雷』[9]を書棚から探し出した。私はかつてこれを詩集として読んでも、詩人でもある従軍兵士の戦線における「私の記録（日記）」としては読んでいなかった。私はあらためてこれをあの詩を生み出した兵士の戦線における記録として読んでいった。

田辺の「戦線日記」は昭和一四年（一九三九）一二月の蘇州兵站における記録に始まり、昭和一五年（一九四〇）四月から五月にかけての皖南（かんなん）作戦、さらにその年の九月にいたる宜昌作戦、そして一〇月の江南作戦、その年の年末にいたる漢水作戦、翌昭和一六年（一九四一）一月から三月にかけての予南作戦の従軍の記録が書き継がれ、そして徐州を経て淮陰（わいいん）に移駐した同年八月九日の記入をもって「日記」は終わっている。八月二四日に田辺は戦死した。彼はこれらの作戦に従軍した過程で三度も南京を出入りし、三度にわたって揚子江を遡った。大別山脈を越える山岳地帯の作戦にも従った。長い悪路を往きては戻り、また往くといった作戦に従うことで兵士たちはひたすら身心を消耗させた。そして虚無の人となった。

昭和一五年六月一六日（宜昌作戦）

　インターヴァル

一枚のアンペラの上に坐し
徴発した支那酒をのむわが目に
何のイデーもなく意志もなく思ひ出もなく
自己すらもない。
すぎゆく時間と蠅の繁殖。

　されば我も亦一人の午睡者となり
　この大きな倦怠を消耗してゆくだけだ。

六月二一日
今日はまったくの泥濘だ。三たび漢水を渡り前線にむかう。泥濘の深さ、長さ。死を賭しての前進。……渡河後まもなく、避難民がいたりする。前線へ。道程のための道程。われわれは軍旗のうしろにいる。

七月二日
夕蟬が松林に鳴いている。熱い足のうら。戦争への倦怠と厭悪。夕焼空。茫々と果てしない大陸を、われわれは一体どこまで歩いたら帰れるのだろう。平和と文明というものの美しさが、故郷のようにしたわれる。さてこれから一眠りだ。

七月三日
塩をかけての夕飯。夜行軍。……はじめのうちは何事もなかったが、はたして敵は射ってくる。しかしわれわれは、べつに止まりもせず、疲れはてた強行軍。途中、小雨まで降り、馬にひきずられ幾度か闇のなかをすべりころぶ。まったく絶望的な気持ちだ。歩いても歩いても目的地は来ず、水はとうになくなったが、補給もできない。

死の人足

俺達は濁流を泳ぐやうに
闇の中を進んだ。
敵火は間断なく夜を引裂いてゐた。
俺達は全く疲れはて
その音を死の呼声とも思はなかった。
……
俺達は半ば眠り半ばうごき
果てしない泥と闇の中へ
重い背負袋をかつぎ
死の人足のやうに進んだ。

昭和一五年一一月二日（漢水作戦）
南京出発。またもや重い荷を負い埠頭へ。……岸壁には砲軍がならび、歩哨が立って警戒している。
われわれの意志からでなく、軍の大きな意志によって、われわれはどこへでも、荷物のように運搬されてゆく。だから、目的地につくあいだというものは、われわれの精神はどこか空白である。

遡江

三たび揚子江をのぼり
三たび戦線に向ふ。
満々たる濁流にさからひ
溷濁した意識を越え
前進とは何といふ勇ましく寂しいことだ。
待ちうけてゐるものは
荒野千里の晩秋である。
……

昭和一六年三月六日（予南作戦）
自分というものの最近のくだらなさ。decadence でもなく苦悩でもなく、死滅でもない。消耗品として、まったくいいかげんの給養をうけながら戦争の interval を生きているというだけの生き方である。酒も煙草もほしいとは思わない。大きな倦怠と、精神の疲労。

三月一〇日
昨日は下痢をしに例の吊便所へ出てゆくと、揚子江は雨である。おまけに凄い雷雨だ。春雨というにはあまりに豪壮な感じだ。

夜の春雷

はげしい夜の春雷である。
鉄板を打つ青白い電光の中に
俺がひとり石像のやうに立つてゐる。
……
共に氷りついた飯を食ひ
氷片の流れる川をわたり
吹雪の山脈を越えて頑敵と戦ひ
今日まで前進しつづけた友を
今敵中の土の中に埋めてしまつたのだ。
はげしい夜の春雷である。
ごうごうたる雷鳴の中から
今俺は彼等の声を聞いてゐる。
……
ある者は脳髄を射ち割られ
ある者は胸部を射ち抜かれて
よろめき叫ぶ君達の声は

どろどろと俺の胸を打ち
びたびたと冷たいものを額に通はせる。
黒い夜の貨物船上に
かなしい歴史は空から降る。
明るい三月の曙のまだ来ぬ中に
夜の春雷よ、遠くへかへれ。
友を拉して遠くへかへれ。

この「戦線日記」にあるのはただ悪夢のごとき泥濘中の果てしない行軍である。どこまで、何を目的にこの悪路を重荷を負って歩かなければならないのか、彼らには何も知らされていなかった。そして戦いがあり、倒れた友を土中に埋めて彼らは揚子江を戻っていった。悪路を再び往くためのインターヴァルとして彼らは原駐屯地に戻った。これが華中における戦争であった。

昭和一四年（一九三九）の中国大陸における戦争指導は、次期国際転機（第二次世界大戦）に備えるために、占領地域の拡大をはかることなく、作戦地域を限定し、兵力を節減しながら治安の回復と資源の獲得をはかることであったと精細に中国における十五年戦争の過程を記した古屋哲夫[10]はいっている。ここから作戦は、（1）蒙彊・華北・華中東部では治安の回復と維持、（2）武漢・九江方面では、国民政府中央軍の抗戦企図の撃破、（3）華南では補給路の遮断であった。（2）の作戦とは、反攻のために集結した中国軍に打撃を加えて原駐屯地に戻る形のものであったという。恐らく田辺たちが従った作戦とは

（2）の作戦に属するものであったのであろう。田辺の「戦線日記」を読みながら私は、悪路を往っては帰り、また出かけては戻りして疲労する兵士たちの姿を見て、これはいったいいかなる戦争なのかと怪訝に思った。中国軍に打撃を与え、重慶の国民政府の戦争意欲を失わせることを目的にしたこの作戦の結果、消耗していったのはただ日本軍であったのである。中国戦線の日本軍は点と線とを確保するのみであったという。だが田辺の日記を見れば、点である都市のすぐ背後に中国軍が出没し、攻撃を加えていたことを知るのである。

田辺たちは何度も長路を行軍し、進軍した。彼らが通り過ぎる路傍に、山野に打ち捨てられ、腐敗した中国兵の死骸が数知れずあった。これもまた「日記」の不思議な記述である。彼らはすでに戦いのあった跡を再び進軍し、彼我の新たな死を重ねていったのである。これはどうしようもない戦争である。日中戦争とはそういう戦争であった。一九四五年四月の老河口（湖北省西北部）、芷江（しこう）（湖南省西南部）飛行場への攻撃作戦で日本軍は大打撃を被ったという。「日中戦争がこのまま続いていたら、日本軍が態勢を立て直した中国軍に撃破されたであろうことは、この両作戦をみても明らかであった」と古屋はいっている。だが日本は太平洋戦争の敗北としてアジアの、ことに中国における十五年戦争を終えてしまった。

日本の戦後は太平洋戦争の敗北から、もっぱらアメリカとの関係で生み出されたものであって、十五年戦争の敗北からアジア・中国との関係において生み出されたものではない。この重い重い帰結をわれわれは現在もまだ引きずっている。

第六部　天皇の戦前と戦後——その本質的意義に変わりはない

和辻哲郎

第15章　「祀る神が祀られる神である」――和辻哲郎『日本倫理思想史』を読む

「それは絶対者をノエーマ的に把捉した意味での神ではなく、ノエーシス的な絶対者がおのれを現わしてくる特殊な通路としての神なのである。従ってそれは祭り事と密接に連関する。祭り事の統一者としての天皇が、超人間的超自然的な能力を全然持たないにかかわらず、現神として理解せられていた所以は、そこにあるであろう。天皇の権威は、日本の民族的統一が祭祀的団体という形で成立したときに既に承認せられているのであって、政治的統一の形成よりも遙かに古いのである。」

和辻哲郎『日本倫理思想史』上巻

1　最高の祭祀者天皇

今回（二〇一九）行われた天皇の代替わりの儀式は、剣璽等の継承と即位礼を経て大嘗祭によって完了したとされる。所功はその大嘗祭の意義について、「さまざまな説が提唱されてきました。しかし平安時代中期（九二七年撰上）の『延喜式』などから、天皇が皇祖神から授けられた食べ物を神々に供え、御飯・御粥と白酒・黒酒を自ら召し上がる。それによって「皇御孫命（すめみまのみこと）」として霊威を更新され、国家と国民の末永い平安を祈られる大切な祭である[1]」と説いている。新天皇が皇孫としてその霊威を更新し、国家・国民のための新たな祭祀者（神を祀り、神に祈る者）になる儀式が大嘗祭であるとすれば、それは即位儀礼の付加的儀式ではなく、むしろ最も意味の重い伝統的儀式であり、所がいうように即位礼もこれによって「完了したとされる」ような中心的儀式であるといえるだろう。だが昨年行われた天皇代替わりの即位礼は大嘗祭を伝統による余儀なき付加的儀礼とすることによってそれがもつ重大な意義を隠してしまった。何が隠されたのか。それは新たに天皇に即位するということは、国家・国民のための新たな祭祀者（神を祀り、神に祈る者）になるということである。このことこそ脱国家神道的な現行憲法下で隠微に相続されていく天皇制の本質なのである。

だが現行憲法下で隠微に相続されていく祭祀的天皇制をいう前に、昭和の天皇制的全体主義をもたらした明治の「王政復古」という新たな天皇制の創出をかえりみておく必要がある。津田左右吉が明治維新とこの維新遂行者による国家形成に強い違和感をもったのはこの点にあった[2]。津田がいう通り「王政復古」とは明治維新という政治改革の反徳川的遂行者が掲げたスローガンであった。これをもって彼らのクーデターを正当化したのである。だがこのスローガンは明治維新という日本の近代化改革に復古主義あるいは天皇主義を深く刻印していくことになった。明治国家はやがて憲法を制定し、議会を設けて近代国家的体制を整えていくが、天皇制的支配の国家原則は貫かれ、「国体」の理念は二〇世紀の国際的、国内的危機を通じていっそう強化され、やがて昭和とともに国民を天皇制的全体主義国家の内に包み込んでいくことになるのである。その際、天皇は超憲法的な最高の神道的祭祀者として「国家神道」

的イデオロギーの中枢に存在することになる。総力戦という国民の生命をも総動員した昭和の戦争を可能にしていったのはこの天皇制的全体主義であった。

数年来、日本で「明治維新一五〇年」がしきりにいわれた。それとともに「明治維新」と「日本近代史」の読み直しが盛んになされてきた。しかしそれらは決して「日本近代」の批判的な問い直しではない。「明治維新」再評価の代表的な著述（三谷博『維新史再考』二〇一七）では、西洋的近代国民国家のグローバル的形成のアジアからのいち早い応答として、さらに成功した実現例として明治維新と明治国家の成立がとらえられている。これは「明治維新一五〇年」がいわれる現代日本の近代史家による代表的な再評価の言説である。

ここにはわれわれが明治維新や日本近代史を再考する際の不可欠な前提であった〈昭和日本の十五年戦争〉もその〈敗戦〉もない。歴史家におけるこの欠落は、現在日本の政権が歴史修正主義者によって長く掌握されていることに対応するような歴史学的事態だといえるかもしれない。少年時に戦争日本・敗戦日本を体験した私は昭和の十五年戦争と一九四五年の敗戦という事態を外にして明治維新も日本近代史も見ることはしない。むしろ私は明治維新と日本近代化の最終的な帰結が昭和の十五年戦争であり、敗戦であったと見ている。それゆえ「王政復古」の維新を近代的「主権」の原理に適合する天皇制的国家体制を作り出した近代化改革などとは解しない。むしろ昭和の天皇制的全体主義国家を生み出す原因をなすような政治権力体制へのクーデター的政権交代が明治維新であったと私は見るのである。そして統治大権をもち、統帥権をもち、そして憲法を超越する祭祀大権をもつ天皇とはこの全体主義国家日本の最高の権力的体現者であったのである。▼3

いま「祭祀大権」という耳慣れない概念をいったが、これは国家神道にかかわるものである。周知のように帝国憲法もまた政教分離という近代国家の原則をもっている。もし神道を宗教とすれば、神道もまた政教分離の原則に従わねばならない。そこで神道の国家性・国民性を主張する人びとは神道を宗教とは異なる祭祀体系だとしたのである。こうして天皇を最高の祭祀者とした国家的祭祀体系としての「国家神道」が成立することになる。この最高の祭祀者たる天皇を「祭祀大権」の所有者というのである。そして天皇を最高の祭祀者とした国家神道こそが昭和日本を全体主義化する最大の精神的要因をなすものであったのである。

それゆえ日本の軍国主義的国家体制の解体をめざした占領軍は「神道指令」（一九四五年一二月）を発した。これは国家神道の解体をめざしたものである。その上に日本国憲法は国及びその機関はいかなる宗教的活動もしてはならないと政教分離の原則を再規定した。これは帝国憲法の政教分離の原則を骨抜きにした天皇を最高の祭祀者とした国家神道の復活を許さないものであったはずである。ところが平成という時代になって天皇の強い意志によって繰り返しなされた戦争犠牲者に対する追悼行為などが「祈り、祀る天皇」という肯定的な天皇像を国民の間に生み出していった。だが「祈り、祀る天皇」とは国民の最高の祭祀者としての天皇をいうものであったはずである。「祈る天皇」に共感しながら国民は国家神道の中枢にあった最高の祭祀者天皇を呼び起こし、みずからの内に呼び入れてしまったのではないか。

「祈る天皇」に対するこの疑いを私は新天皇の即位の儀礼がはじまりつつあった昨年の終わりの時期に二つの講演会で語った。[▼4] この講演会のいずれの会であったか、「最高の祭祀者である天皇がどうして国民の畏敬の対象として、国民に祀られる天皇になるのか」という質問を受けた。この問いはある程度私の予期するものであった。天皇を最高の祭祀者というだけでは国民を巻き込んだ昭和の天皇制的全体主義の成立を説くことにはならない。天皇が最高の祭祀者になることが、同時に天皇が国民による最高の畏敬の対象になることの理由を解き明かすことではじめて私は上の疑いに答えたことになるだろう。この問いへの私の予想は、同時にその答えへの予想でもあった。「祀る天皇」を記述しながら私は「祀る神は祀られる神である」という和辻哲郎による「日本の神」についての性格規定を思い浮かべていた。だから私は上記の質問に和辻の「日本の神」についての「祀る神が祀られる神である」という性格規定がその答えになるだろうといった。私はその時ただ答えを暗示的にいうだけであった。この答え方はさらに充分な言葉をもって補うべき責めを負っている。私は「日本の神」をめぐる『日本倫理思想史』上巻・第一篇の記述をあらためて読んでいったのである。

2 和辻の二つの著書

和辻が「日本の神」の性格についてまとまった形で最初に論じたのは「尊皇思想とその伝統」においてである。この論文は『岩波講座 倫理学』の第一巻に掲載された(昭和一五)。和辻はこれに後に雑誌『思想』に掲載した江戸時代の儒学者・国学者などの尊皇思想をめぐる論文を加えて『尊皇思想とその伝統』の一書にまとめて昭和一八年一二月に岩波書店から出版した。和辻はこの『尊皇思想とその伝統』を「日本倫理思想史 第一巻」としたように、これを初めとし、また軸として「日本倫理思想史」をまとめる構想をもっていた。この構想は日本の敗戦と戦後過程を経た昭和二七年の『日本倫理思想史』の刊行として実現された。その上巻はその年の一月に、下巻は同じくその年の一二月に岩波書店から刊行された。「日本の神」の性格については前者『尊皇思想とその伝統』では「前篇　尊皇思想の淵源」で、後者『日本倫理思想史』上巻では「第一篇　神話伝説に現はれたる倫理思想」で論じられている。しかし書名は異なってもその内容はほとんど同じである。古川哲史は「『尊皇思想とその伝統』の内容はほとんどそのまま『日本倫理思想史』のなかに取り入れられ、活かされている」と解説していっている。[5]

私はここで「日本の神」、その「神」は当然「現人神としての天皇」に連なるものだが、その性格をめぐる和辻の論文の公刊の経過をやや詳しく見てきた。それはこの「神・天皇」をめぐる和辻の議論がもつ恐るべき性格を知るためでもある。『尊皇思想とその伝統』と『日本倫理思想史』との公刊の時期とは太平洋戦争が戦況の厳しさを見せながら敗戦に向かいつつある時期から、敗戦を経て戦後日本の再建が冷戦的世界状況の中で問い直されようとする時期にかけてである。戦前日本の根底的な転換が図られた敗戦をはさみながら和辻の「日本の神（天皇）」の性格をめぐる論文は変わることなく二つの時期のそれぞれの著書に公表されたということである。

戦前昭和一八年に公表された「日本の神（天皇）」の性格をめぐる宗教社会学的な解明とこの「神（天皇）」をめぐる上代日本人の倫理的エートスの理念型的構成とが、戦後昭和二七年に変更することなく継承され、新たな通史的形をもって公表されたということは、時代の危機を経由してもたじろぐことのない和辻の理論的強さをいうのか、あるいは「日本の神（天皇）」がもつ構造的強さをいうのか、いずれにしろ私はそれを恐ろしいというのである。そうした主観的な慨嘆はともかくとして、和辻による「日本の神」の性格づけをあらためてここで追ってみよう。私はその追跡を『日本倫理思想史』上巻[6]によってする。

3 「日本の神」の性格

和辻の『日本倫理思想史』の上巻は第一篇「神話伝説に現はれたる倫理思想」の第一章において「宗教的権威による国民的統一」を論じている。彼は考古学的資料や「魏志倭人伝」などの中国の文献資料によりながら古代日本の国家的な統一過程を追跡し、記述する。彼は古代国家の統一過程を祭祀的共同体の統一過程として記述していく。私はこれを「宗教社会学的な解明」といった。宗教社会学はデュルケームやジンメルらによって展開されていった二〇世紀の若い学問であるが、和辻は明らかにこれを受容している。

「シナの文献は、西紀三世紀に宗教的権威による日本国の統一が確立していた、ということを示している。そうしてその統一は西紀二世紀の初めまで溯り得られるものである。また考古学的研究は、さらにそれ以前の二世紀ほどの間に、大きい二つの祭り事の統一が、即ち宗教的権威によるかなり広汎な統一が、成立していたことを立証している。然るに記紀の神話は、丁度この宗教的権威についての物語、即ち神聖な権威による国家統一の物語なのである。」

これが古代日本における「祭り事の統一」を通して国家的統一を読み出し、語り出していく和辻の文章である。これは記紀神話によって神国日本の成立を語る国体論的文章とは全く異質な知的な透明さをもった文章である。この文章をものする知性、同時代の宗教社会学、民族学、そして哲学的解釈学の知識と方法とを共有した知性が、記紀神話を成立しつつある祭祀的共同世界の構造的秘密を解き明かす有力な素材たらしめていくのである。記紀神話は「神聖な権威による国家統一の物語」だとした和辻はこの物語が国家統一事業の前に存在するものではないとするとともに、この事業と「全然無関係に架空の物語として作られ得る如きものでもない」とするのである。「ミュケーナイやクレータの発掘がギリシアの古い伝説にいかなる光を投げたかを知るものは、弥生式文化圏の成立や銅鉾銅剣の製作などが、われわれの神話伝説のなかに何らの痕跡をも残していないなどとは考えることが出来ぬのである」と和辻はいう。かくて和辻は「神話物語」に解釈学的視線を注ぎ入れていくのである。この視線によってもっとも鮮やかに読み出されたのは、「祀られると共に自ら祀る神」であるという「日本の神」の性格である。

「われわれは一つの驚くべき事実に衝き当る。神代史において最も活躍している人格的な神々は、後に一定の神社において祀られる神であるに拘わらず、不定の神に対する媒介者、即ち神命の通路、としての性格を持っている。それらは祀られると共にまた自ら祀る神なのである。そうしてかかる性格を全然持たない神々、即ち単に祀られるのみである神々は、多くはただ名のみであって、前者ほどの崇敬を以て語られていない。[7]」

もちろん和辻は日本の神がすべてそのような性格をもつというのではない。彼は記紀神話の神々を三種に分類しながら検討し、その結果として上記の驚くべき結論を導くのである。くりかえしていえば、神代史における有力な神々は、「一定の神社において祀られる神であるに拘わらず、不定の神に対する媒介者、即ち神命の通路、としての性格を持っている。それらは祀られると共にまた自ら祀る神」であるという性格である。この神の性格を神代史の主神である天照大御神にも見出すことができる。見出すことができるというより、主神である天照大御神は代表的にこの性格を担っているというべきだろう。

「天照大御神は三種の神器と共に天孫をこの国土に降臨せしめた神であり、従って天つ日継の現御神にとって皇祖神である。この神は我国における最も大いなる「祀られる神」であったことは云うまでもない。然るに高天原にあっては、この大神は天上の国の主宰者として自ら神を祀っているのであって、他からの祭祀を受けているのではない。」

われわれは高天原神話における須佐之男命の狼藉の段での「天照大御神、忌服屋（いみはたや）に坐して神御衣（かむみそ）織らしめたまひし時に」（『古事記』）という記述から天照大御神もまた高天原で神を祀ることを知る。だがこのことからだれも「日本の神」の驚くべき性格を見出したりはしない。ところが和辻はすでに見たように「祀られる神もまた祀る神である」という「日本の神」の驚くべき性格を見出すのである。私はかつて宣長によって『古事記』を読んでいた時期にこの和辻の犀利な解釈的発見に出会って驚いた。だがその時、私はただ和辻の解釈の冴えに驚いていたにすぎなかった。この犀利な解釈の射程がはるかに現代の天皇論にまで及ぶものであることを私は見ようとはしなかった。われわれはあらためて和辻のこの解釈的発見の意味を問わねばならない。

4　和辻の「神」解釈とその射程

高天原の天照大神も神を祀るが、いかなる神を祀るのかは不明である。和辻はこれをむしろ日本神話における究極神の性格とする。「しかし記紀の叙述から見れば、それは明白に、不定の神である」という。これを「不定の神」とした上で和辻は「祀られると共に祀る神」という「日本の神」の構造的性格について重要なことをいう。

「天照大神もまた背後の不定の神を媒介する神として神聖なのであって、自ら究極の神なのではない。即ちここにも神命の通路が表面に出て神自身は後に退いている。」

高天原の主神である天照大御神の祀る神とは至上の神というべき神のはずだが、そのような神の存在の徴は日本神話のどこにもない。和辻はそれを「不定の神」というのである。そして天照大御神の尊貴性はこの不定の至上神を媒介する神、その神命を伝える神であることにあるというのである。彼はこれを「神命の通路」が表面に出てくるというのである。日本の究極神の不定性をいう和辻の犀利にして微妙な解釈の言説を解説的にここでくりかえす愚を止めて彼自身の言葉をもって語らせよう。

「祭祀も祭祀を司る者も、無限に深い神秘の発現し来る通路として、神聖性を帯びてくる。そうしてその神聖性の故に神々として崇められたのである。しかし無限に深い神秘そのものは、決して限定せられることのない背後の力として、神々を神々たらしめつつもそれ自身遂に神とせられることがなかった。これが神話伝説における神の意義に関して最も注目せらるべき点である。究極者は一切の有るところの神々の根源でありつつ、それ自身いかなる神でもない。云いかえれば神々の根源は決して神として有るものにはならないところのもの、即ち神聖なる「無」である。それは根源的な一者を対象的に把捉しなかったということを意味する。……絶対者を一定の神として対象化することは、実は絶対者を限定することに他ならない。それに反して絶対者を無限に流動する神聖性の母胎としてあくまで無限定に留めたところに、原始人の素直な、私のない、天真の大きさがある。」

私の拙い言葉で要約したりする愚を教えるような和辻の「日本の究極神」をめぐる冴えた解釈的文章を写しながら、私は宣長の『直毘霊』の言葉を思い浮かべていた。

「千万御世の御末の御代まで、天皇命はしも、大御神の御子とましまして、天つ神の御心を大御心として、神代も今もへだてなく、神ながら安国と、平けく所知看しける大御国になもありければ、古への大御世は、道といふ言挙もさらになかりき。」

この「天つ神の御心を大御心として」という行に宣長は注してこういっている。「何わざも、己命の御心もてさかしだち賜はずて、ただ神代の古事のままに、おこなひたまひ治め賜ひて、疑ひおもほす事しあるをりは、御卜事もて天つ神の御心を問して物し給ふ。」この宣長の言葉をもって見れば、「天つ神の御心を大御心」とした代々の天皇の統治とはまさに己れを「神命の通路」とした統治であったといえるだろう。宣長はこの「天つ神の御心を大御心」とすることを「己命の御心もてさかしだつ」ことの対極に置いているのである。「神命の通路」であるとは、己れを超えた「全体意志」を神命として聴受することであろう。和辻も記紀物語の「太占」に触れて、「太占に現われた全体意志をおのれの意志として実現するのは、祭り事を知ろしめす皇祖神或は天皇であった」といっている。いま私が宣長を引きながらいおうとしているのは和辻が記紀神話から解釈し出した「神の性格」とは人皇の時代における「天皇の性格」にほかならないということである。そのことは冒頭に引いた第二章「神話伝説における神の意義」の末尾の一節にはっきりと示されている。これをもう一度ここに引いておきたい。

「それは絶対者をノエーマ的に把捉した意味での神ではなく、ノエーシス的な絶対者がおのれを現わしてくる特殊な通路としての神なのである。従ってそれは祭り事と密接に連関する。祭り事の統一者としての天皇が、超人間的超自然的な能力を全然持たないにかかわらず、現神として理解せられていた所以は、そこにあるであろう。天皇の権威は、日本の民族的統一が祭祀的団体という形で成立したときに既に承認せられているのであって、政治的統一の形成よりも遙かに古いのである。」

私は祭祀する天皇が国民的畏敬の中心であるゆえんを和辻の「日本の神」解釈によって答えながら、和辻の「神」をめぐる私の論はすでに答えの範囲をこえてしまっている。しかし私の論がこえるというよりは、記紀神話によって「日本の神」あるいは日本の最高神「天照大御神」を解釈的に再構成する和辻の論がはるかに二〇世紀日本の「天皇」論に及ぶ射程をもっていたというべきだろう。上に引いた和辻の「現神」としての天皇をいい、民族的統一にかかわって「天皇の権威」をいう言葉はすでに帝国日本の神聖天皇の意味を、さらには戦後日本の象徴天皇の意味をも解き明かすものでもあるだろう。和辻の記紀神話によって「日本の神（天皇）」の性格を解明する論文が太平洋戦争とその敗戦をはさんで二つの著述として、すなわち『尊皇思想とその伝統』（昭和一八年刊）として、さらに『日本倫理思想史』上巻（昭和二七年刊）として刊行されたことは和辻の「記紀神話」の解釈学的作業がもったはるかな歴史的射程を明らかにしている。

私は前にこの戦争と敗戦をはさんだ同内容の二つの著述の刊行をめぐって「恐ろしさ」をいった。恐ろしいのは和辻の犀利な神話解釈であるとともに、その解釈が戦前の神聖天皇をも戦後の象徴天皇をも支えてしまっていることである。一つの理論が戦争と敗戦をはさんだ二つの時代の天皇を支えたとすればこれほど恐ろしいことはないではないか。すでに私にとっての最後の問題が提示されている。

第16章 「天皇の本質的意義に変わりはない」——和辻哲郎『国民統合の象徴』を読む

「国民の全体意志に主権があり、そうしてその国民の統一を天皇が象徴するとすれば、主権を象徴するものもほかならぬ天皇ではなかろうか。国民の統一をほかにして国民の全体意志は存しないであろう。かく考えれば「日本国民なるものが統治権または統治権総攬の権を有するものであって、天皇が有せられるのではない」という博士の断定は、まことに不可解のものとならざるを得ない。」

和辻哲郎『国民統合の象徴』

1 「国体は変更する」

「大日本帝国憲法改正案」は昭和二一年（一九四六）六月二〇日に新しく構成された第九〇回帝国議会の衆議院に提出された。衆議院は若干の修正を加えたのちに圧倒的多数をもってこれを可決した。改正案は貴族院に送付され、貴族院も若干の修正を施して一〇月六日にこれも圧倒的多数で可決した。改正案は枢密院の審議を経て一一月三日に「日本国憲法」として公布された。その施行は翌昭和二二年

（一九四七）五月三日である。いま私がここに「帝国憲法改正案」としての「日本国憲法」の時日的成立過程を記すのは、「国体」をめぐる和辻・佐々木論争は「日本国憲法」のこの成立過程に深く関わるからである。

貴族院議員でもあった法学者佐々木惣一は一〇月五日の貴族院本会議で「改正案」について「今日帝国憲法を改正することを考える其のことは、私も政府と全く同じ考でありまするが、唯、今回提案の如くに改正することは、私の賛成せざる所であります」と反対意見をのべた。その際佐々木は一〇項目に及ぶ反対理由を挙げている。後の議論にもかかわる反対理由の要点をここに挙げておこう。第一、万世一系の天皇が国家の統治権を総攬するというのがわが国の政治的基本性格であり、また国体の事実であった。伝統的国民感情を顧みず国体を安易に変更してはならない。第二、統治権の総攬者である天皇を廃するのではなく、内閣など協力機関の徹底的な改革を行い、施政に正しく民意が反映されるようにすべきである。第三、内閣など協力機関が行き詰まり機能しない国内外の政治的危機にあって天皇のご判断を仰がねばならぬ事態が生じる。「已むを得ざる場合に天皇の御判断のみに依って決定せられても国内は収まるのであります。是は国民の心理的作用でありまして、単なる法的の作用及び実力の作用ではありませぬ。」天皇には「特殊の重大なる御職分」というものがあるのであって、これを改正案は考えていない。第八、政治的基本性格としての国体を変更することは精神的・倫理的方面より見た国体の変更にも影響を与えざるをえない。国体の変更とは国家がその個性を失うことである。[1]

これらの理由をもって「帝国憲法改正案」に反対した佐々木は、その「改正案」すなわち「日本国憲法」がまさに成立しようとするその時期に、この成立とはわが国体が変更される重大な事態であることをいうのである。佐々木は『世界文化』の昭和二一年（一九四六）一一・一二月合併号に「国体は変更する」を発表するのである。この論文から「国体」概念をめぐる和辻・佐々木論争が展開されていくのだが、その論争に入る前に佐々木によって何がいい出されたかを確認しておこう。それはこの論文のタイトルが示す通り「国体は変更する」ということである。佐々木はこういっている。

「従来、国体の概念に該当する事実としては、万世一系の天皇が、万世一系であるということを根柢として統治権の総攬者である、ということがあった。其の事実が日本国憲法においては変更する。即ち、天皇が統治権を総攬せられる、ということが全くなくなるのである。」「主権の存する日本国民ということは、明に、統治権の総攬者が天皇でない、ということを示すものである。」「日本国憲法によれば、天皇が統治権総攬者である、という事実は全くなくなる。之を称して、国体が変更する、というのである。[2]」

佐々木はここで天皇が「統治権の総攬者」であることを「国体の概念に該当する事実」だといっている。佐々木のこの論文を含む著書『天皇の国家的象徴性』（有斐閣、一九五七）の「序」で彼はこの「国体の変更」という事態をこういっている。「日本国憲法が帝国憲法の改正として制定施行せられて、天皇は、統治権総攬者ではなく、国家的象徴である、ということとなり、そして、国民が統治権総攬者である、ということとなった。即ち、天皇の本質が変更し、従て、わが国家の政治的基本性格たる国体は変更した。[3]」天皇中心的な日本国家のあり方が「国体」概念を構成してきたのであり、それからすれば天皇から国民への国家主権の移行は、「天皇の本質が変更し、従て、わが国家の政治的基本性格たる国体は変更した」といわざるをえない危機的事態だということになる。敗戦後日本の国家的事態は「国体」概念の変更どころか、むしろその消滅をいわざるをえないような危機的事態であったのであろう。一九四六年の「国体は変更する」という佐々木の言葉に、天皇主権的国家の体質的変更に国民は果たして応えうるのかという重い問いかけを私は聞く。だが和辻は佐々木のこの言葉に国民への重大な問いかけなどを聞くことはなかった。彼は「国体は変更する」という佐々木の言葉自体の誤りを追及したのである。

2　和辻・佐々木論争の意味

佐々木の「国体は変更する」を読んだ和辻は直ちに「国体変更論について佐々木博士の教えを乞う」を雑誌『世界』（一九四七年一月号）に書いて佐々木の論を批判した。両者の議論は論争の形をとって展開されたが、その論争の過程をここで追うことはしない。問題は「国体は変更する」という佐々木の説の誤りをいうことによって、和辻は何を己れの言説上に成立させていったかである。

佐々木は前に引いたように「国体の概念に該当する事実としては、万世一系の天皇が、万世一系であるということを根柢として統治権の総攬者である、ということがあった。其の事実が日本国憲法においては変更する」といっていた。天皇が統治権の総攬者であるところに佐々木は日本の「国体」の事実を見るのである。佐々木が「事実」というのは、日本という国家の法的存立の根本が天皇主権に具現化されているということであろうか。佐々木は和辻への反論の中で、「憲法論における国体は政治の様式に着眼して見た国家の形体である」といいながら、国家存立の基本は何人が国家統治権の総攬者であるかにあるという。

「国家という政治生活体として最も基本的と考えられるものに着眼しなくてはならぬ。それは、何人が、国家の包括的の意思力たる統治権（日本国憲法の用語では国権である）を総攬する者（日本国憲法の用語では、主権を有する者）即ち統治権の総攬者（日本国憲法の用語によれば主権者）として定められているか、ということでなくてはならぬ。……これが定められなくては、国家として存立し得ないのである。」[4]

佐々木は何人が国家統治権の総攬者（主権者）であるかによって「国体」を規定しようとするのである。この「国体」の規定自体は天皇主権の帝国憲法から国民主権の日本国憲法への移行にあたって大きな意味をもっている。まさしくこの移行を佐々木は「国体の変更」として重大視しているのである。和辻はこの佐々木の「国体」概念、すなわち変更されようとするこの「国体」の概念に異議をとなえるのである。和辻は「何人が国家統治権の総攬者であるか、という面より見た国柄は、久しく「政体」という概念によって示されて来た」といい、なにゆえわざわざ「国体」概念をもちだし、「政治の様式より見た国体」と「精神的観念より見た国体」の区別をしたりしながら佐々木が「国体の変更」をいったりすることは理解できないというのである。さらに和辻は佐々木が「万世一系の天皇が、万世一系であるということを根柢として統治権の総攬者である」ことを「国体の概念に該当する事実」としていることについてこういう。

「それは千年以前の日本において存し、その後漸次実質を失って、短期間の例外のほかは約七百年間あとを絶ち、明治維新において復興され、帝国憲法によって明らかに表現された事実にほかならない。すなわち日本の歴史を貫いて存する事実ではなく、千年前の事実であり、また明治以後に復興された事実なのである。千年前の事実はすでに千年間も埋没していたのであるから、それが今なくなるということは問題ではない。問題になるのは、明治以後、特に帝国憲法において確立された事態が、今変更する、ということである。[5]」

天皇が国家的「統治権の総攬者」であることをその「事実」とするような「国体」の概念は、「明治維新において復興され、帝国憲法によって明らかに表現された」ものだと和辻はいうのである。佐々木はこの和辻の批判に反論するが、その反論に成功しているわけではない。天皇が「統治権の総攬者」であることによって構成される「国体」の概念は明治維新と明治国家の産物であることに間違いはない。佐々木の「国体」は文字通り「天皇ハ国ノ元首ニシテ統治権ヲ総攬シ此ノ憲法ノ条規ニ依リ之ヲ行フ」（「帝国憲法」第一章第四条）に従って構成されたものである。だから佐々木が「国体は変更する」というのも「明治以後、特に帝国憲法において確立された事態が、今変更する、ということ」に過ぎないのではないかと和辻はいうのである。和辻の口調は皮肉ぽくあざ笑うかのごとくである。

「とすると、佐々木博士が「国体は変更する」として強く主張しようとせられることは、長期にわたる歴史的存在としての日本国に何か重大な変更が起るということではなく、明治以後に日本に建てられた政体が、過去の日本にとって別に珍しくもない状態の方へ、一歩近づいたような変更をうける、ということに過ぎないのではなかろうか。それを博士が非常に重大な問題のように主張せられるのが、わたしにはどうもわからないのである。」

この和辻による佐々木の「国体」概念の誤用に対する皮肉めいた批判の言は、この論争の、あるいは和辻の批判の本当の意味を明らかにしている。

3 何が変わり、何が変わらないのか

天皇がわが国家の統治権の総攬者であることを、わが「国体」の重大な事実だとする佐々木において、統治権の総攬者を国民とする「日本国憲法」は「国体を変更する」ものであった。それは日本の国家的存立原理の重大な変更であった。これに対して和辻は統治権の総攬者としての天皇とは明治に始まる近代国家日本の構成であって、日本の歴史を通貫するような「国体」の事実ではないとするのである。和辻からすれば「日本国憲法」で変更されるのは「政体」であって「国体」ではない。では敗戦とその帰結としての帝国憲法の改正を通じても変更されないという「国体」とは何か。敗戦をはさんでなお連続する「国体」などありうるのか。われわれはここに至って初めて本論の主題というべき問題に直面したことになる。だがこの問題に正面する前に佐々木に向けられた和辻の皮肉まじりの軽妙な文章を見ておきたい。

「佐々木博士は、日本国憲法によれば天皇が統治権総攬者であるという事実は全くなくなる、ということを非常に熱心に主張せられた。それに対してわたくしは、明治以前七百年間天皇は統治権総攬者ではなかった。それだのに博士はなぜ珍しそうにその「なくなる」ということを力説せられるのであろうか、という疑問を提出した。しかし考えてみると、前にそういう状態があったからといって、今そうなることがよいとはいえない。前の状態が好ましくない状態であったとすれば、今そうなることも好ましくないに相違ない。そこで問題は、統治権総攬者であるということが天皇の意義にとってそれほど中枢的なものであろうかという点に移る。もしそれが中枢的なものであるならば、この七百年あるいは千年にわたる日本の歴史において天皇はその中枢的な意義を失っていたことになる。もし

そうでないならば、統治権総攬者でないにもかかわらず七百年あるいは千年にわたって尊皇の伝統を持続したところに、天皇の中枢的意義が存すると見なくてはならぬ。」

和辻はここで佐々木の「国体は変更する」という大事をいう重い言説を実に軽妙な言葉で批判解体し、天皇が統治権総攬者でないにもかかわらず、天皇の中枢的意義は失われることなく日本の長い歴史過程に存在してきたといってしまっている。私は和辻の文章を写しながら、事の大事をいう文章の軽さが気になった。それは批判的文章がとる修辞なのか、文化論的文章の軽さなのか。和辻の批判に答える佐々木の事柄の大事を重くいう文章を読みながら、和辻の文章の軽さをいっそう思うのである。佐々木はいう。「併し、今日、わが国の政治体制が国民主権か君主主権かということは、極めて重大な根本問題であって、最も明確な観念を持っていなくてはならぬ。そのいずれであっても、大して差異はない、というような観念は、私の考によればこれを棄てなくてはならぬ。[6]」

だが和辻は軽々と「天皇が日本国民の統一の象徴であるということは、日本の歴史を貫ぬいて存する事実である」というのである。そしてそれは敗戦によっても変わることのない「事実」だというのである。

4　天皇は「国民統合の象徴」

「天皇」は「すめらみこと」と訓まれるが、「すめら」は「すべる」「統一する」の意であり、「みこと」は敬語であるから、「すめらみこと」とはすべられるということを尊んでいった言葉である。今風にいえば統一の働きを人格化したものといえるといったのちに和辻は、「とすれば「すめらみこと」とは本来国民統合の象徴であったのである」という。さらに和辻は日本の原始宗教的地盤からの天皇の発生をいっていく。「原始宗教の地盤から天皇が発生したということは、原始集団の人々が集団の生きた全体性を天皇において意識したということを意味する。原始人は集団の全体意志というごときものを考えたり認めたりすることはできなかったが、しかし祭祀を通じて全体意志は形成され、祭祀によってそれは発動した。その際にこの全体意志を表現する地位に立ったのが天皇なのである。だから天皇は初めから集団の統一の象徴であったということができる。」

日本古代の祭祀的＝政治的共同体が生み出した「全体意志の表現者」という天皇の本質規定はその後の長い歴史を通じて、統治権が朝廷から離れた時代においても維持されてきたと和辻はいう。室町時代の民衆的な物語や謡曲に依りながら和辻は「いかに有力な大名もかかる統一の象徴とはなり得なかった。ただ天皇のみが、何の権力もなく何の富力もなかったにかかわらず、日本国民の統一を示し得たのである」というのである。和辻のこういう語り口を見ると、この「天皇」もまた和辻の語りの産物だと思われてくるが、それは後の問題として和辻は日本の歴史を貫いて存在するこの「天皇」を見出してこういうのである。

「かく考えれば天皇は日本国民の統一の象徴であるということは、日本の歴史を貫ぬいて存する事実である。天皇は原始集団の生ける全体性の表現者であり、また政治的には無数の国に分裂していた日本のピープルの「一全体としての統一」の表現者であった。」

これは佐々木の国体論への反論という域をはるかに超えた天皇論である。敗戦の結果というべき「象徴天皇」を「日本の歴史を貫いて存する事実」として積極的に容認しようとするのである。和辻がここで「日本のピープル」というのは、「日本国の政府の窮極の形体は、ポツダム宣言に合致して、自由に表明されたジャパニーズ・ピープルの意志により樹立さるべきである」という連合軍の立場を周到に読み入れたものである。彼は歴史的にジャパニーズ・ピープルの全体的意志の表現者として天皇があったといっているのである。これは恐ろしい天皇をめぐる歴史解釈の言辞である。それは十五年戦争の惨苦と犠牲の結果というべき日本国民の主権性を再び天皇に取り戻してしまうのである。

5　天皇の本質的意義に変わりはない

佐々木は「国体は変更する」といった。それは統治権総攬者（主権者）が天皇から国民に移ることを意味した。佐々木はこのことを、「主権の存する日本国民ということは、明らかに、統治権の総攬者が天皇でないことを示すものである」という言葉でいった。この言葉を受けながら和辻はいうのである。天皇から国民への主権の移行を雲散霧消させてしまうことがどのような言語でなされるか、よくよく見るべきだろう。

「しかしこの規定（主権の存する日本国民・子安補）において主権の存するのは「国民の全体性」であって国民を形成する個々人ではない。英訳に用いられるpeopleの語は集団としての国民をさしているると思われる。従ってこの個所は「日本国民の主権的総意に基づく」というのと同じ意味に解してよいであろう。しからば主権を持つのは日本国民の全体意志であって、個々の国民ではないのである。もちろん個々の国民も全体意志の形成に参与している。しかし個別意志と全体意志とは次序の異なったものである。国民の全体意志に主権があり、そうしてその国民の統一を天皇が象徴するとすれば、主権を象徴するものもほかならぬ天皇ではなかろうか。国民の統一をほかにして国民の全体意志は存しないであろう。かく考えれば「日本国民なるものが統治権または統治権総攬の権を有するものであって、天皇が有せられるのではない」という博士の断定は、まことに不可解のものとならざるを得ない。」

かくて和辻は戦後の象徴天皇の成立に「天皇の本質的意義」におけるいかなる変更も認めることはないのである。「「日本国民統合の象徴」としての天皇が日本国民の主権的意志の表現者にほかならぬとすれば、天皇の本質的意義に変わりがないのみならずさらに統治権総攬という事態においても根本的な変更はないといわなくてはならぬ。」

これは恐ろしい言葉である。一九四六年の憲法改正を通じて成立する「象徴天皇」と「その地位は、主権の存する日本国民の総意に基く」(第一章・第一条)という条文に天皇の本質的意義における変更を読まないという和辻の理解とその理解を導く知性を私は恐ろしいというのである。和辻についての恐ろしさを私はすでにいった。「全体的意志の表現者」たる天皇の原型的成立を神話や古代資料によって明らかにした『尊皇思想と伝統』(論文:昭和一五、単行本:昭和一八)の記述がそのまま戦後の『日本倫理思想史』上巻(昭和二六)の序章をなしていることを私は恐ろしいことだといった。[7] 日本の天皇の原型的把握は昭和の戦争と敗戦によっても揺らぐことは全くなかったのである。〈天皇の原型的把握〉は和辻において〈天皇の本質理解〉としていっそう確信の度を強めていったように思われる。昭和の戦争というアジアと日本に大きな惨禍をもたらした事実は彼の〈天皇の本質理解〉を揺るがすことは全くなかったのである。これは恐ろしいことだ。だが何が恐ろしいのか。私は和辻の知性といった。だが本当に恐ろしいのは和辻の知性が国家的危機の度に見出し、国民に保証していく〈天皇という存在とその本質〉ではないのか。

和辻が『尊皇思想とその伝統』を公表した昭和一五年（一九四〇）とは行き詰まる中国大陸における戦争が世界戦争というより大きな戦争への参入に出口を求めようとしている国家的危機の時である。その時に和辻は「全体的意志の表現者」たる天皇とその天皇との自覚的一体化を求める「尊皇心」とを説いていったのである。そしてその敗戦という現実の国家的国民的な分裂の危機にあって和辻は「国民の全体意志に主権があり、そうしてその国民の統一を天皇が象徴するとすれば、主権を象徴するものもほかならぬ天皇ではなかろうか」と「象徴天皇」による国民の統合を説いていくのである。

「天皇の中枢的意義が国民の全体性の表現というところにあり、そうしてその国民の全体性が統治権の源泉であるならば、その天皇を統治権の総攬者と定めることと、国民を統治権の総攬者と定めることとの間には、憲法の条文が表に示しているほど大きい区別は実質的にはないことになるのである。」[8]

われわれは和辻のこうした言辞の恐ろしさとともに、こうした言辞を導く「天皇」という存在の恐ろしさを知るのである。それは日本の国家的危機にあたって、あるいは日本社会の分裂の危機にあたって常に救済符のごとく求められる存在である。だが救済符は危機や分裂の真因を欺き、それへの依拠心を人びとに増大させるだけである。敗戦から七五年のいま、明治維新から一五〇年のいまふたたび天皇が救済符として求められている。かつて和辻は救済符としての天皇を原初の祭祀的共同世界に求めた。だが壊頽する現代日本の国家社会に直面する二一世紀日本の知識人は象徴天皇に太古の名残りの救済符を求めるしかないようだ。

「かつてレヴィ＝ストロースは人間にとって真に重要な社会制度はその起源が「闇」の中に消えていて、たどることはできないと書いていました。親族や言語や交換は「人間がそれなしでは生きてゆけない制度」ですけれども、その起源は知られていない。天皇制もまた日本人にとっては「その起源が闇の中に消えている」ほどに太古的な制度だと思います。／けれども、二十一世紀まで生き残り、現にこうして順調に機能して、社会的安定の基盤になっている。いずれ天皇制をめぐる議論で国論が二分されて、社会不安が醸成されるリスクを予想した人はかつておりましたが、天皇制が健全に機能して、政治の暴走を抑止する働きをするなんて、五十年前には誰一人予測していなかった。そのことに現代日本人はもっと「驚いて」いいんじゃないですか。[9]」

われわれが驚くべきなのは、われわれの主権を象徴天皇に譲り渡しているあり方がここにまでいたっていることである。

終章　「日本近代化」再考　北京大学・講演（二〇一九・五・二五）

1

昨年二〇一八年は明治維新（一八六八）一五〇周年に当たりました。特別に国家的な行事がなされたわけではありませんが、書店の棚を埋める形で明治維新と日本近代史の再考察本が出版されたりしました。だがそれらは明治維新とそれから始まる日本近代史を本質的に読み直したり、問い直したりするものではありません。だれも明治維新が日本近代史の正統な始まりをなす変革であったことを疑っていないからです。

私は数年前から、正確にいえば一五年の秋から津田左右吉の大著『文学に現はれたる我が国民思想の研究』とは何かを問うことを課題にした市民講座（公民教室）を開いてきました。津田左右吉（一八七三—一九六一）は『古事記』『日本書紀』に見る神話が天皇朝の神代以来の正統性を弁証するためのものであることを文献批判によって明らかにした『神代史の新しい研究』（一九一三）などで、戦後日本で高い評価を受けた思想史・文化史的歴史研究者です。その津田に『文学に現はれたる我が国民思想の研究』という大部な著作があります。この第一巻『我が国民思想の研究 貴族文学の時代』は大正五年（一九一六）

に刊行されます。次いで第二巻『我が国民思想の研究 武士文学の時代』は大正六年（一九一七）に、第三巻『我が国民思想の研究 平民文学の時代 上』は大正七年（一九一八）に、第四巻『我が国民思想の研究 平民文学の時代 中』は大正一〇年（一九二一）に刊行されます。このように極めて順調に刊行されていった『我が国民思想の研究』は「平民文学の時代 中」をもって中断されるにいたります。

関東大震災（大正一二・一九二三）を経、内外の極めて不安定な政治社会的状況の中で日本は昭和という時代を迎えます。昭和の戦前・戦中期に津田の『我が国民思想の研究』の最終巻「平民文学の時代下」は刊行されることなく敗戦（一九四五）を迎えることになります。戦後津田は既刊の『我が国民思想の研究』第一〜第四巻の改訂作業を進め、昭和三〇年（一九五五、津田八三歳）にその作業を成し遂げますが、第五巻『我が国民思想の研究 平民文学の時代 下』を刊行することなく昭和三六年（一九六一）に津田は八九歳で亡くなりました。ここから大きな問題が提出されます。なぜ津田は彼のライフワークともいうべき『我が国民思想の研究』を完成させなかったのか。さらに大正から昭和にかけての世界史的日本の危機というべき時代に津田が書き、刊行し続けていった『我が国民思想の研究』とは何であったのかといった問題です。

こういう形で述べていくと本日の講演は津田論で終わってしまうでしょう。ここでは私がえた結論からお話をしたいと思います。未刊の『我が国民思想の研究 平民文学の時代 下』は徳川時代の末期から明治維新とその後を扱うはずでした。それからすればこの巻は「国民文学の時代」の夜明けを記す巻であったかもしれません。津田の没後二年の昭和三八年（一九六三）から『津田左右吉全集』全三三巻の刊行が始まりました。全集の編集室は未刊の『文学に現はれたる我が国民思想の研究 平民文学の時

代　下』を全集の第八巻として刊行することにしました。その巻は津田の没後に書斎の筐底から発見された原稿二篇と戦後の彼の死にいたる時期までに公表された明治維新とその後をめぐる論文をもって構成されました。私は全集第八巻に載るそれらの文章によって初めて津田が「明治維新」という変革の正統性 legitimacy を認めていないことを知りました。

津田は明治維新を薩摩・長州という有力な封建的権力連合による中央権力の武力的奪取(クーデター)だとしました。このクーデターを正統な革命とするために天皇を抱き込み、「王政復古」をこの革命のスローガンにしたのだと津田はいうのです。津田は明治維新を天皇という伝統的権威を利用したクーデターとして、その正統性を否定しただけではありません。天皇を国家的中心に呼び戻した明治の新政府は、天皇の名による専制的な恣意的施政を可能にしたというのです。

私は明治維新の日本近代化革命としての正統性を否認し、この維新に由来する明治政府の正統性をも否認する津田の文章を見て、彼が『我が国民思想の研究　五　平民文学の時代　下』の執筆も、その刊行も断念した理由を理解しました。彼は明治維新を自立的国民の成立を促す革命とは認めなかったのでしょう。だが明治維新の正統性を否認する津田の維新観を知ったことは、ただ『我が国民思想の研究』最終巻の執筆断念の理由を私に教えただけに止まりません。それは明治維新を正統な始まりとする日本近代史そのものを相対化する視点を私にもたらしました。この津田がもたらした貴重な恩恵をふまえて私は明治維新と日本の近代化とをあらためてここで考えてみたいと思います。

2

一九世紀後期の日本は国際的な危機の中にありました。東方進出を図るロシア艦船が日本周辺に出没し始めます。軍事力をもって中国に自由貿易を要求するイギリスは日本にとっても脅威でした。アヘン戦争は当時の日本の先覚者には自国の危機としても認識されていました。一八五三年にアメリカのペリー艦隊が来航し、鎖国日本の開港と通商とを要求したことから、日本の国際危機は一気に国内危機に転化しました。当時の日本はこの対外的危機に主権国家として対応しうるような国家的体制（外交的、軍事的、法制的体制）をもっていなかったからです。このことは日本の近代化について大事なことを教えます。一九世紀日本の近代化とそれを目的とした変革は対外的危機に促された国家的変革、何よりも国家の体制的変革であったということです。欧米の先進的国家に模した国家の体制的変革が当時の権力層の内部から求められ、遂行されたということです。たしかにそれは一九世紀のアジア的危機における先駆的な国家的変革であったといえます。津田の明治維新批判はこの国家的体制変革に明治政府がとっていった方向とは別のもう一つの方向がありえたことを教えるものです。

明治維新をもっぱら対外的危機からくる国家的体制変革として見ることは、明治維新を日本の全面的近代化の始まりとする従来の見方と異なります。私は明治維新を、国家的体制変革を急務とした国家主義的色彩の強い近代化的変革であったと思っています。そのことを一層明らかにするには、明治維新とその遂行者によって封建社会として否定されていった江戸時代（＝徳川時代）とは何であったかを知らねばなりません。日本の歴史家はこの江戸時代（一六〇三―一八六七）を「近世」という時代区分でとらえています。「近世」は英語で“early modern”“pre-modern”とされるように「早期近代」「前期近代」

を意味します。だが日本では江戸時代を早期近代とはしません。むしろ中世封建社会の後期、すなわち中央集権的性格をもった後期封建社会が江戸時代だとするのです。近世とは日本ではむしろ中世後期なのです。江戸時代をこのように見るのは、明治維新こそが「近代日本」の出発点を劃する最大の歴史上の変革、すなわち「近代化革命」であったとする見方によります。これが明治から現在にいたる日本のほとんど公的な見方、左右の思想的違いをこえて歴史家一般が共有してきた見方だといえます。

日本近代の〈近代性〉に批判的な丸山眞男においても明治維新が日本史最大の変革、近代化（開国化）革命であったことに違いはありません。むしろ丸山においては「閉じた社会」から「開いた社会」へという近代化の理念型的把握から、日本の前近代社会（徳川社会）が徹底的に「閉じた社会」として再構成されていくことになります。しかも日本の前近代社会の閉鎖性は日本人の意識の「古層」として近代日本社会の底部に貫流し、日本社会を支配し続けていると丸山はいうにいたります。この「古層」論に行きつくことによって丸山理論は日本近代批判としての思想的生命を失ったと私は考えます（丸山眞男「開国」一九五九、『丸山眞男集』第八巻）。

3

明治維新を日本史上最大の変革とする見方への疑義が近来いわれるようになりました。日本の歴史上において最大の変化をもたらしたのは一九世紀後期の明治維新ではなく、むしろ一五世紀の応仁の乱（一四六七―七七）という大規模な内乱だと最初にいったのは日本のアカデミズムにおける近代シナ学の祖とされる内藤湖南（一八六六―一九三四）です。その説は最近、応仁の乱という大乱の実際を詳細に一冊のコンパクトな書の中で提示した歴史家によって再び取り上げられました（呉座勇一『応仁の乱』中公新書・二〇一六）。応仁の乱が日本史上最大の変革だというのは、この乱に続く一六世紀の戦国時代という争乱の世紀を経て、京都の朝廷（貴族）・寺院（僧侶）・幕府（武家）の三者をもって構成されてきた日本の古代的な国家権力体制が崩壊するからです。ここから一七世紀の徳川政権の成立は新しく読み直されることになります。すなわち一六〇〇年の徳川氏による全国統一的武家政権の成立とは、日本の長く続いた京都の古代以来の天皇朝廷的権力体制の崩壊を意味するものとなるからです。その意味で「応仁の乱」が日本における史上最大の変革をもたらした内乱だとされるのです。私もこのとらえ方を支持します。

それは明治維新についての従来の評価を変えることを意味します。その変化は明治維新による「近代」「近代化」の意味のとらえ方にも関わることです。この見方は明治維新の評価を変えるだけではなく、「近世」という江戸時代についての見方をも変えます。先にいいましたように一六〇〇年の徳川政権の成立は京都の古代的な天皇朝廷的権力体制の解体を意味します。江戸の徳川幕府が中央政権として全国的な政治的支配権をもち、宮廷も寺院も非政治化され、幕府の統制下に置かれます。天皇は祭祀的、儀礼的権威として京都の禁裡に隔離されます。江戸幕府は宮廷や寺院山門を非政治化するとともに、宮廷貴族や寺院僧侶によって独占されてきた学問・文化を一般に開放します。こうして民間でも儒学が学ばれるようになります。私が『江戸思想史講義』（中国語版、三聯書店刊）に書きましたように、都市町人身分から多くのすぐれた儒学者や和学者（国学者）たちがこの時代に生み出されます。学問・知識の民間への開放は〈新しい世界〉の到来を告げる重要な徴証です。徳川日本における民間的な自立的学習の保証と明治日本における国民的義務教育の国家的施行とは、明治維新の前と後との〈近代化〉の相違を教えるものです。

さらに全国的な交通網が確立し、中心的都市（江戸・大坂・京都）と地方都市とを結ぶ政治的・経済的・文化的な全国的なネットワークが確立いたします。江戸（後の東京）は一八世紀には一〇〇万人の人口をもった当時の世界最大都市になります。このように見てくると一七～一九世紀の江戸社会は〈近代化〉の進んだ社会であったといえるように思います。まさにここから明治の近代化とは何かがあらためて問われることになります。明治維新に始まる近代化とは何よりも国家体制の近代化、すなわち西欧の先進的国家を模した近代国民国家の形成を目指した近代化です。それは最初にいいましたように一九世紀後期の国際的危機に直面した日本が出した解答です。日本は急速な〈国家〉主義的近代化をもってこの危機に対応しようとしたのです。

4

明治日本は国民国家の形成という課題を天皇制的国民国家の形成として実現させました。近世の徳川政権は天皇を非政治的な祭祀的儀礼空間としての京都御所に隔離しました。だが明治の維新政府はこの天皇をもう一度政治的中心に引き出し、近代国家を天皇制的な国家システムとして作り出していきます。津田が明治維新とこの維新遂行者による国家形成に強い違和感をもったのはこの点にあります。津田がいう通り「王政復古」とは明治維新という政治改革の反徳川的遂行者が掲げたスローガンです。これをもって彼らのクーデターを正当化したのです。だがこのスローガンは明治維新という日本の近代化改革に復古主義あるいは天皇主義を深く刻印していきます。明治国家はやがて憲法を制定し、議会を設けて近代的国家体制を整えていきますが、天皇制的支配の国家原則は貫かれ、やがて昭和（一九二六―八九）とともに国民を天皇制的全体主義国家の内に包み込んでいくことになります。総力戦という昭和の戦争を可能にしていったのはこの天皇制的全体主義です。

「王政復古」の明治維新ははたして〈ほんとうの国民〉を成立させる近代化改革であったのか。それは津田の『我が国民思想の研究』を中断に導いた深い懐疑であったはずです。彼は近代日本に〈ほんとうの国民と国民文学〉の成立を見出すことはなかったのです。

明治維新から始まる日本の近代化のもう一つの特色は、東洋から西洋への全面的な文明論的転換であったということです。「文明開化」のスローガンの下に明治日本は国家制度・軍隊だけではない、風俗から学問文化にいたる西洋化を実現させようとしました。明治政府は国民教育を通して西洋的近代化（＝文明化）を徹底させていきます。政府は維新後直ぐに学校教育を制度化し、西洋的近代化を学校教育によって滲透させていきました。明治日本において近代化（＝西洋文明化）がもっとも早く成功したとすれば、明治の近代化が国家主義的な性格をもった変革であったゆえです。もし明治維新という近代化的変革の成功をいうとすれば、産業上と軍事上の変革とともに教育上の変革の成功であったといえるでしょう。成功とはもちろん国家的成功です。日本の近代化の成功が国家的成功であったことが特に注意されなければならないのは教育上においてです。

日本の近代教育は国民の形成に成功しても、公民の形成に失敗したといえます。「国民」とは皇国の民―日本という天皇制国家の臣民です。「公民」とは日本国という公的世界の官と共同の構成者である自立的民です。失敗したというよりはこうした「公民」概念も、「公民」形成の理念も国家主義的近代日本の教育にはもともと含まれていないのです。日本の制度的教育は戦後にいたっても「国民」以外の一箇の自立的「私」の形成を認めることはしません。日本の教育ではこの「私」とはせいぜい個性を意味するものでしかないのです。

5

数年来、日本で「明治維新一五〇年」がしきりにいわれてきました。それとともに「明治維新」と「日本近代史」の読み直しが盛んになされてきました。しかしそれらは決して「日本近代」の批判的な問い直しではありません。「明治維新」再評価の代表的な著述（三谷博『維新史再考』二〇一七）では、西洋的近代国民国家のグローバル的形成のアジアからのいち早い応答として、さらに成功した実現例として明治維新と明治国家の成立がとらえられています。これは「明治維新一五〇年」がいわれる現代日本の近代史家による代表的な言説です。

ここには私たちが明治維新や日本近代史を再考する際の不可欠な前提であった〈昭和日本の十五年戦争〉もその〈敗戦〉もありません。歴史家におけるこの欠落は、現在日本の政権が歴史修正主義者によって長く掌握されていることに対応するような歴史学的事態だといえるかもしれません。少年時に戦争日本・敗戦日本を体験した私は昭和の十五年戦争と一九四五年の敗戦という事態を外にして明治維新も日本近代史も見ることはしません。むしろ私は明治維新と日本近代化の最終的な帰結が昭和の十五年戦争であり、敗戦であったと見ています。ですから「王政復古」の維新を近代的「主権」の原理に適合する天皇制的国家体制を作りだした近代化改革などとは解しません。むしろ昭和の天皇制的全体主義国家を生み出す原因をなすような政治権力体制へのクーデター的政権交代が明治維新であったと私は見ているのです。

私のこのような見方はすでにいいましたように私の少年時における戦争体験に由来しますが、しかし戦争体験はいくらでも私とは逆の立場、すなわち国家主義的立場をも導きます。安倍首相の背後に何人も私と同世代の歴史修正主義者がいることを知っています。私の日本近代についての見方は私の戦争体験だけではなく、私の思想史の方法論にもよります。すなわち〈視点の外部性〉あるいは〈外部から見る〉という思想史的方法論によるものです。一国史を一国主義的な〈内部から見る〉かぎり、それを相対化し、その批判的な読み直しをすることはできません。私は九〇年代から日本近代史、すなわち日本近代政治史・思想史・宗教史・言語史などなどの批判的読み直しを始めました。その時私は日本近代を〈外部から見る〉という方法論的立場をとりました。その立場とは「方法としてのアジア」であり「方法としての江戸」です。

「方法としてのアジア」も「方法としての江戸」も私の著書『「近代の超克」とは何か』(中国語版『何謂「現代的超克」』)と『江戸思想史講義』(中国語版同名)で構成していった思想史の方法論的概念です。まず「方法としての江戸」ですが、私は『江戸思想史講義』でこれを〈江戸から見る〉ことだといいました。従来〈近代・東京〉から〈前近代・江戸〉を見ていた視線を逆転させようとしたのです。この視点の逆転によって私は明治近代とは別の〈もう一つの近代〉としての〈江戸〉があることを知るとともに、〈明治近代・近代化〉の特殊な性格が明らかにされていきました。すなわちきわめて国家主義的な近代化の性格と天皇制をもって枠づけた国民国家の復古的な形成のあり方が、新たな明治の権力所有者の制作的意志とともに明らかにされたのです。〈江戸〉から見ることによって日本近代は〈明治近代〉として相対化されたのです。それとともに〈明治近代〉が否定していった〈江戸〉が〈もう一つの近代〉として見直されていったのです。

「方法としてアジア」とは『「近代の超克」とは何か』に見るように竹内好が〈西洋的〉近代日本への強い反省的批判とともにいった言葉です。竹内はそこでいう「アジア」とは実体ではなく方法（＝見方）だといっています。ですから「方法としてのアジア」とは〈アジアから見る〉ことを意味します。これは日本近代史の方法論的転換をうながす重要な言葉です。竹内は日本近代史を日本に植民地化された〈朝鮮から〉、日本の帝国主義戦争の戦場にされた〈中国から〉見よといっているのです。私は竹内が戦後世代のわれわれに残した遺訓というべき「方法としてのアジア」に「方法としての江戸」を添えて近代日本の批判的読み直しの言説を綴っていきました。私は『近代知のアルケオロジー』（二〇〇三年、中国語版『近代知識考古学』三聯書店近刊）以来、一〇冊をこえる近代批判の書を刊行してきましたが、それらは二一世紀の日本の政権を支配するにいたった歴史修正主義的ナショナリズムに対抗するための批判的重石をなすものです。

歴史修正主義は戦前と戦後日本との連続性に立って、戦後日本の戦前日本との国家的断絶を否定します。「明治維新一五〇年」を言い立てる言説とは、近代日本の連続性を祝祭する言説です。それはアジアという他者あるいは隣人から見ることもせず、江戸という他者あるいは先人から学ぶこともしない、一国主義的な独善の言説です。私がしてきたことはこの一国主義的な独善に対抗の重石を置くことでした。

だが私がいま自らしてきた批判的思想作業を過去形でもっていうことは、「方法としてのアジア」といい、「方法として江戸」という方法的概念は「明治維新一五〇年」がいわれる二一世紀のいま果たして有効な批判的な方法的概念としてあるのかという疑いが私にあるからです。果たしてこの「アジア」は日本にとっての外部的他者性を構成するものとしてあるのでしょうか。〈中国から見る〉というその視線がすでに大国主義的視線と見紛うものであるとき、また〈韓国から見る〉という視線がナショナリズムの対抗的な視線と不可分であるとき、それらが構成するアジアとはもう批判的方法概念としての「アジア」ではありません。いま求められているのは、二一世紀の日本を中国や韓国とともに批判的に見直すことを可能にする本当の外部的他者としての「アジア」です。

「方法としての江戸」もまた一層の深化が求められていると思います。批判的に見られる〈近代〉も、批判的に見る〈江戸〉とともにその意味を深化させる必要があります。現代のわれわれの生き死にの根柢にかかわる形で、批判的に見られる〈近代〉も批判的に見る〈江戸〉もその意味をより深める必要があると思います。私がいま「方法としての江戸」を深化させつつ問おうとしているのは、「われわれを待っているのはただ孤独死であるというような死に方、いや生き方は正しいのか」という問題です。

だがここに述べましたような〈近代〉批判の方法を練り直し、より深化させる作業に私はとりかかったばかりです。しかしそれはすでに年齢的にも遅すぎます。皆様の手でこの作業の深化と推進がなされることを切に期待して私の講演を終えます。

〔この講演は二〇一九年五月二五日、北京大学人文学苑で「伝統と変革──転型期の東亜社会」という主題の講座でなされたものである。〕

注

第1章

▼1　津田「明治憲法の成立まで」『文学に現はれたる国民思想の研究五――平民文学の時代 下』所収、『津田左右吉全集』第八巻。「明治憲法の成立まで」は雑誌「心」（昭和三四年六・一〇月）に掲載された。なお津田の引用に当たっては現行の漢字・かな表記に改めた。

▼2　「王政復古」政変をめぐるここの記述は、主として角川『日本史辞典』（一九九六）によりながらしている。

▼3　たとえば井上勝生『幕末・維新』（シリーズ日本近現代史①）岩波新書。

▼4　「この三月」というのは二〇一八年の三月である。

▼5　聖徳記念絵画館は掲げられた絵画を「壁画」と呼んでいる。

▼6　三谷博『維新史再考――公議・王政から集権・脱身分化へ』（NHK出版、二〇一七）。

▼7　三谷「第十二章　明治：政体変革の三年半」『維新史再考』。引用文中の傍点は子安。

▼8　三谷「まえがき」『維新史再考』。

▼9　三谷「終章　明治維新と人類の「近代」」『維新史再考』。

▼10　津田「第四　幕末における政府とそれに対する反動勢力」『文学に現はれたる国民思想の研究五――平民文学の時代 下』所収、『津田左右吉全集』第八巻。

▼11　『津田左右吉全集』第八巻、（岩波書店、一九六四）。

▼12　津田「第八　トクガハ将軍の「政権奉還」」『文学に現はれたる国民思想の研究五――平民文学の時代 下』所収、『全集』第八巻。

▼13　津田「明治憲法の成立まで」『文学に現はれたる国民思想の研究五――平民文学の時代 下』所収、『全集』第八巻。引用文中（　）内は引用者の補注である。

第2章

▼1 横井小楠『夷虜応接大意』『渡辺崋山・高野長英・佐久間象山・横井小楠・橋本左内』所収、（日本思想大系55、岩波書店、一九七一）。

▼2 ゴンチャロフ『日本渡航記』（井上満訳、岩波文庫）。

▼3 横井小楠「書簡」、山崎正董編『横井小楠遺稿』所収、（日新書院、一九四二）。

▼4 「幕府を初各国に於て名臣良吏と称する人傑も、皆鎖国の套局を免れず、身を其君に致し力を其国に竭すを以て、忠愛の情多くは好生の徳を損し、却て民心の払戾を招く。国の治りがたき所以なり。日本全国の形勢斯くの如く区々分裂して統一の制あることなければ、癸丑の墨使彼理（ペリ）が日本紀行に無政事の国と看破せしは実に活眼洞視と云べし。」小楠『国是三論』、『横井小楠遺稿』所収。以下小楠からの引用はすべて同書による。

▼5 書簡、慶応三年六月、甥左平太、大平宛。

▼6 書簡、慶応三年九月、松平源太郎宛。

▼7 「三代の道」とは、中国古代の夏・殷・周三代のよく治った世のあり方を理想化していうもので、小楠では西洋近代の普遍的開明的理念への対抗から、その普遍的理念性をいっそう強める形でいわれていった。

▼8 書簡、安政三年五月、立花壱岐宛。

▼9 元田永孚『還暦之記』、山崎正董著『横井小楠伝』（明治書院）より。

▼10 書簡、安政三年五月、立花壱岐宛。

▼11 「沼山対話」。

▼12 書簡、安政三年五月、立花壱岐宛。

▼13 書簡、文久元年正月、荻角兵衛・元田伝之丞宛。

▼14 「中興立志七条」。

▼15 書簡、慶応三年六月二十六日、甥左平太、大平宛。

第3章

▼1 鈴木雅之『撞賢木』『神道大系・論説篇・諸家神道(上)』所収、神道大系編纂会、(精興社、一九八八)。

▼2 伊東多三郎『近世国体思想史論』(同文館出版部、昭和一八年)。

▼3 伊藤至郎は明治三二年(一八九九)千葉県成田市に生まれる。東京物理学校数学科卒業、神奈川県立二中や明星学園等で教師を務め、唯物論研究会の結成に参画(昭和七)し、唯研幹事として逮捕され、重患となり保釈出獄(昭和一六)、戦後小康を得、五、六年の間、著作に携わり、住民運動に活躍する。昭和三〇年(一九五五)没。数学や科学史に関わる著作がある。

▼4 伊藤至郎は戦中の昭和一八年にはこの書の執筆を始めていた。戦後も病苦を押して執筆を続け、昭和三〇年に亡くなる前には完成をみていたようである。その一七年後、昭和四七年(一九七二)に『鈴木雅之研究』は刊行会の手によって青木書店から刊行された。その書の「あとがき」で妻の伊藤光子はこう書いている。「伊藤至郎は、戦中、戦後にかけて『いわゆる国学の死滅過程、および新しき出発』の研究を終生の仕事として、それを完成するまでは死ねないと病躯を鞭打っていました。その過程で、この『鈴木雅之研究』を脱稿・推敲しおえた時は「骨は折れたが、仕事をしたという気がするよ」と嬉しさを隠しきれない表情でした。そしてこの書が世に出るのを待たずに、戦争前の暗い時代に真理を求め続け、そのために長く自由を奪われ、そこで得た病を遂に恢復することができず、筆業なかばで倒れたことは、筆者にとっても、私にとっても、千載の遺恨というほかありません。」

▼5 この日付は恐らく誤植で、伊藤の死の前年「一九五四年一月三日」が正しいのではないかと思われる。

▼6 私は『平田篤胤』(日本の名著24、中央公論社、昭和四七年)を篤胤とともに佐藤信淵と鈴木雅之とをもって構成し、雅之の『撞賢木』を抄訳し、その解説文を書いた。これは私による雅之の遅れた発見である。

▼7 江戸後期社会における平田篤胤と気吹舎による各地農村とのネットワークの形成とそのネットワークによる篤胤著書の販売と平田学の教授と学派的拡充活動の実際を詳細に追跡し、そこから平田学の性格を闡明しようとしたのが吉田麻子の『知の共鳴——平田篤胤をめぐる書物の社会史』(ぺりかん社、二〇一二)である。

▼8　鈴木雅之の遺著は成田市の文化財に指定され、成田図書館に収められている。

▼9　伊東多三郎「国学者鈴木雅之」『近世国体思想史論』。

▼10　妻伊藤光子の「あとがき」については前注▼4参照。

▼11　『平田篤胤』（日本の名著24）「解説」。

第4章

▼1　春台は『経済録』第十巻で「当代モ元禄以来、海内ノ士民困窮シテ、国家ノ元気衰ヘタレバ、只今ノ世ハ万事ヲ止テ、偏ニ無為ヲ行フベキ時節也」（日本経済叢書・第六巻）といっている。

▼2　『都鄙問答』をはじめとする梅岩の著作からの引用はすべて『石田梅岩全集』上下巻（柴田実編、清文堂出版、一九五六）所収のものによっている。

▼3　『葉隠』の忠誠の構造については、丸山眞男『忠誠と反逆』（近代日本思想史講座第六巻）参照。

▼4　梅岩『都鄙問答』巻ノ三「性理問答ノ段」。

▼5　和辻の「現代日本と町人根性」はもと雑誌『思想』の昭和七年四、五、六月号に上・中・下として発表されたものである。

▼6　『続日本精神史研究』の序章をなす「日本精神」と題された文章は、昭和全体主義的国家日本の「精神史」の哲学的方法論として重要である。

第5章

▼1　大熊信行『国家悪――人類に未来はあるか』（潮出版社、一九六九）。初版『国家悪――戦争責任はだれのものか』は一九五七年に中央公論社から刊行された。

▼2　大熊『国家悪』第三章「個における国家問題」。

▼3　吉本隆明「高村光太郎論ノート」（『現代詩』一九五五年五月号）。

▼4　『国家悪』第十二章「歴史の偽造者たち」。

▼5　「秋風辞」は昭和一二年九月作である。原文が引くのは「」内である。

秋風辞

秋風起兮白雲飛　草木黄落兮雁南帰　―漢武帝―

秋風起って白雲は飛ぶが、
今年南に急ぐのはわが同胞の隊伍である。
南に待つのは砲火である。
街上百般の生活は凡て一つにあざなはれ、
涙はむしろ胸を洗ひ
「昨日思索の亡羊を歎いた者、
日日欠食の悩みに蒼ざめた者、
巷に浮浪の夢を余儀なくした者、
今はただ澎湃たる熱気の列と化した。」
草木黄ばみ落ちる時
世の隅隅に吹きこむ夜風に変りはないが、
今年この国を訪れる秋は
祖先も嘗て見たことのない厖大な秋だ。
遠くかなた雁門関の古生層がはじけ飛ぶ。
むかし雁門関は西に向つて閉じた。
けふ雁門関は東に向つて砕ける。
太原を超えて汾河渉るべし黄河望むべし。
秋風は胡沙と海と島島とを一連に吹く。

▼6　原文が引く「堅氷いたる」の前半部は以下のようである。

乾の方百四十度を越えて凛烈の寒波は来る。
書は焚くべし、儒生の口は箝すべし。
つんぼのやうな万民の頭の上に
左まんじの旗は瞬刻にひるがへる。
世界を二つに引裂くもの、
アラゴンの平野カタロニヤの丘に満ち、
いま朔風は山西の辺疆にまき起る。
自然の数学は厳として進みやまない。

▼7　吉本隆明『高村光太郎』（講談社文芸文庫）。同文庫の「戦争期」の章は「高村光太郎ノート」によるものとみなされる。引用文中の傍点は子安。

▼8　この言葉は文庫版『高村光太郎』では、「この回想群はいわば父の家、父の権威、そこに象徴される江戸職人的な庶民意識へ、「先祖がえり」的に屈服し、親和していった高村の戦争期の内部世界のうごきを直接的に象徴するものであった」となっている。

▼9　ここで吉本を「戦後世代」とするのは、大熊のとらえ方による。一九二四年生まれの吉本は、一八九三（明治二六）年生まれの大熊からすれば戦後世代に区分されるのだろうが、われわれ一九三〇年代生まれのものからすれば吉本は、鶴見俊輔（一九二二—二〇一五）や橋川文三（一九二二—一九八三）らとともに戦中派という時代的特色をもった世代の人である。

▼10　大熊『国家悪』第十二章「歴史の偽造者たち」。

▼11　『〈信〉の構造 Part3—吉本隆明全天皇制・宗教論集成』（春秋社、一九八九）。

▼12　山口昌男や上野千鶴子ら文化人類学的構造主義者の天皇制理解を批判する吉本の天皇制理解の構造主義をいうと人は怪訝に思うかも知れない。しかし吉本の山口らに対する批判にもならない言いがかりから見れば、彼の天皇制理解はもう一つの構造主義であることがわかる。それは柳田国男・折口信夫による一国民俗学的な構造主義で

ある。

第6章

▼1 それは私の『徂徠学講義』（岩波書店、二〇〇八）の基をなす講座（「『弁名』を読む」）を大阪の懐徳堂研究会で開設していた時期、すなわち二〇〇五年という時期である。

▼2 これは『現代思想』に連載された後、『国家と祭祀』（青土社、二〇〇四）として出版された。

▼3 三木清『構想力の論理』（岩波書店、一九三九）。

▼4 中村雄二郎『制度論』中村雄二郎著作集Ⅱ（岩波書店、一九九三）。

▼5 長谷川如是閑「生活の現実と超国家の破滅」『長谷川如是閑集』第五巻（岩波書店、一九九〇）。

▼6 子安『国家と祭祀――国家神道の現在』第4章、第5章。『日本ナショナリズムの解読』解読3（白澤社、二〇〇七）。

▼7 「神官有志神祇官設置陳情書」（明治二四年一月）、『宗教と国家』（日本近代思想大系5）所収。

▼8 大教宣布の詔勅は、明治三年一月三日に神祇官神殿で行われた国家祭典と宣教開始にあたって鎮祭の詔とともにくだされたものである。これは天皇が神祇的国家の祭主であるとともに教主であることをも明らかにしたものである。

▼9 会沢正志斎『新論』国体 上、『水戸学』（日本思想大系53、岩波書店、一九七三）。

▼10 『大日本史』三九七巻は徳川光圀の命によって明暦三年（一六五七）に編纂を開始し、光圀没後も水戸藩の修史事業として継続された。「紀伝」の部は文化三年（一八〇六）から嘉永二年（一八四九）に出版された。だが「志表」の編纂は難航し、最終的な完成は明治三九年（一九〇六）である。明治の天皇制国家の形成と平行して、その歴史的、理念的な記述作業が続けられたといっていい。

▼11 明清の交替にともなう日本における中国観の変容は一八世紀後期における「支那」という呼称の一般化をもたらす。そして皇国意識の登場とともに中国の異質的他者化が進行し、『新論』におけるこのような自他の呼称の成

立を見るにいたる。「大いなる他者——近代日本の中国観」（『「アジア」はどう語られてきたか』所収、藤原書店、二〇〇三）を参照されたい。

▼12 『日本書紀』崇神紀六年の記述。訓読は『日本書紀』（岩波文庫）による。

▼13 『易経』（高田真治・後藤基巳訳、岩波文庫）の訳者は「観」卦・彖辞の意を次のように訳している。「神聖なる天道は仰ぎ観れば、四時の循環はいささかのくるいもない。聖人もこれにのっとり神聖な道理に従って政教を設けるから、天下の人々がこれに信頼するのである。」

▼14 一九世紀における日本国家の再構築は、中国古代国家の翻訳的転移としての日本古代国家の形成をもう一度たどり直そうとする。しかしいまここで中国古代国家の翻訳的な再転移にあたって解釈コードをなすのは徂徠学である。

▼15 『新論』長計、『新論・迪彝篇』（岩波文庫）

▼16 尾藤正英「水戸学の特質」、『水戸学』解説（日本思想大系53、岩波書店、一九七三）。水戸学の形成をめぐって多くの示唆を同解説から与えられた。

▼17 この徂徠の文章を引く篤胤の鬼神論については私の論文「鬼神と人情」（『〈新版〉鬼神論——神と祭祀のディスクール』所収、白澤社、二〇〇二）を参照されたい。

▼18 『徂徠集』巻十七。筆者の書き下しによる。

▼19 私は儒家鬼神論を鬼神祭祀・鬼神信仰に対する儒家知識人の理解の言説として、有鬼論、無鬼論的言説、そして有鬼・無鬼を問わない鬼神の解釈的言説の三種の言説的な類型化を行った。鬼神祭祀の政治的・社会的意義を積極的に理解する徂徠の立場は代表的な有鬼論である。代表的な無鬼論を私は伊藤仁斎の倫理的立場に見ている。第三のそれは朱子学のものであり、近世日本で代表するのは新井白石である。詳しくは私の前掲著書『〈新版〉鬼神論——神と祭祀のディスクール』を参照されたい。

▼20 荻生徂徠の思想的言説が水戸学および国体論の形成に対してもった影響的関係については、尾藤正英「国家主義の祖型としての徂徠」（『荻生徂徠』解説、日本の名著16、中央公論社）参照。

▼21 『弁名』「天命帝鬼神」章（『荻生徂徠』日本思想大系36、岩波書店）。

▼22 『徂徠集』巻之八（上掲『荻生徂徠』日本思想大系・所収）。書き下しは筆者。
▼23 光緒二四年（一八九八）の戊戌維新にあたって康有為は孔子教の国教化を上奏する。この国教化にあたって康有為に示唆を与えたのは天皇を最高の祭祀者とした祭祀的国家としての日本の新たな形成であった。孔教国教化をめぐる問題については、私の論文「近代中国と日本と孔子教」（『「アジア」はどう語られてきたか』所収、藤原書店、二〇〇三）を参照されたい。
▼24 救済論を思想課題としてもった篤胤国学については、私は早く『宣長と篤胤の世界』（中央公論社、一九七七）でその思想の全体像とともに論じている。同書はその後の私の篤胤論とともに『平田篤胤の世界』（ぺりかん社、二〇〇一）に収録されている。

第7章

▼1 中江兆民『民約訳解』からの引用は島田虔次の「よみくだし文」（『中江兆民全集』第一巻、岩波書店、一九八三）によっている。なお島田の「よみくだし文」は『中江兆民の研究』（桑原武夫編、岩波書店、一九六八）にも収められている。
▼2 会沢安『新論』、『水戸学』所収（日本思想大系53、岩波書店）。
▼3 荻生徂徠『論語徴』2（小川環樹訳注、東洋文庫、平凡社）。
▼4 飛鳥井雅道『中江兆民』人物叢書（吉川弘文館、一九九九）。
▼5 「叢談刊行之旨意」『中江兆民全集』第一四巻。
▼6 幸徳秋水「兆民先生」『幸徳秋水全集』第八巻（明治文献、一九七二）。

第8章

▼1 前章と同様に中江兆民『民約訳解』からの引用は島田虔次の「よみくだし文」（『中江兆民全集』第一巻、岩波書店）によっている。

▼2　米原謙『兆民とその時代』（昭和堂、一九八九）。

▼3　私はここで米原による「兆民の儒家性の規定」を「日本の近代政治学がもつ近代主義的ドグマ」だといったが、『兆民とその時代』の「あとがき」で米原が丸山の福沢論への対抗を強い動機として書いたものであることをいっている。丸山政治思想史の強い磁場の中にいながら米原は福沢と異なる反功利主義的近代批判者としての兆民に惹かれて、丸山・諭吉像に対する米原・兆民像の構築を考えたのである。そこから〈反儒家諭吉〉に対する〈儒家兆民〉が意図的に作り出されることになる。だから〈儒家兆民〉もまた「日本の近代政治学がもつ近代主義的ドグマ」の産物といって間違いではない。

▼4　子安『仁斎論語』下（ぺりかん社、二〇一七）による。

▼5　米原謙「方法としての中江兆民――『民約訳解』を読む」『下関市立大学論集』二七―三、一九八四年一月。

▼6　中江兆民『民約論巻之二』「君権ノ分界」、『中江兆民全集』第一巻。

第9章

▼1　蘆花の妻愛子の日記である。中野好夫『蘆花徳冨健次郎』第三部から引いている。日付は「(明治四四年）一月二五日」である。その前日二四日には幸徳らに対する死刑が執行されている。この『日記』にも「午後三時比新聞来。オオイもう殺しちまつたよ。みんな死んだよ、と叫び給ふ」という記述がある。

▼2　『徳富蘆花集』神崎清編、明治文学全集42（筑摩書房、一九六六）。

▼3　「謀叛論」（草稿）、『謀叛論』（中野好夫編、岩波文庫）。

▼4　『蘆花日記』全七巻、（中野好夫・横山春一監修、筑摩書房、一九八五～八六）。

▼5　『蘆花全集』全二〇巻、（新潮社内蘆花全集刊行会、一九二八～三〇）。

▼6　戦後五〇年という時期のこの思想史的作業は『近代知のアルケオロジー』（岩波書店、一九九六）にまとめられている。同書は『日本近代思想批判――一国知の成立』と改題増補され、岩波現代文庫版が刊行されている。

▼7　「大逆事件」の読み直し作業は『「大正」を読み直す』（藤原書店、二〇一六）にまとめられている。

▼8 「年譜」『徳富蘆花集』所収。

▼9 中野はこう注記している。「第一回は明治三十八年夏の富士山上での経験、第二回は父一敬の死の直後、大正三年五月二十七日の深夜、父の魂魄が球状の光りものになって粕谷の庭の暗闇を飛んで過ぎるのを見たと、彼はその日の日記に記している。」（第三部九「蘆花とキリスト教」）

▼10 田中伸尚『大逆事件――死と生との群像』（岩波書店、二〇一一）。

▼11 子安『「大正」を読み直す』（藤原書店、二〇一六）。

▼12 『蘆花全集』第一九巻。

第10章

▼1 『こゝろ』『漱石全集』第一二巻、岩波書店、一九五六。

▼2 私は明治二八年の事件として京城における閔妃暗殺事件を考えている。明治史の中で封印されたこの事件は朝鮮半島をめぐる世界史の中でその重い意味は明らかにされる。

▼3 田中伸尚『大逆事件――死と生の群像』岩波書店、二〇一〇。岩波現代文庫版、二〇一八。私のこの書による「大逆事件」の読み直しに基づく大正史の思想史的な再構成は『「大正」を読み直す』（藤原書店、二〇一六）にまとめられている。

▼4 大審院は明治四四年（一九一一）一月一八日、幸徳秋水ら二四名に死刑を言い渡した。一二名は直ちに死刑に処せられ、残り一二名は死刑判決後無期に減刑された。

▼5 この漱石の略年譜の作成にあたっては柴田勝二『漱石のなかの〈帝国〉――「国民作家」と近代日本』（翰林書房、二〇〇六）に附せられた「夏目漱石年譜」を参照した。柴田氏のこの書については後に触れる。

▼6 江藤淳「夏目漱石伝」『こころ 坊っちゃん』文春文庫解説。

▼7 江藤淳「作品解説」『こころ 坊っちゃん』文春文庫。

▼8 私はこの書の戦後再版本『夏目漱石』（清水書房、一九四六）によって見ている。滝沢は「出版の手続き上万已むを得ない場合のほか、殆ど全く手を加えることなく、すべてそのままにして、読者諸兄の批判に委ねることと

した」（再版の序）といっている。

▼9 柴田勝二『漱石のなかの〈帝国〉』翰林書房、二〇〇六。なお柴田にはもう一つの漱石論『夏目漱石「われ」の行方』（世界思潮社、二〇一五）がある。

第11章

▼1 津田左右吉『支那思想と日本』は昭和一三年（一九三八）一一月に創刊された岩波新書の一冊として刊行された。同書は戦後『シナ思想と日本』（一九四七）として再版された。戦後再版にあたって「まえがき」を書きかえただけで本文は初版のままである。引用にあたっては漢字・かな遣いは当用のものにしたがった。

▼2 『文学に現はれたる我が国民思想の研究 貴族文学の時代』大正五年（一九一六）刊、『同上 武士文学の時代』大正六年（一九一七）刊、『同上 平民文学の時代 上』大正七年（一九一八）刊、『同上 平民文学の時代 中』大正一〇年（一九二一）刊。これらは没後刊行された『津田左右吉全集』の別巻第二～第五巻をなすものである。

▼3 私は津田『我が国民思想の研究』についての私の読書報告からなる思想史講座を二〇一六年から一七年にかけて開設した。本章もその際の報告を基にしている。

▼4 前注でいう私の思想史講座での報告の一つ「近世儒家の全否定とは何を意味するか――津田『国民思想の研究』と『支那思想と日本』を併せ読む」をいっている。

▼5 私はここでは初版本『支那思想と日本』（昭和一三年刊）から引いている。

▼6 津田はこの文章の先で「日本語」についてこういっている。「日本語が、単に自分たちの国語であるからというばかりでなく、ことばとしての性質の上に於いて、支那語よりも遙に思索に適し理を説くに適するものであるのに、その日本語を用いることを卑んだのは、学者たる能力が支那文を書くことによって示されるが如く思われたからであるが、ここにも一つの理由がある。」

▼7 本書第6章「「国体」の創出――徂徠制作論と水戸学的国家神学」

▼8 子安「津田「神代史」の研究と〈脱神話化〉の意味」『「大正」を読み直す』（藤原書店、二〇一六）。

▼9 津田『神代史の研究』第二二章「神代史の性質及び其の精神 上」。表記は当用のものに改めている。傍点も子安。

第12章

▼1　『支那（シナ）思想と日本』からの引用にあたっては漢字・かな遣いはすべて現代当用のものにした。

▼2　上田万年「国語研究に就きて」（『太陽』1―1、一八九五年一月）。この上田の文章は長志珠絵『近代日本と国語ナショナリズム』（吉川弘文館、一九九八）から引いたものである。この引用だけではなく、「国語」の成立をめぐる問題についてこの書から多くのことを教えられた。

▼3　堺利彦「言文一致事業」（「福岡日日新聞」一九〇一年七月七日）。この文章も長氏の著書から引かせて頂いた。

▼4　子安『漢字論――不可避の他者』（岩波書店、二〇〇三）。

▼5　斎藤希史『漢字世界の地平――私たちにとって文字とは何か』（新潮選書、二〇一四）。

第13章

▼1　尾崎秀実『現代支那論』（岩波新書、昭和一四年）。なお『現代支那論』は尾崎の論文「「東亜協同体」の理念とその成立の客観的基礎」などと併せて一冊に再編集され、戦後昭和三九年に勁草書房から「中国新書8」として再刊されている。岩波新書版『現代支那論』からの引用にあたっては漢字・かな遣いはすべて現代当用のものにした。

▼2　子安「〈事変〉転換への戦闘的知性の証言――尾崎秀実「「東亜協同体」論を読む」『日本人は中国をどう語ってきたか』（青土社、二〇一二）所収。

▼3　中西功「尾崎秀実論」『世界』一九六九年四～六月。『回想の尾崎秀実』（尾崎秀樹編、勁草書房、一九七九）所収。

▼4　尾崎秀実「「東亜協同体」の理念とその成立の客観的基礎」『中央公論』一九三九年一月号。

▼5　「愛情はふる星のごとく（全）」『尾崎秀実著作集』第四巻、（勁草書房、一九七八）。

▼6　尾崎の『現代支那論』は昭和一三年二月に行われた東大成人講座の講義をまとめたものだが、同年一月に発表された「東亜協同体」論文とともに、その前年昭和一三年の中国における戦争事態の推移と展開が大きな意味をも

つとして、この時期の記述を専らにした。

▼7 姫田光義ら六名の共著『中国20世紀史』(東京大学出版会、一九九三)。

▼8 『中国20世紀史』第3章・2「日中全面戦争」。

▼9 尾崎「「東亜協同体」の理念とその成立の客観的基礎」。

▼10 野村浩一「尾崎秀実と中国」『尾崎秀実著作集』第二巻「解説」(勁草書房、一九七七)。

第14章

▼1 「感想」『きけわだつみのこえ――日本戦没学生の手記』(東大協同組合出版部、一九四九)。

▼2 戦時的体制下に書かれた戦没学生の手記が戦後の社会状況に悪い影響を与えるものであってはならないという方針で、その手記の編集がなされたことは渡辺の「感想」にもいわれている。この編集方針によって手記は、後に「改竄」と非難されるような編集者の手が加えられたことも事実である。

▼3 『戦没学生の遺書にみる15年戦争』わだつみ会編(光文社、一九六三)。

▼4 纐纈厚『「日本は支那をみくびりたり」――日中戦争とは何だったのか』(同時代社、二〇〇九)。

▼5 石川は戦後、彼の事後的見聞における〈南京事件〉を積極的に語っていたが、後年の石川は事後的体験としての〈南京事件〉も、さらに〈南京事件〉そのものをも否定するようになる。

▼6 「火野葦平年譜」『尾崎士郎・石川達三・火野葦平集』現代日本文学全集48、(筑摩書房)。

▼7 杉山平助『文芸五十年史』(鱒書房、一九四二)。

▼8 私はすでに『日本人は中国をどう語ってきたか』(青土社、二〇一二)でこの二つの作品をめぐって詳しく語っている(十一章「日中戦争と文学という証言」)。

▼9 田辺利宏『夜の春雷――一戦没学徒の戦線日記』信貴辰喜編、(未来社、一九六八)。

▼10 古屋哲夫『日中戦争』(岩波新書、一九八五)。

第15章

▼1 所功「代替わり儀式を締めくくる「大嘗祭」って、どんな祭儀？」サイト・カドブン https://kadobun.jp

▼2 私の「明治維新の近代」という日本近代の読み直し作業はこの津田の違和感に始まるものである、本書の序章「「王政復古」の維新」参照。

▼3 『近代神社神道史』（増補改訂版、神社新報社、一九八六）は天皇制国家を祭政一致的国家として規定する所以を天皇の大権に基づけている。「日本国の統治（国政）と日本国の最高の祭祀とは、いずれも天皇の大権事項である。祭と政とがともに天皇の大権に属するということには、もちろん日本の政治も祭祀も同一の基礎の上に立つとの精神的意義がある。「祭政一致」とはそれをさしていうものである。」「祭政一致的国家」をめぐる問題については私の『国家と祭祀』（青土社、二〇〇四）を参照されたい。

▼4 一つは二〇一九年一一月二二日に「天皇の国民的再認知についての疑問」と題して大阪の講演会（天皇の代替わりを問う実行委員会主催）でなされたものであり、二つは一二月一日に「祈る天皇を疑う――「学徒出陣」七六年後の天皇を考える」と題して東京での講演会（日本戦没記念会主催「2019年12・1不戦の集い」）でなされたものである。

▼5 「尊皇思想とその伝統」「日本の臣道」「国民統合の象徴」を収める『和辻哲郎全集』第一四巻「解説」、（岩波書店、一九六二）。

▼6 『日本倫理思想史』上巻、（岩波書店、一九五二）。引用に当たっては現行の漢字・かな遣いに改めた。

▼7 『日本倫理思想史』上巻、第一篇・第二章「神話伝説における神の意義」。

第16章

▼1 「帝国憲法改正案に対する佐々木惣一による反対意見」貴族院議事速記録第三十九号、官報号外、昭和二一年一〇月六日。一〇項目に及ぶ長文の反対意見の一部を私の要約によってここに引いた。

▼2 佐々木惣一「国体は変更する」、和辻哲郎『新編 国民統合の象徴』所収、（中公クラシックス、二〇一九）。

▼3　佐々木惣一「『天皇の国家的象徴性』序」上掲『新編 国民統合の象徴』所収。

▼4　佐々木惣一「国体の問題の諸論点──和辻教授に答う」『新編 国民統合の象徴』所収。

▼5　和辻「国体変更論について佐々木博士の教えを乞う」『新編 国民統合の象徴』所収。

▼6　佐々木惣一「和辻博士再論読後の感」『新編 国民統合の象徴』所収。

▼7　本書第15章「「祀る神が祀られる神である」──和辻哲郎『日本倫理思想史』を読む」。

▼8　和辻「佐々木博士の教示について」『新編 国民統合の象徴』所収。

▼9　内田樹「私が天皇主義者になったわけ」『私の天皇論』『月刊日本』一月号増刊、二〇一八年一二月。

あとがき

本書は一昨年すなわち二〇一八年の四月から今年二〇二〇年の二月まで東京と大阪とで行ってきた私の思想史講座「明治維新の近代」の講義を基にしたものです。この講座「明治維新の近代」とは「王政復古」を旗幟として掲げた明治維新を理念的であるとともに事実的な始まりとした「日本近代の読み直し」をはかったものです。私におけるこの「読み直し」の企図が津田左右吉の大著『文学に現はれたる我が国民思想の研究』を読むことを通じてもたらされた経緯については本書の第一章とことに終章の北京大学講演「「日本近代化」再考」で詳しく私は語っています。それゆえ「日本近代の読み直し」という本書の課題をめぐっては、それ以上に言葉を加えることはいたしません。

この「あとがき」であえて言葉を加えることがあるとすれば、私のこの「日本近代の読み直し」の方法論的な視点、あるいは立場についてです。私は本書で「日本近代の読み直し」を始めるにあたって、「「国家とは悪か」、この問いから始まる」といった挑発的な主題を掲げ、あるいは「制度論的序章」とか「制度論的次章」といった章名を用いたりしてきました。そこには国家を作り替えることが可能な人為的制度としては見ないわれわれの民族的な、あるいは神話的な国家観への批判が含意されています。私の「日本近代の読み直し」とは「王政復古」的近代国家日本の制度論的な批判的読み直しです。

一九四五年の敗戦とは作り替え可能なものとして国家を見ない民族的、神話的国家観の敗北であったはずです。それは新たな「制作の秋（とき）」であったはずです。だが制作の主体となりえなかったわれわれは戦後七十余年のいま歴史修正主義的政権によるもう一度の敗北を体験させられようとしています。私がこれを書いている八月十日の新聞は前日の長崎で核廃絶への願いを被爆者たちと共に語ろうしない安倍首相の姿を伝えています。核兵器による最初の犠牲者であり、戦争の敗北者であった日本人を、核兵器禁止条約への署名を拒否する安倍首相はそのことの結果として、人類史における道徳的敗北者にしてしまうのです。われわれはこの屈辱にたえることはできません。ほんとうにこれを屈辱だと知れば、「制作の秋」とは今だということを知るはずです。

本書制作の時期が日本の政治的無責任さを露呈させるコロナ禍の時期と重なってしまいました。私の「あとがき」がもつ文章の激しさはそこから来るものです。

このような時期に本書の刊行を推進して下さった作品社の福田隆雄氏に心からの御礼を申し上げます。また原稿における引用を原典テキストと照合させながら精密に校正して下さった昭和思想史研究会の田中敏英氏にも心から感謝いたします。

二〇二〇年八月一〇日　　子安宣邦

［著者紹介］

子安 宣邦（こやす・のぶくに）

1933年生まれ。東京大学文学部卒業。東京大学大学院人文科学研究科（倫理学専攻）修了。文学博士。大阪大学名誉教授。日本思想史学会元会長。

著作は韓国・台湾・中国で翻訳され、多くの読者を得ている。現在、中国で作品集が刊行中である。また東京・大阪で市民のための思想史講座を開催している。

主な著作：『日本近代思想批判』『江戸思想史講義』（岩波現代文庫）、『漢字論』（岩波書店）、『「近代の超克」とは何か』『和辻倫理学を読む』（青土社）、『「大正」を読み直す』（藤原書店）、『仁斎論語』上・下（ぺりかん社）など多数。

「維新」的近代の幻想
——日本近代 150 年の歴史を読み直す

2020 年 9 月 25 日　第 1 刷印刷
2020 年 9 月 30 日　第 1 刷発行

著者———子安 宣邦

発行者———和田 肇
発行所———株式会社作品社
〒 102-0072 東京都千代田区飯田橋 2-7-4
tel 03-3262-9753　fax 03-3262-9757
振替口座 00160-3-27183
http://www.sakuhinsha.com
本文組版——有限会社閏月社
装丁————伊勢功治
印刷・製本——シナノ印刷(株)

ISBN978-4-86182-823-2 C0010

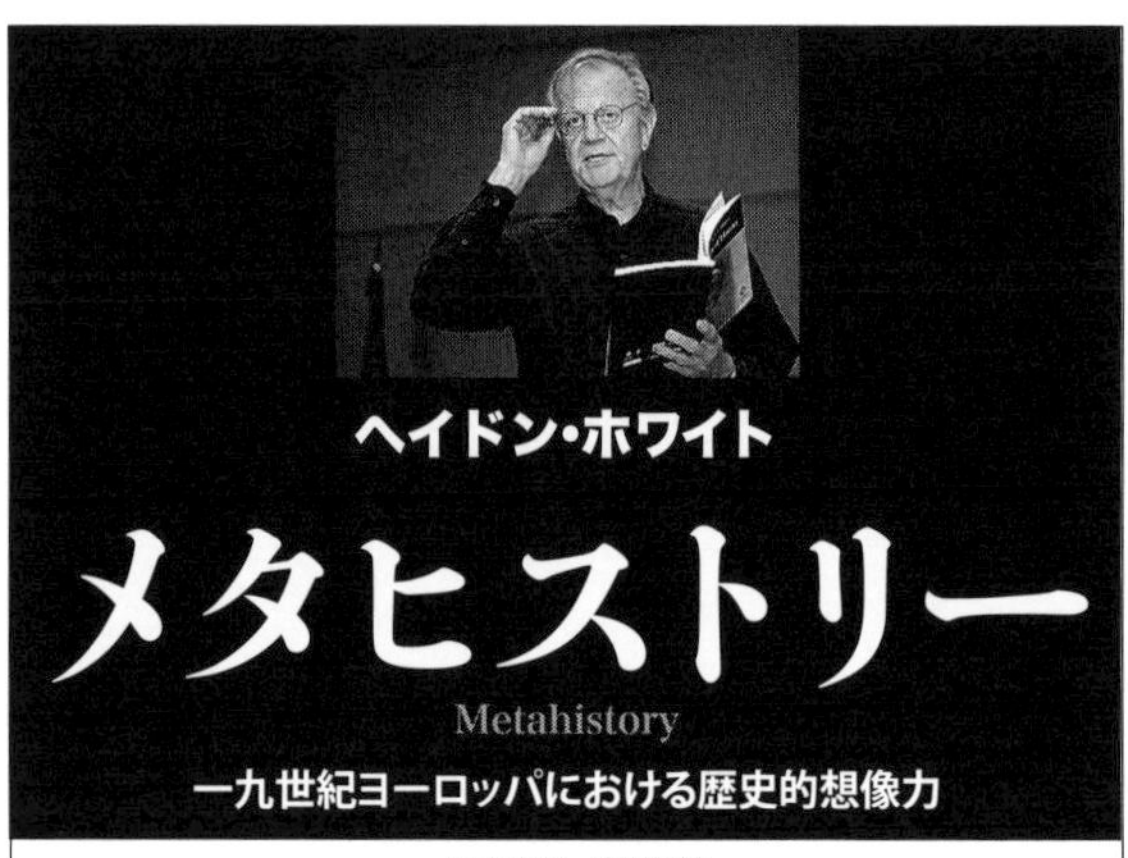

［監訳］岩崎稔

歴史学に革命的転換をもたらした
伝説の名著——
翻訳不可能と言われた問題作が！
43年を経て遂に邦訳完成！

「メタヒストリーを読まずして、歴史を語るなかれ」10年の歳月をかけて実現した待望の初訳。多数の訳注を付し、日本語版序文、解説などを収録した決定版。

ホワイト日本語版序文

「ようやく！ そして、メタヒストリーを再考する意味について」

ヘイドン・ホワイトの全体像を
理解するための
主要論文を一冊に編纂

ヘイドン・ホワイト

歴史の喩法

The Tropics of History

ホワイト主要論文集成

上村忠男編訳

［内容構成］

日本の読者のみなさんへ……ヘイドン・ホワイト

第1章　歴史という重荷

第2章　文学的製作物としての歴史的テクスト

第3章　歴史の喩法——『新しい学』の深層構造

第4章　現実を表象するにあたっての物語性の価値

第5章　歴史的解釈の政治——ディシプリンと脱崇高化

第6章　歴史のプロット化と歴史的表象における真実の問題

第7章　アウエルバッハの文学史——比喩的因果関係とモダニズム的歴史主義

編訳者による解題

ヘイドン・ホワイトと歴史の喩法……上村忠男

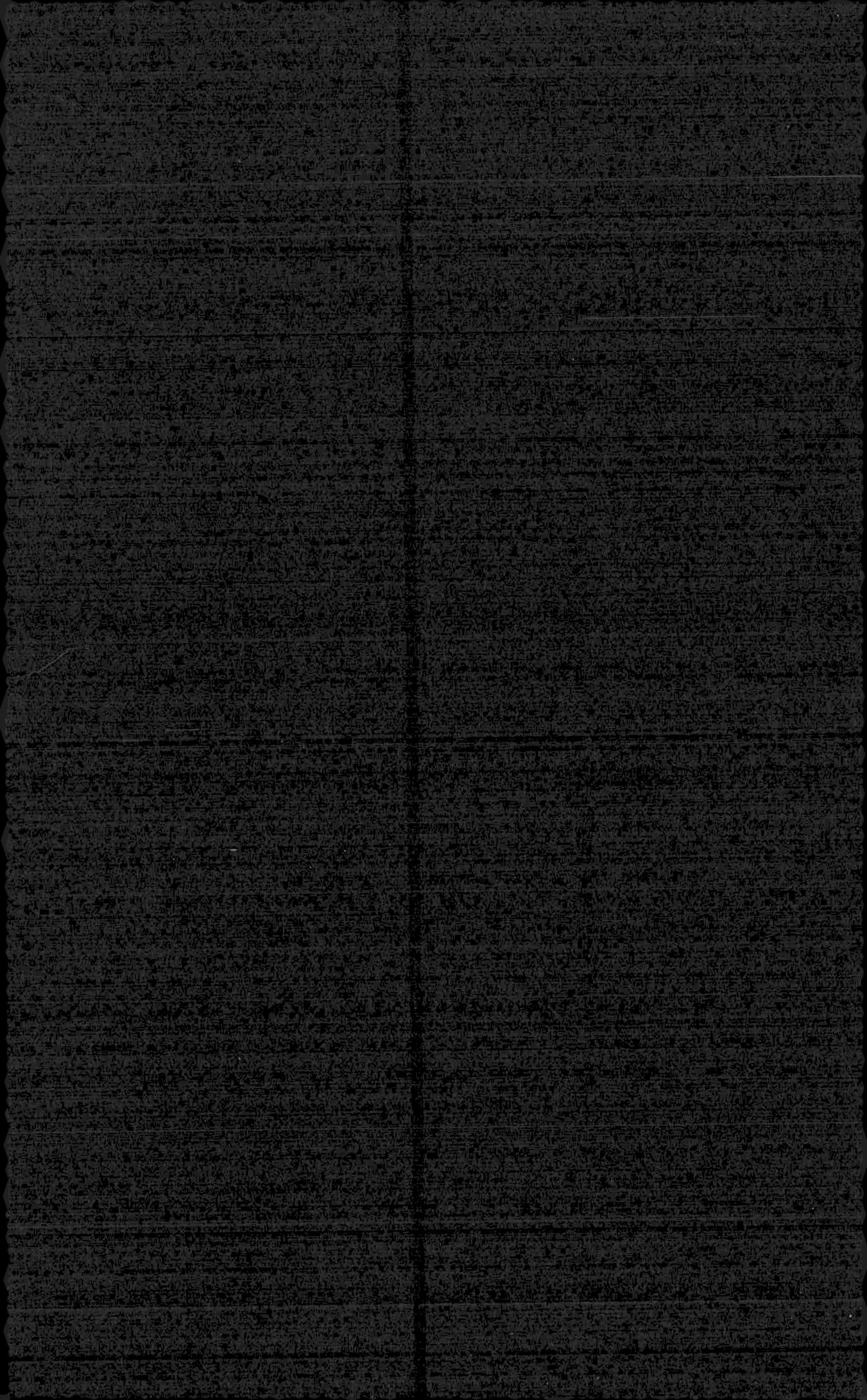